DEMOCRACIA PARA QUEM NÃO ACREDITA

GEORGES ABBOUD

Copyright © 2021 by Editora Letramento
Copyright © 2021 by Georges Abboud

Diretor Editorial | Gustavo Abreu
Diretor Administrativo | Júnior Gaudereto
Diretor Financeiro | Cláudio Macedo
Logística | Vinícius Santiago
Comunicação e Marketing | Giulia Staar
Assistente Editorial | Matteos Moreno e Sarah Júlia Guerra
Designer Editorial | Gustavo Zeferino e Luís Otávio Ferreira
Preparação e Edição de Conteúdo | Marcella Abboud
Capa | Paula Astiz

Todos os direitos reservados.
Não é permitida a reprodução desta obra sem
aprovação do Grupo Editorial Letramento.

Dados Internacionais de Catalogação na Publicação (CIP) de acordo com ISBD

A134d	Abboud, Georges
	Democracia para quem não acredita / Georges Abboud. - Belo Horizonte : Letramento, 2021.
	288 p. ; 14cm x 21cm. – (para quem não acredita)
	ISBN: 978-65-5932-044-8
	1. Ciência política. 2. Democracia. I. Título. II. Série.
2021-1537	CDD 320
	CDU 32

Elaborado por Odilio Hilario Moreira Junior - CRB-8/9949

Índice para catálogo sistemático:
1. Ciência política 320
2. Ciência política 32

Belo Horizonte - MG
Rua Magnólia, 1086
Bairro Caiçara
CEP 30770-020
Fone 31 3327-5771
contato@editoraletramento.com.br
editoraletramento.com.br
casadodireito.com

DEDICO ESTE LIVRO A CADA INDIVÍDUO
DESCRENTE NA DEMOCRACIA, NA ESPERANÇA
DE LEMBRÁ-LO DE SUA EXISTÊNCIA POLÍTICA.

AGRADECIMENTOS

Agradeço profundamente ao Matthäus Kroschinsky, Pedro França e Maira Santos – jovens e talentosos juristas – sem o auxílio de vocês, o livro não seria possível. O livro é também de vocês que me fazem acreditar na democracia.

A alegria é redobrada porque ela é o início intelectual do nosso Instituto Direito e Complexidade (IDC) para que continuemos debatendo, pesquisando e aprendendo juntos.

Agradeço ao meu amigo Henderson Fürst o melhor editor que conheço, sem sua amizade, com certeza minha trajetória editorial teria sido outra.

Por fim, à Marcella Abboud, pela preparação e auxílio na construção de diversos argumentos.

A alegria é redobrada para que continuemos debatendo e pesquisando a relação entre direito e complexidade juntos.

Somos filhos da época
e a época é política.
Todas as tuas, nossas, vossas coisas
diurnas e noturnas,
são coisas políticas.
Querendo ou não querendo,
teus genes têm um passado político,
tua pele, um matiz político,
teus olhos, um aspecto político.
O que você diz tem ressonância,
o que silencia tem um eco
de um jeito ou de outro político.
Até caminhando e cantando a canção
você dá passos políticos
sobre um solo político.
Versos apolíticos também são políticos,
e no alto a lua ilumina
com um brilho já pouco lunar.
Ser ou não ser, eis a questão.
Qual questão, me dirão.
Uma questão política.
Não precisa nem mesmo ser gente
para ter significado político.
Basta ser petróleo bruto,
ração concentrada ou matéria reciclável.
Ou mesa de conferência cuja forma
se discutia por meses a fio:
deve-se arbitrar sobre a vida e a morte
numa mesa redonda ou quadrada.
Enquanto isso matavam-se os homens,
morriam os animais,
ardiam as casas,
ficavam ermos os campos,
como em épocas passadas
e menos políticas.

Wislawa Szymborska, *Filhos da época*

NOTA INTRODUTÓRIA 11

PRÓLOGO 13

1. DEMOCRACIA E CONSTITUCIONALISMO: OS PARADOXOS DA DEMOCRACIA CONSTITUCIONAL 24

2. DEMOCRACIA E *ACCOUNTABILITY* 43

3. DEMOCRACIA, LEGALIDADE E *COMMON GROUND* 60

4. DEMOCRACIA, DEMAGOGIA, RESPEITO MÚTUO E *FORBEARANCE* 83

5. DEMOCRACIA E DIGNIDADE 102

6. DEMOCRACIA E MINORIAS 119

7. DEMOCRACIA E SEUS INIMIGOS 143

8. DEMOCRACIA E POLARIZAÇÃO 175

9. DEMOCRACIA E COMPLEXIDADE 193

10. DEMOCRACIA E *FAKE NEWS* 221

11. DEMOCRACIA E CRISE: EVANGELHO DA VIOLÊNCIA 250

EPÍLOGO 271

NOTA INTRODUTÓRIA

Com imensa satisfação, ao lado da Letramento, apresentamos nosso primeiro livro não jurídico. Trata-se de uma reunião de ensaios sobre a democracia. Desde já, destacamos que o direito constantemente aparecerá ao longo das páginas, mas se trata de uma genuína tentativa de identificar pontos em que a teoria do direito pode efetivamente contribuir para a consolidação da democracia, dada sua intrínseca relação.

Caracterizamos os capítulos como ensaios, não apenas porque podem ser lidos isoladamente, mas, em especial, porque não há a pretensão de apresentar uma teoria da democracia ou ainda um compêndio histórico-evolutivo da democracia na literatura política e filosófica.

Contudo, nada obstante o caráter ensaístico, há um mote que permeia, em maior ou menor medida, todos os capítulos. Trata-se da relação entre a democracia na contemporaneidade e seu desafio perante a crescente complexidade.

Goste-se ou não da nomenclatura "pós-modernidade", fato é que a era contemporânea tem sido marcada tanto por rupturas, as quais se estendem para além da modernidade, quanto por faíscas – infelizmente crescentes – de estupidez pré-moderna.

Consequentemente, é fato que as democracias hoje estão atuando ou se defendendo em tempo histórico distinto do da modernidade tradicional, seja pelo fim da crença nas metanarrativas, na falência do sujeito transcendental e na impossibilidade de busca do fundamento da sociedade e da democracia em padrões metafísicos.

Assim, perante a contemporaneidade, a sociedade e a democracia não se explicam ou fundamentam perante visões ou narrativas unívocas, nem mesmo por fundamentos metafísicos. Vivemos a polifonia dos tempos complexos que tem desafiado Estado e democracia constantemente, em especial por causa das novas tecnologias e da globalização.

Justamente para ajudar a compreender a complexidade, escrevemos diversos ensaios. Na realidade, a complexidade, se não compreendida, ou tratada como aliada, pode se transformar em um dos maiores riscos para a democracia. Tanto assim é que o populista, à esquerda ou à direita, é, antes de tudo, um parvo simplificador da realidade e dos problemas.

Enfim, desejamos que a obra possa cumprir seu objetivo primevo de convencer alguns descrentes. Ainda que não consigamos convencer nenhum leitor incrédulo a respeito da importância da democracia, se enriquecermos, em alguma medida, o debate da esfera pública, este livro terá cumprido seu ideal.

PRÓLOGO

A Constituição da Bruzundanga era sábia no que tocava às condições para a elegibilidade do Mandachuva, isto é, o Presidente.

Estabelecia que devia unicamente saber ler e escrever; que nunca tivesse mostrado ou procurado mostrar que tinha alguma inteligência; que não tivesse vontade própria; que fosse, enfim, de uma mediocridade total.

Nessa parte a Constituição sempre foi obedecida.

Lima Barreto, *Os Bruzundangas*[1]

Prazos largos são fáceis de subscrever; a imaginação os faz infinitos.

Machado de Assis, *Dom Casmurro*[2]

A infinita sabedoria de Machado de Assis nos auxilia em duas coisas fundamentais para iniciar esta obra: em primeiro lugar que as paixões humanas são universais e, por isso também, atemporais; a segunda é que igualmente atemporal pode ser a mediocridade humana. É especialmente esse poder atemporal da mediocridade que nos permite compreender a razão pela qual, superadas três décadas, ainda não consolidamos a democracia constitucional brasileira.

A infinita sabedoria de Machado de Assis nos auxilia em duas coisas fundamentais para iniciar essa obra: em primeiro lugar que as paixões humanas são universais e, por isso também, atemporais; a segunda é que igualmente atemporal pode ser a mediocridade humana. É especialmente esse poder atemporal da mediocridade que nos permite compreender a razão pela qual, superadas três décadas, ainda não consolidamos a democracia constitucional brasileira.

GEORGES ABBOUD
DEMOCRACIA PARA QUEM NÃO ACREDITA

Nossa generosa Constituição é de 1988, e estabelece, nos mais plurais dos termos, uma democracia constitucional garantidora de direitos fundamentais e sociais.

Ocorre que, não obstante o belo projeto democrático previsto em nosso texto constitucional, o empreendimento pela consolidação da democracia constitucional brasileira ainda é, na prática, bastante frágil em diversos aspectos sociais e institucionais.

É como se, a todo momento, convivêssemos com uma intersecção entre duas constituições, ora a democracia constitucional de 1988 é quem prescreve, ora somos legislados pela constituição da Bruzundanga, com a ascensão da atemporal mediocridade. O direito – e, portanto, seus produtos –, tem essa ambiguidade por ser fruto da humanidade: embora seja o único instrumento capaz de promover uma sobrevivência harmônica entre os pares, na mesma medida é um palco frutífero para a debilidade. No Brasil, até as aspirações autocráticas, mesmo as mais ambiciosas, são medíocres.

Diante disso que nos cerca, restou-nos manter uma espécie de fé na parte em que o direito é um mecanismo capaz de gerar coesão social, isto é, o livro foi movido por uma convicção ainda existente no empreendimento democrático brasileiro, inaugurado pela Constituição de 1988. Acreditamos que podemos ser mais democracia constitucional e menos Bruzundanga. Para tanto, precisamos enfrentar o parvo, o simplismo institucional, os rompantes autocráticos e, em especial, aqueles que constantemente agem movidos pela mais lídima estupidez, compreendida aqui como a interrupção da inteligência em seu estado puro.

Sendo assim, esses ensaios sobre democracia foram produzidos, basicamente, para ter como público dois grupos. O primeiro é representado por aqueles que têm a marcante *aptidão* de reunir, a um só tempo, o pensamento simplório, medíocre e estúpido. Ou seja, esse livro é especialmente orientado para você que não acredita na democracia. Mas é também para você que faz pouco caso da democracia constitucional e, a seu modo, quer ser revolucionário, à esquerda ou à direita.

Aqui, registramos que em nenhum momento é nossa intenção ofender ou insultar nosso leitor – que não acredita na democracia – pelo contrário, o livro é antes uma homenagem de quem entende ser possível, de forma dialógica, transformar alguém que não consente com a democracia, mas acredita nas informações do WhatsApp.

Em outras palavras, nosso livro é fruto da crença de que é possível trocar o combo negacionista (*fake news* + teoria da conspiração) por uma racionalidade institucional minimamente tracejada. É quase uma oferta imperdível: traga seu conspiracionismo antigo e leve um bom senso novinho para casa.

Óbvio que nossa ingenuidade, diferentemente da estupidez negacionista, tem limites. Sendo assim, somos conscientes da dificuldade relativa ao nosso primeiro grupo de leitores a serem convencidos acerca da necessidade de comprar e levar a sério nosso modesto livro. A promoção, nesse caso, é uma tentativa desesperada de queima de estoque da racionalidade.

Sendo assim, passamos a falar com o segundo público leitor do livro – aqueles que acreditam na democracia e que, ao longo do tempo, têm nos honrado e alegrado pela compra de nossos livros e leitura e discussão de nossos textos. Para eles, o livro é uma lembrança constante de que não estão sós, ainda que o primeiro grupo seja barulhento. Temos, inclusive, a convicção de que quase todo leitor que acredita na democracia ao menos conhece algum descrente.

Consideramos que o segundo público pode, inclusive, encontrar conceitos e informações relevantes ao longo dos ensaios.

É claro que uma conversa sobre a crença ou não no regime democrático não é uma constante no cotidiano das pessoas. *Bom dia, o senhor acredita na democracia?* Debates em torno m outras palavras, nosso livro é fruto da crença de que é possível trocar o combo negacionista (*fake news* + teoria da conspiração) por uma racionalidade institucional minimamente tracejada. É quase uma oferta imperdível: traga seu conspiracionismo antigo e leve um bom senso novinho para casa.

da democracia raramente seriam concretizáveis em reuniões de trabalho ou familiares. Infelizmente, esse tipo de debate não ocupa o cotidiano, sendo, na maior parte das vezes, restrito aos ambientes acadêmicos e políticos. É verdade que, nas redes sociais, em alguns momentos, a democracia ou temas correlatos são discutidos, mas esse debate é dificilmente contabilizado porque, em sua maioria, ou ele é produzido dentro das câmaras de eco ou adquire a profundidade cognitiva de um *tweet*.

Justamente por não ser um assunto cotidianamente debatido, julgamos necessário apresentar uma – ainda que precária – "metodologia" para auxiliar os membros do primeiro grupo a se reconhecerem como pessoas que não acreditam na democracia e, para o segundo grupo, conseguir identificar os descrentes – caso o tom de voz exaltado e a coerência prejudicada não sejam evidentes. Além disso, se a generosidade permitir ou a necessidade impuser, que os defensores da democracia, prenhes de otimismo, possam presentear àqueles que não acreditam com um exemplar desta obra.

Em regra, pessoas que não acreditam na democracia são binárias e completamente avessas à complexidade. Por consequência, em vez de enxergarem uma sociedade pós-moderna fragmentada, preferem dividir essa sociedade entre "cidadãos de *bem*" (conceito que nem Kant definiu com clareza, mas eles elaboraram com emojis) e inimigos.

Além do mais, diversas vezes rejeitam a metafísica e a historicidade para acreditar na pobreza de mitos vivos. Ou parcialmente vivos, se considerar que a vida é um sopro de racionalidade.

Para facilitar ainda mais a vida de ambos os públicos leitores, daremos maior concretude em como proceder para identificar nosso primeiro público-alvo: os descrentes na democracia.

Verifique as hipóteses abaixo:

( ) acredita que todos os problemas complexos
da sociedade se explicam a partir da
luta de classes e que devemos caminhar
para uma ditadura do proletariado;

( ) afirma que na época da ditadura militar as
"coisas" funcionavam e o Brasil progredia;

( ) considera comunista tudo aquilo
que não é reacionário;

( ) não consegue enxergar diferença entre
reacionário e conservador;

( ) afirma que os tempos atuais são horríveis
porque vivemos ditadura da minoria;

( ) a Constituição de 1988 seria a causa
dos males contemporâneos;

( ) quer uma nova Constituinte de direita;

( ) quer uma nova Constituinte de esquerda;

( ) acredita mais em teorias da conspiração
que mídias tradicionais;

( ) não acredita na urna eletrônica;

( ) afirma que o Exército é poder moderador;

( ) acredita que vacinas são maléficas e produtos de
uma conspiração mundial para sabe-se lá o quê.

Se o interlocutor preencher uma das hipóteses acima enumeradas já há uma grande chance de estarmos diante de cidadão que não acredita na democracia. Se dois ou mais itens forem atendidos, passamos ao estágio da convicção no sentido de termos encontrado nosso leitor ideal descrente na democracia. Caso haja preenchimento de mais de três alternativas, possivelmente, estamos em face de um caminho sem retorno. De um possível leitor descrente, provavelmente, estaremos em face de um leitor *contra* a democracia. Aqui já alertamos você, caro leitor, do risco de entregar um exemplar do livro para esse *desconvicto* democrata.

O teste acima pode ser dispensado na detecção de alguém que não acredita na democracia, se for possível saber que ele participou de ao menos um dos seguintes eventos:

( ) manifestação requerendo "intervenção militar";
( ) manifestação requerendo "intervenção militar constitucional" porque, ao fim e ao cabo, a segunda é igual à primeira opção;
( ) passeata pelo fechamento do Congresso Nacional;
( ) passeata pelo fechamento do Supremo Tribunal Federal.

Caso tenha havido a participação em dois ou mais eventos acima listados, talvez nem seja mais o caso de se entregar o livro, dado que o risco é grande. Na qualidade de autor, não rejeitamos ou abandamos nenhum leitor, entretanto, não podemos expor parcela do público leitor a tamanho risco.

A presente obra é uma reunião de ensaios feitos a partir da inabalável crença na democracia. Estamos, por isso mesmo, à disposição para debater com todos, inclusive você que não acredita na democracia, com a única exigência de que haja prévia leitura deste livro. Na realidade, pense que fizemos o livro para você. E isso é a maior prova de apreço pela democracia, afinal, buscamos não deixar ninguém de fora desse histórico empreendimento civilizatório.

Desistir de convencer com argumentos aqueles que optaram por rejeitar ou não acreditar na democracia é, em boa parte, ignorar o conselho de Machado de Assis e acreditar que nosso projeto democrático tem o infinito para dar certo. Seria abraçarmos em definitivo o alerta de Oscar Wilde de que *os estúpidos são os mais sortudos porque podem se sentar à vontade e assistir, boquiabertos, ao espetáculo do mundo. Se não conhecem a vitória, são ignorantes da derrota.*[3] Não temos vocação para a vida eterna, tampouco o charme de Dorian Gray.

Enfim, renunciar ao diálogo com o divergente, mesmo com aquele que já não acredita mais na democracia, é abraçar um esclarecimento obtuso. De nada adianta sermos esclarecidos se falarmos apenas para iguais. Ignorar as dissonâncias cognitivas do dia a dia é ignorar a própria dimensão da democracia. Ela nos impede desse contrassenso. Desistir do outro, por maior que seja a estupidez autocrática que ele abraça, é, ao final, aceitarmos desistirmos de nós enquanto cidadãos e parceiros permanentes na construção do nosso projeto democrático. Aqui, atemporalmente humanos, seguimos com a universalidade da esperança.

Enfim, renunciar ao diálogo com o divergente, mesmo com aquele que já não acredita mais na democracia, é abraçar um esclarecimento obtuso. De nada adianta sermos esclarecidos se falarmos apenas para iguais. Ignorar as dissonâncias cognitivas do dia a dia é ignorar a própria dimensão da democracia. Ela nos impede desse contrassenso. Desistir do outro, por maior que seja a estupidez autocrática que ele abraça, é, ao final, aceitarmos desistirmos de nós enquanto cidadãos e parceiros permanentes na construção do nosso projeto democrático. Aqui, atemporalmente humanos, seguimos com a universalidade da esperança.

GEORGES ABBOUD
DEMOCRACIA PARA QUEM NÃO ACREDITA

REFERÊNCIAS

1   BARRETO, Lima. *Os Bruzundangas*. Rio de Janeiro: Nova Fronteira, 2018. v. III. p. 140.

2   ASSIS, Machado. Dom Casmurro. *In*: ASSIS, Machado. *Todos os Romances e Contos Consagrados de Machado de Assis*. Rio de Janeiro: Nova Fronteira, 2016. v. II. p. 457.

3   WILDE, Oscar. *The Picture of Dorian Gray*. Oxônia: Oxford University Press, 2006. p. 7.

DEMOCRACIA E CONSTITUCIONALISMO: OS PARADOXOS DA DEMOCRACIA CONSTITUCIONAL

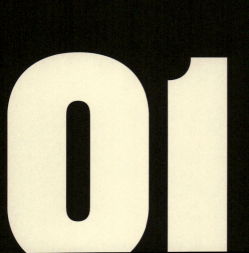

*Já que é impossível nos livrarmos dos vícios,
a ciência de governar resume-se em fazê-
los contribuir para o bem comum.*

Vauvenargues, *Reflections and Maxims*[1]

Apesar de termos anunciado em nossa nota introdutória que este livro seria destinado para além do público jurídico, o fato é que fomos forçados a iniciar os ensaios mediante a relação da democracia com o constitucionalismo. Na realidade, consideramos inviável qualquer entendimento do fenômeno *democracia* sem termos a compreensão do que é o constitucionalismo, porque, ao pensarmos em democracia, na atualidade, pensamos em democracia constitucional.

Vivemos, hoje, sob a pressão de dois grandes ideais políticos: a *democracia* e o *constitucionalismo*. Erguidos em resposta às tragédias do século passado, a esperança é de que, cultivando-os intensamente, os campos de concentração da Alemanha nazista, os *gulags* do regime soviético e as torturas da nossa ditadura militar brasileira nunca se repitam. A esperança, vale lembrar, de quem cultiva ideais democráticos e segue entendendo a ditadura, tal como ela é: uma ditadura.

A democracia constitucional é o produto de um processo civilizatório forjado de maneira tortuosa e difícil contra as barbáries. Ela não é uma decisão intempestiva, mas um construto, uma vitória da sociedade, das instituições, dos marcos legais, dos direitos fundamentais contra o poder absoluto e o totalitarismo de toda ordem.[2]

Democracia e *Constituição*. Ninguém duvida que essas sejam as palavras fundamentais do nosso tempo. Apesar disso, circulam, sobre ambas, as opiniões mais confusas, como se a

Vivemos, hoje, sob a pressão de dois grandes ideais políticos: a *democracia* e o *constitucionalismo*. Erguidos em resposta às tragédias do século passado, a esperança é de que, cultivando-os intensamente, os campos de concentração da Alemanha nazista, os *gulags* do regime soviético e as torturas da nossa ditadura militar brasileira nunca se repitam. A esperança, vale lembrar, de quem cultiva ideais democráticos e segue entendendo a ditadura, tal como ela é: uma ditadura.

GEORGES ABBOUD
DEMOCRACIA PARA QUEM NÃO ACREDITA

respeito delas pudéssemos nutrir uma espécie escandalosa de atraso intelectual.

O primeiro item deste livro tentará esclarecê-las.

Se pesquisássemos na Internet o que se entende por democracia, chegaríamos, por certo, a esta definição superficial: *uma forma de governo na qual a população decide, por si própria, segundo a lógica da maioria, as regras que orientam a convivência dos indivíduos.*

Aplicando o mesmo método ao constitucionalismo, talvez obtenhamos a seguinte fórmula, que já indica sua natureza mais "incomum" ou "acadêmica": *o sofisticado mecanismo de contenção da autonomia popular, que sujeita a liberdade a uma lei superior (v.g. a Constituição de 1988 e os direitos que ela qualifica como fundamentais) e a certos limites impostos pela vontade das maiorias políticas.*

Defini-las dessa forma e, na sequência, afirmar que vivemos numa *democracia constitucional* nos coloca, parece, diante de um paradoxo.[3] Afinal, como poderíamos justificar um modelo de governo que une dois elementos incompatíveis, um majoritário, que preza a maioria (democracia), e outro contramajoritário, que se lhe opõe (constitucionalismo)? Um dos dois precisaria ser redefinido para que o paradoxo se desfaça. Será que não deveríamos redefinir a *democracia*? Nosso leitor que não a suporta já deve estar alvoroçado. Mas pedimos paciência.

Diremos de outra forma para clarificar: o constitucionalismo é a série de aparatos criados para a contenção das maiorias políticas eventuais contra os direitos fundamentais.[4] Diante disso, será realmente adequado reduzir o conceito de democracia ao de vontade popular majoritária?

Segundo Lenio Streck, o constitucionalismo poderia, no final das contas, *ser considerado antidemocrático*, se entendêssemos por democracia a *prevalência pura e simples da regra da maioria*.[5] A tensão, segundo ele, não parece existir entre esses dois ideais, mas entre duas formas distintas de conceber esse regime político: a *majoritária* e a *constitucional*.[6]

O *constitucionalismo* deve ser visto como um movimento histórico, inicialmente de caráter mais político, que vai adquirindo dimensão cada vez mais jurídica para realizar a secularização e o controle do poder. Para atingir seu intuito de racionalização do poder, o constitucionalismo foi criando diversos elementos, notadamente a ideia de governo das leis, separação de poderes, direitos fundamentais, controle de constitucionalidade, dentre outros.

Assim, por mais paradoxal que pareça, o constitucionalismo forneceu à democracia diversas instâncias contramajoritárias para a proteção da própria ideia de democracia. O balanceamento entre democracia e constitucionalismo forma o tecido social do processo civilizatório da maior parte das democracias constitucionais. Não é um paradoxo.

Ou seja, precisamos nos dar conta do que melhor tem sido dito acerca da democracia e do constitucionalismo. Assim, apresentaremos, neste capítulo, alguns dos seus conceitos-chave, seus modelos (majoritária e em parceria), a posição do Judiciário nos regimes democráticos não consolidados, bem como a intricada relação existente entre os três Poderes de um Estado, principalmente após a Segunda Guerra Mundial. Diversos desses elementos serão aprofundados em outros itens ao longo do livro.

Esperamos que você, leitor, entenda que não só democracia e constituição são conceitos mutáveis, como a própria ideia de Estado de Direito se transformou ao longo da história, encarnando-se de formas diversas, sempre em conformidade com o perfil da Constituição que o estivesse regendo.

Nossa esperança é demonstrar que, na atual quadra histórica, a posição mais razoável a se defender é a de que ter uma Constituição, na verdade, é o que torna possível manter estável um regime democrático.

O Estado de Direito, à semelhança da Constituição, se transforma conforme o passar do tempo, de modo que ele, seja enquanto situação de fato, seja enquanto princípio, não é um conceito estanque.

A realidade, como já adiantamos, é que o Estado de Direito muda em conformidade aos perfis das Constituições vigentes: ora é Estado Liberal de Direito, ora Estado Democrático de Direito, ora Estado Social de Direito. Sua mudança é tão frequente que, segundo nos ensina Norbert Lösing, seria mais simples denominá-lo de Estado Constitucional de Direito.[7]

O Estado de Direito formal, etapa prévia e problemática da sua versão contemporânea, limita-se ao reconhecimento da divisão de Poderes (Executivo, Legislativo e Judiciário), da independência dos tribunais (um não pode interferir no outro), da legalidade da administração (para administrar, é preciso estar conforme as leis sugerem, isto é, embasado por elas), da tutela judicial contra atos do Poder Público (o judiciário deve fiscalizar o executivo). Tais elementos, vislumbrados sob uma perspectiva formalista, são erigidos à condição de elementos indispensáveis às ordens política e jurídica.

Satisfeito com as formas, o Direito de Estado não dedica como deveria à contenção efetiva do poder, tornando-se capaz de degenerar em um sistema no qual a lei é utilizada como mecanismo de dominação e, em sua pior versão, o próprio Direito e o Judiciário passam a ser instrumento de ação de poderes totalitários. Isso quer dizer, em outras palavras, que é possível, mesmo que tudo que se espera de uma democracia exista, sua estrutura seja meramente pro forma, sustentando, até mesmo, um regime totalitário.

Aqui, seguimos alinhados com Umberto Eco para quem totalitarismo significa a união da sujeição total do indivíduo ao Estado ou à ideologia com uma adesão a um culto à tradição. Para completar a tríade, essa receita desprezível inclui a vilanização do iluminismo e da modernidade, além de um extremo anti-intelectualismo – que é habitual a visões autoritárias.[8]

O constitucionalismo, apesar de essencialmente contra-majoritário, é anti-totalitário por excelência, dado que buscar construir as regras e as instituições necessárias para impedir que o indivíduo seja subjugado pelo Estado, partido ou ideologia.

Hoje em dia, o Estado Constitucional substituiu a figura do Estado de Direito. Nele, o espaço público, as leis e o direito estão limitados pelas regras constitucionais, que impõem a vinculação material do agir do Estado aos direitos fundamentais. Ou seja, toda a estrutura pública está diretamente vinculada e comprometida em relação à liberdade, igualdade, solidariedade e dignidade.

O Poder Público, por consequência, é submisso à lei, bem como a um ordenamento de valores superior, representado pela Constituição, a qual também prevê direitos fundamentais. O desenvolvimento do Estado de Direito caminha *pari passu* com a evolução dos direitos fundamentais, ambos voltados à limitação do Poder, em benefício do cidadão.[9]

Kloppenberg, em obra dedicada ao estudo histórico da democracia, ensina que seu conceito nem sempre foi associado à ideia de governo ideal. Ela se desenvolveu historicamente, em perspectiva mais complexa, para se transformar no que hoje é um ideal mundial de governo.[10][11]

Atualmente, afirmar que democracia é o governo do povo é muito pouco para realmente tratarmos da sua essência. O motivo é simples: a maioria, muito mais do que nosso otimismo na humanidade indica, degenera.

Ou, pelo menos, é o que nos ensina a história, tendo em vista o que ocorreu, durante primeira metade do século passado, na Alemanha e em diversos outros regimes totalitários.

Na feliz expressão de Mario Losano, vivenciamos hoje o direito pós-bélico. Os anos subsequentes a 1945 foram marcados pelas agruras necessárias para a reconstrução da sociedade europeia. A partir da década 1950, desenvolveram-se

Atualmente, afirmar que democracia é o governo do povo é muito pouco para realmente tratarmos da sua essência. O motivo é simples: a maioria, muito mais do que nosso otimismo na humanidade indica, degenera.

GEORGES ABBOUD
DEMOCRACIA PARA QUEM NÃO ACREDITA

condições de vida e de igualdade sem paralelo na era de ouro do capitalismo, que se tornaram os alicerces do Welfare State, o famoso Estado de Bem Estar Social. Do ponto de vista político, a queda do nazismo e do fascismo, enquanto inimigos comuns da civilização, abriu espaço para que o mundo se dividisse entre duas grandes ideologias, o capitalismo e o socialismo: é o tempo da "Guerra Fria".

Juridicamente, a principal mudança operada pelo fim do período bélico e, certamente, o novo papel desempenhado pelas Constituições, é um remapeamento global do direito público, em face da força dos direitos fundamentais.[12]

A partir desse ponto, toda a estrutura do Poder Público adquiriu nova significação no que diz respeito à legitimidade dos seus atos. O constitucionalismo do pós-guerra não opera a partir da cisão binária entre sociedade civil e Estado. A Constituição é, por excelência, o espaço social que funda a legitimidade do Poder Público em um pré-compromisso democrático com sua sociedade.

É nessa perspectiva que a própria forma de enxergarmos a democracia deve ser alterada, ou seja, a democracia de hoje só poderá ser compreendida se visualizada como um *modo de vida* e não simples conjunto de instituições políticas.[13]

Não obstante, a democracia constituiu um conceito altamente mutável sob o ponto de vista histórico, Kloppenberg identifica alguns elementos-chave para conceituação dessa forma de governo. O cerne do debate sobre democracia são três conceitos: soberania popular, autonomia e equidade, posteriormente explicados em detalhes. Esses conceitos se inter-relacionam, ainda que com menor intensidade, com outros três: deliberação, pluralismo e reciprocidade. As lutas persistentes sobre esses princípios e premissas, ajudam a explicar, na teoria e na prática, a história emaranhada da democracia.[14]

Na mesma linha, Dworkin apresenta uma concepção importante para a democracia contemporânea. Antes de apresentar seu ponto de vista, ele expõe o pano de fundo da sociedade americana, esclarecendo que os americanos têm vivido em situação deplorável do ponto de vista político, discordando de praticamente todos os temas sensíveis acerca da nação.[15]

O completo dissenso também se verifica na sociedade brasileira. Aliás, o dissenso e a polarização têm sido características marcantes do debate político brasileiro, bem como do embate entre os Poderes Legislativo, Executivo e Judiciário.

Na visão de Dworkin, essa discordância total e irracional também é extensível aos intelectuais que, frequentemente, defendem com eloquência e clareza seu ponto de vista e acusam o entendimento contrário com virulência, categorizando-o até mesmo como desumano.[16]

Apesar de haver o dissenso absurdo, característico da contemporaneidade, a soberania popular configura elemento essencial da democracia. A soberania popular determina que a vontade do povo é a fonte de legitimidade da autoridade do poder. Aqui se coloca uma tensão constante entre representação e participação na democracia e, consequentemente, nos mecanismos de aperfeiçoamento dos instrumentos democráticos.[17]

Já a autonomia, na condição de segundo princípio norteador da democracia, significa *self-rule*, ou seja, autogoverno. Do ponto de vista do cidadão, os indivíduos detêm autonomia e estão em controle de si mesmos, o que significa, primeiro, que eles não dependem da vontade dos outros.

O conceito de autonomia de Kloppenberg pode ser associado ao fato de que, na democracia constitucional contemporânea, o cidadão ser titular de direitos fundamentais (em especial, vida, liberdade e propriedade) que se antecedem ao Estado, uma vez que a existência deles constitui a sua própria condição de legitimidade. Assim, no discurso democrático, a ideia de autonomia, como a da soberania popular, deve ser equilibrada novamente em outras ideias, nesse caso, a dupla constância de que as restrições circunscrevem a escolha individual e de que a escolha do indivíduo deve ser ponderada contra as demandas da comunidade.[18]

Nesse ponto, é importante destacar a visão de Samuel Issacharoff, quem afirma ser a autorregulação uma das razões centrais pelas quais grupos políticos distintos aceitam se submeter ao mesmo pacto constitucional. Nesse contexto, os envolvidos creem estar participando de um jogo de repetição, perante o qual ser governo ou oposição não caracterizam mais papéis definitivos. Eles podem ser trocados no futuro, em razão das regras democráticas. Vale destacar que as democracias recém-formadas não possuem confiança na estabilização das regras do jogo necessárias para assegurar uma alternância de poder. Do mesmo modo, é precária a confiança nos Tribunais como agentes estabilizadores da democracia a longo prazo, na imposição de limites ao Poder Executivo, bem como uma clareza na Separação de Poderes.[19]

O terceiro princípio da democracia é a equidade. A democracia convive com inescapável conflito entre o valor da equidade em abstrato e a igualdade de oportunidades de cada um dos cidadãos.[20] Referido conflito não decorre apenas da oposição costumeira entre os valores da igualdade e da autonomia individual, mas também das tensões inescapáveis dentro do conceito de igualdade em si. A distinção tradicional entre igualdade de oportunidades e igualdade de resultados novamente obscurece o problema mais profundo, porque a igualdade de oportunidades não é possível em condições de desigualdade extrema.[21]

Nesse ponto, a assertiva *dworkiana* de que *toda a vida vale a pena ser vivida* permite diálogo direto com a visão de Kloppenberg.

No entanto, leciona Kloppenberg, há inevitável contradição entre o princípio da igualdade e o compromisso democrático com o domínio da maioria. Imagine uma comunidade simples com três eleitores. Dois deles decidem que o terceiro se tornará escravo, justificando a decisão pelo princípio da regra da maioria. Quando o terceiro invoca os princípios da autonomia e da igualdade na autodefesa, como as minorias oprimidas muitas vezes fizeram – às vezes com sucesso –, essa estratégia contrapõe princípios igualmente centrais da democracia ao princípio do domínio da maioria.[22] Aqui, de forma didática, Kloppenberg evidencia a imprescindibilidade, ainda que não mencione textualmente, nesses termos, a dimensão contramajoritária como elemento fundamental da democracia.

Também a visão democrática de Kelsen prestigia a proteção da minoria no ambiente democrático em duas perspectivas fundamentais. A primeira consistiria no *princípio democrático da liberdade*, que consistira em reduzir ao mínimo os efeitos de uma decisão da maioria a ser imposta contra uma minoria, sem nunca descuidar da proteção normativa da liberdade individual.[23]

Em sua segunda análise, Kelsen demonstra o equívoco em se efetuar a mera associação de liberdade com a vontade da maioria, porque, nessa hipótese, ele teria caráter puramente mecânico, uma vez que concluir que os mais numerosos são os mais fortes seria consagrar a máxima de que *a força supera o direito*, e não há nada mais *não* democrático do que isso.[24]

Basicamente, a partir dessas duas assertivas, Kelsen conclui que inexiste democracia se a maioria subjugar a minoria. Ou seja, o resguardo da minoria é função essencial dos direitos fundamentais que, se, num primeiro momento, são pensados como limites para o Estado; no segundo, são considerados oponíveis contra a maioria formada.[25]

Portanto, na visão *kelseniana*, a democracia somente estará caracterizada se houver uma relação procedimental e institucional entre a maioria e a minoria, mediante a qual a minoria tenha mecanismos de proteção que garantam a proteção dos direitos fundamentais que são, por definição, contramajoritários. Assim, a democracia estará preservada se a minoria for defendida e forem oportunizados procedimentos para possibilitar que essa minoria venha a ser tornar maioria do futuro.[26] Mas, embora numericamente minoritários, os contrários à Democracia são justamente contrários às minorias sociais.

Ademais, o elemento da equidade contribui para evidenciar que a democracia é algo muito mais complexo do que um estrutura que se caracteriza pela realização de eleições periódicas. Issacharoff destaca que, por detrás do eleitor, encontra-se uma concepção de liberdades civis que possibilita a organização política e a manifestação de diversos atores institucionais, em especial os partidos políticos que viabilizam a necessária competição política da democracia. Dessa forma, a democracia é a capacidade de contestar, dentro das regras legais, o governo estabelecido para, em seguida, reivindicar novo governo ou coalização que, por sua vez, também estará sujeita à contestação de novos rivais.[27] Existe algo mais ameaçador para quem deseja um poder totalitário?

Enfim, retomando a explanação de Kloppenberg, passamos a uma breve explicação das três premissas necessárias para completar o conceito de democracia: deliberação, pluralismo e reciprocidade.

Como já sabemos, não se pode impor aos cidadãos uma concepção fixa e unitária da verdade. Em uma democracia, as verdades provisórias emergem do processo de indagação livre, da verificação das reivindicações de verdade, da experiência e da deliberação democrática entendida como o meio de resolver provisoriamente disputas remanescentes. Somente quando todos os cidadãos ampliam suas perspectivas o suficiente para pesar bem, ou para considerar seriamente a visão de outros que não concordam com eles, é que se dá a deliberação democrática.[28]

O conceito de deliberação de Kloppenberg prestigia o pluralismo (ideológico, político e cultural), possibilitando a convivência entre diferentes grupos sociais e políticos no âmbito democrático. Do mesmo modo, como veremos em capítulo dedicado, sua função é completamente associada ao conceito de *common ground* de Dworkin, porque ele impõe que sempre levemos em consideração a opinião do opositor na democracia, sob pena de renegarmos a democracia enquanto modelo de governo.

Atualmente, a democracia deve apresentar um projeto ético necessariamente preocupado com a configuração da personalidade através do diálogo com outras pessoas envolvidas no mesmo processo. Dissenso é parte da democracia, logo, ela deve permitir e viabilizar formas de tratamento da controvérsia. Mas a controvérsia não agrada quem deseja a imposição do próprio pensamento ou quem aspira ao unitarismo.

Justamente, a segunda premissa da democracia é o pluralismo. A democracia não especifica, de uma vez por todas, nem impõe, a todas as pessoas, uma concepção fixa e unitária da vida boa, mais específica ou substantiva do que os compromissos com a soberania popular, a autonomia e a igualdade.[29]

Por fim, a terceira premissa da democracia moderna é a ética da reciprocidade. Esse olhar ético fornece o raciocínio para tratar todas as pessoas com respeito, sempre levando em conta seus anseios, bem como sua visão de mundo. Esse princípio, que amplia a categoria daqueles que merecem consideração além do pequeno corpo de cidadãos da antiga Grécia e de Roma ou do povo escolhido por Deus, para abarcar toda a humanidade, originou-se no cristianismo primitivo. A ética da reciprocidade configura indicativo associativo da premissa *dworkiana* para a democracia em parceria, qual seja, a obrigatoriedade de não perdermos de vista que toda vida humana tem um valor intrínseco. Logo, desde a concepção, *toda vida vale a pena ser vivida*.[30]

Na caracterização das linhas-base da democracia contemporânea, também não pode ficar de fora a noção de *accountability*.

Por ela, entende-se o dever de prestar contas mediante critérios racionais e previamente estabelecidos. Ou seja, de maneira fundamental, nossos representantes políticos são considerados responsáveis pela forma como agem em nome daqueles que os elegeram. Nas democracias consolidadas, a *accountability* opera de forma vertical em relação àquelas que elegeram o político (os eleitores). Contudo, também opera de forma horizontal em relação a uma rede de poderes autônomos, ou seja, em face das outras instituições democráticas existentes.[31]

Representação e *accontability* constituem aquilo que Guilhermo O'Donnell denomina de *dimensão republicana da democracia*, consubstanciada em uma cuidadosa distinção entre as esferas do espaço público e do privado em relação aos ocupantes de cargos públicos.[32]

Por fim, antes de encerrarmos o item, é preciso notar que a democracia contemporânea é marcada, de forma igualmente fundamental, pelo contramajoritarianismo.

Nelas, a jurisdição constitucional assegura a proteção das minorias e dos direitos fundamentais contra maiorias eventuais. Tal concepção tornou praticamente uníssono o entendimento de que, hoje em dia, o processo constitucional, dotado que é de envergadura democrática, pode ser definido como o subsistema processual responsável por assegurar a solução dos conflitos jurídicos de ordem constitucional do Estado, bem como o *locus* privilegiado para a proteção e implantação dos direitos fundamentais.[33]

Em obra dedicada à análise da relação entre Tribunal Constitucional e minoria política, José A. Montilla Martos ressalta a função contramajoritária da jurisdição constitucional, afirmando que, nos Estados Unidos, a justiça constitucional se originou com a finalidade de servir de instrumento judicial para a proteção da minoria, enquanto, na Europa, seu desenvolvimento e consolidação ocorreram depois da Segunda Guerra Mundial, por conta da afirmação dos valores da democracia pluralista em face dos totalitarismos.[34]

Nesse contexto, se, por um lado, o catálogo de direitos fundamentais constituía uma garantia formal para o pluralismo social, a jurisdição constitucional é o que a tornava efetiva, apresentando-se como o instrumento hábil para a recomposição de grupos desarticulados e autorreferentes no que tange à defesa jurídica dos valores democráticos reconhecidos no pacto constitucional. Daí se vincular a legitimidade da jurisdição constitucional à legitimidade da minoria frente à maioria.[35] Eis a razão de existir da jurisdição constitucional na democracia contemporânea.

Portanto, a democracia constitucional é:

> **Complexa,** no que diz respeito a sua essência, por se tratar de um regime complexo contendo múltiplos níveis de organização e fluxo de informações;
>
> **Civilizatória,** em sua dimensão histórica, porque é fruto de um processo de racionalização e secularização do poder;
>
> **Paradoxal,** em relação ao regime de governo, porque deve equilibrar mecanismo majoritários e contramajoritários no exercício do governo;
>
> **Autorregulada,** no que se refere aos procedimentos de organização. A própria democracia prevê as regras para alteração de suas próprias regras bem como os parâmetros para a alternância de poder entre governo e oposição mediante organizações de eleições e Judiciário independente para assegurar a observância das regras do jogo nessas eleições;
>
> **Garantidora,** no que se refere à institucionalidade, assegurando para a sociedade e aos indivíduos que Poder Público, logo, deverá, a todo momento, prestar contas e governar sob o império da lei e do direito;
>
> **Pluralista,** em relação ao modo de vida, não impondo a nenhum indivíduo o modelo de boa vida e assegurando suas respectivas escolhas éticas. A democracia convive com a polifonia social;
>
> **Anti-totalitária,** naquilo que concerne à moralidade intersubjetiva, porque a democracia busca assegurar que nenhum indivíduo seja subjugado a determinada ideologia ou pensamento.

Estabelecidos assim os elementos básicos da democracia contemporânea, passaremos, agora, ao elenco de fatores que a modificaram, introduzindo-a no chamado *mundo pós-moderno*.

REFERÊNCIAS

1 No original: "If it is true that vice can never be done away with, the science of government consists of making it contribute to the public good."

2 Por totalitarismo, partilhamos da acepção de Umberto Eco: "O nazismo tinha uma teoria do racismo e do arianismo, uma noção precisa da *entartete Kunst,* a arte degenerada, uma filosofia da vontade de potência do *Übermensch.* O nazismo era decididamente anticristão e neopagão, da mesma maneira que o Diamat (versão oficial do marxismo soviético) de Stalin era claramente materialista e ateu. Se entendermos como totalitarista um regime que subordina qualquer ato individual ao Estado e sua ideologia, então o nazismo e o stalinismo eram regimes totalitários". Cf.: ECO, Umberto. *Fascismo Eterno*. São Paulo: Record, 2020.

3 MICHELMAN, Frank Isaac. *Brennan and Democracy*. Princeton: Princeton University Press, 2005. p. 5-6.

4 No caso brasileiro, lembramos que os direitos fundamentais se encontram previstos na Constituição Federal, entre os artigos 5.º e 16, e, as cláusulas pétreas, no seu art. 6.º § 4.º.

5 STRECK, Lenio Luiz. *Verdade Consenso*. 6. ed. São Paulo: Saraiva, 2017. p. 112.

6 *Ibidem*, p. 113.

7 LÖSING, Norbert. La Jurisdicción Constitucional como contribución al Estado de Derecho. *In*: SEGADO, Francisco Fernández (Ed.). *The Spanish Constitution in the European Constitutional Context:* la constitución española en el context constitucional europeo. Madrid: Dykinson, 2003. p. 1004.

8 Obviamente, há distinções fundamentais entre nazismo e fascismo. Entretanto, ao longo do livro a reunimos sob o espectro da estupidez por nos interessam mais as semelhanças que as diferenças para o ensaio. Contudo, um ponto crucial da distinção é apresentado por Umberto Eco da seguinte forma: "O fascismo não tinha bases filosóficas, mas do ponto de vista emocional era firmemente articulado a alguns arquétipos.

Chegamos agora ao segundo ponto de minha tese. Existiu apenas um nazismo, e não podemos chamar de "nazismo"o falangismo hipercatólico de Franco, pois o nazismo é fundamentalmente pagão, politeística e anticristão, ou não é nazismo. Com o fascismo, ao contrário, é possível jogar de muitas maneiras sem que mude o nome do jogo". Cf.: ECO, Umberto. *Fascismo Eterno*. São Paulo: Record, 2020. p. 39-40

9 *Ibidem*, p. 1004.

10 KLOPPENBERG, James T. *Toward Democracy: the Struggle for Self-rule in European and American Thought*. Nova York: Oxford University Press, 2016. p. 1.

11 *Ibidem*, p. 2.

12 LOSANO, Mario G.. *Sistema e estrutura no direito*. São Paulo: Martins Fontes, 2010. v. 2. p. 185 *et seq*; p. 245 *et seq*.

13 KLOPPENBERG, James T. *Toward Democracy: the Struggle for Self-rule in European and American Thought*. Nova York: Oxford University Press, 2016. p. 9.

14 *Ibidem*, p. 6.

15 DWORKIN, Ronald. *Is Democracy Possible here? Principles for a New Political Debate*. Princeton: Princeton University Press, 2006. p. 1.

16 *Idem*, p. 1. Para uma análise da impossibilidade de aceitação do outro ponto de vista ou da realização de debate, destaca-se: LILLA, Mark. *The Shipwrecked Mind: on Political Reaction*. Nova York: New York Review of Books, 2016.

17 KLOPPENBERG, James T. *Toward Democracy: the Struggle for Self-rule in European and American Thought*. Nova York: Oxford University Press, 2016. p. 7.

18 *Ibidem*, p. 8.

19 ISSACHAROFF, Samuel. *Fragile Democracies:* Contested Power in the Era of Constitutional Courts. Cambridge: Cambridge University Press, 2015. p. 221.

20 KLOPPENBERG, James T. *Toward Democracy: the Struggle for Self-rule in European and American Thought*. Nova York: Oxford University Press, 2016. p. 8.

21 KLOPPENBERG, James T. *Toward Democracy: the Struggle for Self-rule in European and American Thought*. Nova York: Oxford University Press, 2016. p. 8.

22 *Ibidem*, p. 8.

23 KELSEN, Hans. *A Democracia*. São Paulo: Martins Fontes, 1993. p. 29.

24 *Ibidem*, p. 31-32.

25 *Ibidem*, p. 67.

26 *Ibidem*, p. 106.

27 ISSACHAROFF, Samuel. *Fragile Democracies:* Contested Power in the Era of Constitutional Courts. Cambridge: Cambridge University Press, 2015. p. 243-244.

28 KLOPPENBERG, James T. *Toward Democracy: the Struggle for Self-rule in European and American Thought*. Nova York: Oxford University Press, 2016. p. 9.

29 *Ibidem,* p. 10.

30 *Ibidem*, p. 10.

31 O'DONNELL, Guilhermo. Democracia delegativa? *Novos Estudos CEBRAP*, n. 31. p. 31, out. 1991.

32 *Ibidem*, p. 32.

33 FALCÓN Enrique. El derecho procesal constitucional: teoría general, nacimiento y desarrollo de la disciplina, contenido, autonomia científica. *In*: MAC-GREGOR, Eduardo Ferrer; LARREA, Arturo Zaldívar Lelo de (Coords.). *La ciencia del derecho procesal* constitucional: estudios em homenaje a Héctor Fix-Zamudio em sus cinquenta años como investigador del derecho. Mexico: Marcial Pons, 2008, v.1. p. 97.

34 MARTOS, José A. Montilla. *Minoria Política & Tribunal Constitucional*, Madrid: Trotta, 2002. p. 86.

35 *Ibidem*, p. 93-94.

DEMOCRACIA E *ACCOUNTABILITY*

*As democracias frágeis são atormentadas
por instituições fracas.*

Samuel Issacharoff, *Fragile democracies*[1]

Façamos um exercício de imaginação. Suponhamos que um determinado indivíduo tenha adquirido, na ocasião de seu nascimento, um bem extremamente valioso. Por razões diversas, o indivíduo em questão entregou o patrimônio para que fosse administrado por um terceiro. Muito embora não fosse o proprietário da coisa, o administrador escolhido estava munido de amplos poderes para gerenciá-la, contudo, uma regra inafastável o vinculava: *qualquer medida que tomasse deveria visar ao melhor interesse do verdadeiro titular do bem.*

Muitos outros proprietários tinham o mesmo arranjo, porém, o acordo funcionava melhor nos modelos em que o titular do bem realizava uma fiscalização eficaz sobre o administrador, possível a partir de uma dinâmica de *prestação de contas* que permitia avaliação e destituição das administrações que fossem desonestas ou ineficientes. Nos negócios em que não existiam a prestação de contas e a fiscalização, o risco de que o administrador tomasse medidas que não atendessem aos interesses do proprietário era muito maior.

Se a democracia tem algo em comum com os negócios privados administrados por terceiros, é justamente a necessidade de prestação de contas enquanto condição para a garantia dos interesses dos verdadeiros titulares do poder. De fato, nas relações privadas, conseguimos identificar com muita facilidade a diferença de espaço entre os partícipes dos atos ou das relações sociais, bem como quem é o titular do direito e quem age em nome de outrem. Essa mesma clareza deveria ser transportada para o ambiente público, de modo a não haver nenhuma confusão por parte dos agentes públicos sobre o que é o espaço privado e o público.

Mais precisamente, a democracia é justamente o regime em que a titularidade do poder político é reservada ao povo, mas o governo efetivo é relegado a representantes eleitos para esse fim. É o que consta do art. 1º, parágrafo único, da CF, nos termos do qual *"Todo poder emana do povo, que o exerce por meio de representantes eleitos ou diretamente, nos termos desta Constituição"*. Por conseguinte, existe entre votantes e eleitos uma relação que, guardadas as devidas peculiaridades e proporções, assemelha-se àquela havida entre o proprietário de um negócio e o agente contratado para gerenciá-lo. Se os negócios privados prosperam quando o proprietário está munido de informações suficiente para fiscalizar e avaliar o desempenho do administrador, de maneira análoga, a democracia só funciona da forma devida quando o eleitorado igualmente possui as informações necessárias para fiscalizar e avaliar uma dada gestão.

Nesse sentido, Norberto Bobbio ensina que, nada obstante possamos definir a democracia das maneiras mais diversas, todas as concepções precisam incluir as noções de *visibilidade* ou *transparência* do poder,[2] que estão diretamente relacionadas ao mecanismo de prestação de contas que figurou em nosso exemplo imaginário inaugural e que é conhecido no debate internacional como *accountability*.

A *accountability* possui natureza ambivalente: de um lado, é um dever dos representantes e, de outro, um direito fundamental dos representados. É a partir de um sistema de prestação de contas que os jurisdicionados podem avaliar o governo, discernir se as ações de seus agentes estão conforme aos interesses do povo e, assim, escolher seus candidatos merecedores de seu voto.

Representação e *accountability* constituem aquilo que O'Donnell denomina de *dimensão republicana da democracia*, consubstanciada em uma cuidadosa distinção, que deveria existir – embora, no Brasil, seja preciso esforço para localizá-la – entre as esferas do espaço público e do privado em relação aos ocupantes de cargos públicos.[3]

Jeremy Waldron, em artigo intitulado *Accountability and Insolence,* apresenta a ideia do dever de prestação de contas representativa (*agent accountability*) como base da democracia. Para Waldron, a relação entre governadores e governados se dá de forma similar à alegoria que inicia este capítulo: um contrato de mandato/representação, em que não só está o representante/mandatário vinculado à vontade do representado/mandante (uma vez que cuida de seus negócios em seu nome), como também tem o dever de lhe prestar contas de absolutamente tudo que lhe for solicitado, independentemente de haver ou não conflito ou dúvida a respeito de suas atividades, do grau de conhecimento técnico necessário para compreendê-las, de eleições ou de a questão precisar ser judicializada.[4]

A transparência (publicidade dos negócios públicos) é, portanto, na visão de Waldron, a base de nossas concepções de democracia e de uma prestação de contas democrática.[5]

Para Waldron, num Estado moderno, há centenas de milhares de servidores públicos que podem fazer isso, direta e indiretamente.[6] Contudo, ao contrário de como é usualmente tratado o tema, o importante, na visão do autor, é perceber que a prestação de contas democrática não é sinônimo de eleições, embora as eleições sejam parte importante dela.[7]

Por exemplo, no modelo brasileiros, juízes não se submetem à nenhuma modalidade de sufrágio universal, o que não significa que eles não tenham dever de *accountability*, pelo contrário, todos os atos do Judiciário devem ser fundamentados, ou seja, em toda decisão, o julgador deve expor de que forma sua ela está embasada na lei e na Constituição. Se não fizer esse dever de *accountability,* possivelmente estaremos em face de ativismo judicial.

Na verdade, a essência da prestação de contas democrática está mesmo na transparência e no livre acesso dos governados às informações sobre o que o governo está fazendo, pois só assim será possível verificar se os seus assuntos estão sendo conduzidos da maneira devida.[8] Caso o governo se recuse, por qualquer motivo, a prestar as informações ou os esclarecimentos requeridos por qualquer cidadão, estará descumprindo com as obrigações inerentes à relação entre as partes, agindo de forma insolente.[9] A essência da prestação de contas democrática, na visão de Waldron, dá-se na forma de um contrato de mandato/representação.

Atualmente, *accountability* constitui elemento ínsito de regime democrático. Atuação ativista, justamente porque realizada fora de parâmetros normativos, é essencialmente agir sem prestação de contas.

Acerca do tema, James D. Fearon afirma que entre dois agentes existe uma relação de *accountability* quando as seguintes condições estiverem presentes: (i) primeiramente, deve haver o entendimento de que um dado indivíduo está obrigado a agir em nome do outro; (ii) em segundo lugar, o representado deve ser munido de poderes para punir ou recompensar o representante pelas atividades que tenha desenvolvido.[10]

Conforme Adam Przeworski, Susan C. Stokes e Bernard Manin, é possível considerar que um certo governo é *accountable* se os votantes puderem analisar se a administração está agindo para a satisfação dos interesses do povo e reagir de acordo, de modo que apenas aqueles que atuarem em benefício da população vençam pleitos eleitorais futuros.[11] Disso se conclui que a *accountability* não se efetiva perante candidatos que nunca participaram da vida pública, mas apenas ante àqueles que exercem ou já exerceram algum tipo de função governamental que possa ser submetida à avaliação de um votante. É irônico, porque é também a carreira política quem prepara uma pessoa para exercer um cargo que demanda esse conhecimento. No entanto, a ideia de inovação seduz.

Não por acaso, em determinados momentos históricos, os candidatos que se vendem como *outsiders* – aqueles que nunca antes se envolveram em questões políticas –, parecem possuir sobre os demais uma vantagem competitiva quase injusta, dado que não podem ser avaliados negativamente, por nunca antes terem participado da administração da coisa pública. Cientes disso, não é incomum que os partidos políticos costumem apostar em "caras novas" para angariar o eleitorado, sobretudo quando detectam um sentimento de esgotamento generalizado frente aos políticos tradicionais. Nada menos novo que isso.

Donald Trump é um exemplo bastante elucidativo de candidato que encampou o discurso do *outsider*. O sucesso evidente o levou a repetir a fórmula, inclusive na campanha de reeleição, quase como se, a despeito de ter presidido os Estados Unidos da América por quatro anos, não fosse um político como todos os demais.[12] No Brasil, nas últimas eleições, temos vislumbrado ascensão de diversos discursos de *outsiders,* até mesmo Jair Messias Bolsonaro – membro por praticamente três décadas do baixo clero legislativo –, conseguiu explorar essa faceta de *outsider* em sua eleição presidencial.

O discurso do *outsider* é vantajoso, porque exime quem o emprega de revisitar seu desempenho na administração da coisa pública e o blinda contra críticas de seus adversários, que, quando muito, podem acusá-los de inexperiência, mas nunca de ineficiência ou corrupção. Contudo, cuida-se de vantagem que não pode ser usufruída indefinidamente: *outsiders*, quando eleitos, tornam-se *insiders* do jogo político (por mais que tentem, o quanto possível, recusar esse papel), que devem ser avaliados pelas gestões desempenhadas. Não podem, em hipótese alguma, ser eximidos do dever de prestar contas ou de rigorosa fiscalização por parte do povo, pois, conforme dissemos, um sistema de *accountability* eficiente é essencial para garantir a existência de um regime democrático genuíno.

O risco se dá quando um *outsider* populista (aquele que além de *outsider* é *anti-establishment*) não consegue solucionar os problemas que prometeu resolver ao longo da campanha, e, perante sua simplória ineficiência, não pode mais lançar mão da roupagem de *outsider,* afinal agora ele é um *insider.* Nesse exato momento, o populista, para fugir do *accountability* que evidenciaria sua incapacidade governamental, passa a atacar as demais instituições, afirmando que os problemas não foram solucionados porque a estrutura pública existente e os demais Poderes não o deixam agir livremente. Aqui se inicia o circuito da degeneração democrática, em que o populista *outsider* busca jogar a população contra o Legislativo e o Judiciário. Reiteramos: nada menos novo do que isso.

Entretanto, para que exista *accountability,* é necessário que a população tenha acesso a informações completas e que saiba avaliá-las corretamente. A *accountability* é sobremaneira importante, porque é um requisito para que exista representatividade: políticos tendem a representar melhor os interesses da população quando sabem que estão sendo vigiados e avaliados para fins de eleições futuras. Porém, isso só ocorrerá se existirem informações completas e verificadas, disponíveis à população. O povo só pode analisar adequadamente um governo quando estiver munido de informações suficientes a seu respeito. Além do mais, essas informações devem ser, além de acessíveis, compreensíveis aos votantes em geral. Cuida-se de uma tarefa complexa, que depende de uma porção de fatores internos e externos ao próprio governo.[13]

Além disso, a *accountability* é também imprescindível para avaliar a maturidade institucional de cada democracia mediante a compreensão da distinção entre democracias representativas e democracias delegativas, assim cunhadas por Guilherme O'Donnel.

O conceito de democracia delegativa, formulado na década de 1990, designa os regimes surgidos nos países latino-americanos, após a derrocada do autoritarismo, num contexto

O risco se dá quando um *outsider* populista (aquele que além de *outsider* é *anti-establishment*) não consegue solucionar os problemas que prometeu resolver ao longo da campanha, e, perante sua simplória ineficiência, não pode mais lançar mão da roupagem de *outsider,* afinal agora ele é um *insider.* Nesse exato momento, o populista, para fugir do *accountability* que evidenciaria sua incapacidade governamental, passa a atacar as demais instituições, afirmando que os problemas não foram solucionados porque a estrutura pública existente e os demais Poderes não o deixam agir livremente. Aqui se inicia o circuito da degeneração democrática, em que o populista *outsider* busca jogar a população contra o Legislativo e o Judiciário. Reiteramos: nada menos novo do que isso.

GEORGES ABBOUD
DEMOCRACIA PARA QUEM NÃO ACREDITA

marcado por severos ajustes e reformas de inspiração neoliberal.[14] Conforme Guilherme O'Donnel compreende, a democracia delegativa é um regime que, ainda que contemple eleições populares para a escolha dos governantes, não conta com instituições consolidadas em parâmetros democráticos genuínos. A inexistência de instituições democráticas sólidas impede que a transição da autocracia – regime marcado por um governante detentor de poderes arbitrários – à democracia ocorra completamente, daí esses países ficarem à mercê de um regime pseudodemocrático: a democracia delegativa.

O'Donnel realiza uma denúncia importantíssima: derrotar governos ditatoriais e estabelecer eleições não assegura que uma democracia verdadeiramente representativa se consolide institucionalmente. A escolha dos representantes mediante voto popular não é sinônimo de um regime democrático institucionalizado,[15] em que o poder político será exercido em prol de seu verdadeiro titular (o povo). Ao fim, "[...] eleições não são um mecanismo suficiente para assegurar que governos farão tudo o que puderem para maximizar o bem estar dos cidadãos."[16]

Nas democracias delegativas, as eleições assumem feições altamente emocionais e envolvem grandes riscos e apostas. A participação do cidadão é sobremaneira limitada: findo o pleito eleitoral, os votantes retornam à condição de passividade frente ao governo eleito.[17] *É um regime cujo potencial democrático se esgota no exercício do voto.*

O que marca a transição de uma democracia delegativa para a representativa é justamente um sistema eficiente de prestação de contas, isto é, o *accountability*. Certamente, a ideia de representação pressupõe delegação, mas a supera porque conta com o intitulado *accountability*.[18] Numa democracia representativa, os eleitos são considerados, de algum modo, responsáveis (*accountable*) pela forma como agem em nome daqueles que os elegeram e, por isso mesmo, estão obrigados a prestar-lhes contas. Representação e *accountability* conformam, assim, a dimensão republicana da democracia, consubstanciada em uma cuidadosa distinção entre o espaço público e privado em relação aos ocupantes do cargo público.[19]

A coisa pública, muito embora seja administrada por um Presidente, não lhe pertence: pertence ao povo, que, por meio do voto, o elegeu. Conforme o exemplo imaginário que abriu este ensaio, sempre que algo é entregue para que terceiro o administre, o que garante que o negócio funcione em benefício de seu titular é a fiscalização, realizada a partir da prestação de contas. Consequentemente, quanto mais complexa for a atividade de administração, mais sofisticados e complexos precisam ser os mecanismos de prestação de contas.

A *accountability*, vale notar, opera-se verticalmente frente aos eleitores e horizontalmente em relação às demais instituições democráticas existentes.[20] Ou seja, o Presidente precisa prestar contas de suas ações não apenas ao jurisdicionado, como também à rede de poderes autônomos da República (ao Judiciário e ao Legislativo). Não é apenas o cidadão que fiscaliza os agentes estatais; existe uma rede de cofiscalização operada de um agente estatal para com outro. Os órgãos de Poder fiscalizam outros órgãos de Poder e todos são fiscalizados pelo jurisdicionado – assim opera o sistema de *accountability* numa democracia verdadeiramente representativa.

A democracia delegativa, embora seja conduzida por governantes eleitos segundo a vontade da maioria, sofre de um grave déficit na prestação de contas.[21] Para além disso, é marcada por uma forte concentração de poderes na figura do Presidente da República, que, na prática, não é compelido a qualquer *accountability* horizontal.[22] Aqui a dimensão da *accountability* acaba por se diluir em fisiologismos.[23]

Diante dos argumentos expostos, é fácil constatar que, no Brasil, promulgada a Constituição vigente – que, em tese, inaugurou um Estado *Democrático* de Direito – vivenciamos, em diversas dimensões, muito mais os aspectos da democracia delegativa e não os de uma democracia constitucional verdadeiramente institucionalizada.

Para maior institucionalização da democracia brasileira, é preciso que estruturemos um sistema de *accountability*, do contrário, estaremos sempre um passo aquém da democracia efetiva. *Não basta que a escolha dos governantes seja democrática, se a democracia não constar no agir do governo eleito.* Por conseguinte, carece agir de forma democrática, e que o governo passe a prestar contas e ser responsabilizado (*accountable*) pela administração desonesta ou ineficiente que tenha realizado; a negação do *accountability* escamoteia a privatização da coisa pública: o eleito que não presta contas trata, como coisa própria, a coisa alheia e o eleitor que não as exige compactua com a subversão da lógica democrática.

Accountability, compreendido como (i) dever de prestar contas mediante critérios racionais e previamente estabelecidos e (ii) responsabilização dos políticos eleitos, é marca distintiva das democracias consolidadas. A instituição de critérios de *accountability* é crucial ao fortalecimento dos regimes democráticos – num modelo no qual quem exerce funções públicas o faz em nome do povo, nada mais coerente que exigir critérios de prestação de contas aos verdadeiros detentores do poder.

A democracia delegativa de Guilherme O'Donnell está diretamente associada às democracias frágeis de que fala Samuel Issacharoff. Os regimes democráticos frágeis estão qualificados pela existência de três C's, a saber, o *clientelismo*, o *coleguismo* e a *corrupção*. Por outro lado, carecem de instituições compromissadas com políticas de bem-estar geral.

Trata-se de regimes débeis, que não possuem partidos políticos desenvolvidos a ponto de representar uma série de interesses dentro de uma visão coerente de governança. Do mesmo modo, não contam com uma sociedade civil organizada e nem mesmo organismos não governamentais que permitam a implementação de políticas sociais para a coletividade.[24]

Numa democracia débil, carente de um sistema de *accountability* eficiente, é comum que políticos eleitos não ajam em favor do povo, desviando-se do mandato que receberam por meio do voto.

É possível afirmar que políticos não agem em favor do povo quando (i) desperdiçam tempo conspirando contra seus rivais; (ii) agem para aumentar a própria fortuna; (iii) utilizam-se de seus cargos para beneficiar seus familiares e amigos, ou (iv) escolhem políticas que privilegiam interesses próprios ou de terceiros com quem tem alguma espécie de vínculo.[25] Poderíamos criar outra narrativa para exemplificar, mas a realidade é suficientemente ilustrativa.

O Brasil é repleto de exemplos de candidatos que ocupam posição de poder e que, no passado, incidiram nas condutas enumeradas no parágrafo anterior, o que não atrapalhou, em absoluto, a sua reeleição. É que nos falta um sistema eficiente de *accountability*, comungado ao fornecimento de informações completas e compreensíveis ao povo, para que candidatos que não atuem em benefício da população possam ser impedidos de prosseguir na administração da coisa pública. Desde 1988, enfim, somos governados por agentes eleitos democraticamente. Contudo, ainda não temos uma democracia efetivamente institucionalizada.

As democracias frágeis possuem instituições igualmente débeis, que não conseguem, por si, garantir a subsistência do regime. Por isso, gera-se uma desconfiança mútua e nociva: por que deveríamos tolerar e rivalizar de maneira justa com grupos que não comungam de nossos valores se não temos certeza de que o pacto democrático será honrado e garantido (afinal, as instituições são fracas demais para fazê-lo)?

Caso a democracia esteja verdadeiramente estabelecida, o respeito ao pacto é uma certeza. Por outro lado, se a democracia é frágil, os partidos e a sociedade civil não bastam para assegurar o cumprimento das regras democráticas.[26]

Quanto mais débeis as demais instituições, mais forte tem de ser o Poder Judiciário, para que garanta o pacto constitucional democrático e as regras do jogo que os outros órgãos do Estado falham em assegurar. Mais que isso: numa democracia estabelecida, em que haja um sistema de *accountability*, o *outsider* não será uma muleta eleitoral.

Ou seja, nas democracias frágeis, os Tribunais são rotineiramente chamados à criação de uma estrutura constitucional que permita a governança democrática mediante controle dos excessos do Poder Executivo, do reforço da separação de Poderes e da divisão de tarefas e competências impostas pela Constituição.[27]

Torna-se, então, papel fundamental dos Tribunais, em especial Supremo Tribunal Federal, proteger a Constituição e a legislação, garantindo-lhes aplicabilidade. Vale dizer, em uma democracia frágil, na qual o respeito às regras do jogo não é um conceito arraigado nas instituições, ao menos precisa haver a confiança que o Judiciário, ao ser provocado, garantirá a eficácia das regras eleitorais. Se essa crença for perdida, toda a democracia poderia ruir, porque, ao final, a oposição perderia a garantia de que poderia se transformar em situação caso vencesse a eleição. À oposição, não haveria nenhuma garantia de que seriam respeitas as regras eleitorais de votação e transição.

Quanto mais débeis as demais instituições, mais forte tem de ser o Poder Judiciário, para que garanta o pacto constitucional democrático e as regras do jogo que os outros órgãos do Estado falham em assegurar. Mais que isso: numa democracia estabelecida, em que haja um sistema de *accountability*, o *outsider* não será uma muleta eleitoral.

GEORGES ABBOUD
DEMOCRACIA PARA QUEM NÃO ACREDITA

REFERÊNCIAS

1 ISSACHAROFF, Samuel. *Fragile Democracies:* Contested Power in the Era of Constitutional Courts. Cambridge: Cambridge University Press, 2015. p. 196.

2 BOBBIO, Norberto. *O futuro de democracia:* uma defesa das regras do jogo. 6. ed. Rio de Janeiro: Paz e Terra, 1997. p. 10.

3 O'DONNELL, Guilhermo. Democracia delegativa? *Novos Estudos CEBRAP,* n. 31, p. 25-40, out. 1991.

4 WALDRON, Jeremy. Accountability and Insolence. *In*: WALDRON, Jeremy. *Political political theory.* Londres: Harvard University Press, 2016. p. 167-174.

5 *Ibidem,* p. 194.

6 *Ibidem,* p. 179.

7 *Ibidem,* p. 183-184.

8 *Ibidem,* p. 183-190.

9 *Ibidem,* p. 172.

10 FEARON, James D. Electoral Accountability and the Control of Politicians: Selecting Good Types versus Sanctioning Poor Performance. *In*: MANIN, Bernard; PRZEWORSKI, Adam; STOKES, Susan C. (Org.). *Democracy, Accountability, and Representation.* Nova York: Cambridge University Press, 1999. p. 55.

11 "Governments are 'accountable' if voters can discern whether governments are acting in their interest and sanction them appropriately, so that those incumbents who act in the best interest of citizens win reelection and those who do not lose them". Cf.: MANIN, Bernard; PRZEWORSKI, Adam; STOKES, Susan C. Elections and Representation. *In*: MANIN, Bernard; PRZEWORSKI, Adam; STOKES, Susan C. (Org.). *Democracy, Accountability, and Representation.* Nova York: Cambridge University Press, 1999. p. 40.

12 SANCHES, Mariana. Trump x Biden: presidente se vende como outsider e democrata oferece empatia em debate com tom convencional. BBC News Brasil, 23 out. 2020. Disponível em: https://www.bbc.com/portuguese/internacional-54657192. Acesso em: 13 maio 2021.

13 MANIN, Bernard; PRZEWORSKI, Adam; STOKES, Susan C. *Elections and Representation. In*: MANIN, Bernard; PRZEWORSKI, Adam; STOKES, Susan C. (Org.). *Democracy, Accountability, and Representation*. Nova York: Cambridge University Press, 1999. p. 43-44.

14 IAZZETTA, Osvaldo. La democracia delegativa, veinte años después. *In*: IPPOLITO-O'DONNELL, Gabriela; D'ALESANDRO, Martín. *La ciência Política de Guillermo O'Donnel*. Buenos Aires: Eudeba, 2015. p. 259.

15 O'DONNELL, Guilherme. Democracia delegativa? *Novos Estudos CEBRAP*, n. 31, p. 26, out. 1991.

16 "Elections are not a sufficient mechanism to insure that governments will do everything they can to maximize citizens' welfare". Cf.: MANIN, Bernard; PRZEWORSKI, Adam; STOKES, Susan C. Elections and Representation. *In*: MANIN, Bernard; PRZEWORSKI, Adam; STOKES, Susan C. (Org.). *Democracy, Accountability, and Representation*. Nova York: Cambridge University Press, 1999.

17 O'DONNELL, Guilherme. Democracia delegativa? *Novos Estudos CEBRAP*, n. 31, p. 31, out. 1991.

18 Sobre o tema, ver: MENDES, Gilmar Ferreira; STRECK, Lenio. Comentário ao art. 93. *In*: CANOTILHO, J.J. Gomes; MENDES, Gilmar Ferreira; SARLET, Ingo Wolfgang (Coords.). *Comentários à Constituição do Brasil*. São Paulo: Saraiva; Almedina, 2013. p. 1325. Acerca da fundação como dever de prestação de contas (*accountability*), ver: SCHMITZ, Leonard Ziesemer. *Fundamentação das decisões judiciais*. São Paulo: Revista dos Tribunais, 2015. p. 213.

19 O'DONNELL, Guilherme. Democracia delegativa? *Novos Estudos CEBRAP*, n. 31, p. 32, out. 1991.

20 *Idem.*

21 IAZZETTA, Osvaldo. La democracia delegativa, veinte años después. *In*: IPPOLITO-O'DONNELL, Gabriela; D'ALESANDRO, Martín. *La ciência Política de Guillermo O'Donnel*. Buenos Aires: Eudeba, 2015. p. 260.

22 O'DONNELL, Guilherme. Democracia delegativa? *Novos Estudos CEBRAP*, n. 31, p. 32, out. 1991.

23 O'DONNELL, Guilherme. *Democracia delegativa? Novos Estudos CEBRAP*, n. 31, p. 31, out. 1991.

24 ISSACHAROFF, Samuel. *Fragile Democracies:* Contested Power in the Era of Constitutional Courts. Cambridge: Cambridge University Press, 2015. p. 158.

25 MANIN, Bernard; PRZEWORSKI, Adam; STOKES, Susan C. Elections and Representation. *In*: MANIN, Bernard; PRZEWORSKI, Adam; STOKES, Susan C. (Org.). *Democracy, accountability, and representation*. Nova York: Cambridge University Press, 1999. p. 41.

26 ISSACHAROFF, Samuel. *Fragile Democracies:* Contested Power in the Era of Constitutional Courts. Cambridge: Cambridge University Press, 2015. p. 221.

27 *Ibidem*, p. 192-196.

**DEMOCRACIA, LEGALIDADE
E *COMMON GROUND***

A política trata da convivência entre diferentes. Os homens se organizam politicamente para certas coisas em comum, essenciais num caos absoluto, ou a partir do caos absoluto das diferenças.

Hannah Arendt, *O que é política?*

O primeiro grande tema do constitucionalismo moderno é a democracia; o segundo é sua limitação.

Bruce Ackerman, *La nueva division de poderes*'

Prezado leitor, neste item, percorreremos – ainda que de forma breve – uma trajetória que perpassa a modernidade. Ou seja, explicaremos muito resumidamente algumas das diferenças cruciais do progresso do processo civilizatório, desde o absolutismo até as democracias constitucionais. Nessa travessia, explicaremos a passagem para a modernidade dada pela superação do teorema dos Dois Corpos do Rei.

Estamos conscientes que o primeiro parágrafo pode ter afugentado uma parcela dos leitores, em especial, aqueles descrentes da democracia. Contudo, caso continuem conosco, prometemos explicar os contornos essenciais de dois componentes-chaves das democracias constitucionais atuais: a ideia de legalidade e o *common ground*. Corre-se o risco, inclusive, de convencê-los a mudar de ideia.

Para que seja didático, contaremos uma história. Figura dentre as anedotas histórico-políticas mais recontadas em ambientes acadêmicos a sessão parlamentária supostamente ocorrida na França em 13 de abril de 1655. Na ocasião, o Rei Luís XIV teria se dirigido ao Parlamento para firmar sua posição soberana em assertiva que é mundialmente famosa: "*Je suis la Loi, Je sui l'Etat; l'Etat c'est moi"* (Eu sou a Lei, eu sou o Estado; o Estado sou eu).

A afirmação, muito embora não exista registro histórico seguro que a atribua a Luís XIV, tornou-se símbolo do absolutismo, pois congrega sinteticamente os traços distintivos do regime em questão: a existência de uma unidade centralizadora de poder, a qual desconhece qualquer sorte de limites externos.

No Estado Absolutista e feudal, o Rei concentrava as funções inerentes ao poder, o que, certamente, gerava abusos, cujas consequências mais nefastas eram sentidas pela camada menos privilegiada – e mais numerosa – da população. Dificilmente falha a conhecida máxima de que *"quem tem poder em demasia, tende a abusar dele"*.

É no contexto do absolutismo que surgem e/ou são concretizadas ideias poderosas, que engatilhariam um processo revolucionário, capaz de transformar completamente as sociedades da época.[2] Então, ganha força a noção de que o poder deveria ser repartido e de que o seu exercício estaria *inexoravelmente limitado pela lei*. A lei, agora produto da vontade geral, em lugar de extensão dos poderes de um monarca, passou a ser instrumento utilizado para lhe impor limites. O Rei, então, deixou de "ser a lei", para a ela se submeter.[3]

É com esse repertório e, antes de passarmos a explicar o conceito de legalidade, que podemos narrar a transição dada pelo teorema dos Dois Corpos do Rei.

Ernst Kantorowicz, em seu livro clássico, os *Dois Corpos do Rei,* resgatava o teorema heurístico do rei gêmeo que explicava o conceito de poder na Idade Média. De acordo com essa teoria, o rei teria dois corpos: o físico e o místico, ou o corpo natural e o político.[4]

O corpo natural era o comum concernente a todas as pessoas – poderia adoecer, ser ferido, ou seja, sujeitava-se a todas as agruras da vida. Já o corpo político não poderia ser visto ou tocado: era composto de política e governo. O corpo político não pode ser atingido por nenhuma intempérie que acomete o corpo natural. Os dois corpos do rei, dessa forma, estão contidos um no outro. Todavia, não pode haver dúvida da superioridade do corpo político sobre o natural. O corpo natural é finito, enquanto o corpo místico nunca morre, não adoece e em nenhuma hipótese erra.[5]

Por meio dos dois corpos do rei, Kantorowicz identifica o fundamento teológico no ato do poder. Tanto assim é que, não obstante a teoria dos dois corpos ser criação do direito medieval inglês, Kantorowicz associa a ideia dos dois corpos à figura de Jesus Cristo, uma vez que as religiões monoteístas, até o início do cristianismo, não tinham intermediação direta entre o humano e o divino. Assim, somente com Cristo é que surge um ponto entre Deus e os homens. Até então, os homens e Deus ficavam em planos separados. Com a figura de Cristo se completam os dois corpos, o divino e o mortal: o divino, que renasce mesmo depois da morte, porque é infinito; e o físico, que é mortal e que recebe todos os sofrimentos impostos pelos homens.[6]

No modelo político em que vigora o teorema dos dois corpos do rei, não há distinção entre público e privado, justamente porque não diferenciamos o agente público em relação ao cargo ou função que ele desempenha. O rei governa e é o governo.

A secularização do poder, o exercício do poder por representação, mediada por uma noção de legalidade, necessariamente perpassam a superação do teorema dos Dois Corpos do Rei. A superação do teorema nos permite compreender conceitos fundamentais atualmente que superam em muito a própria ideia de falibilidade do governador.

Nesse ponto, merece destaque a necessidade atual de compreendermos que nenhum governante é o poder ou pode se confundir com o poder. Em democracias constitucionais, o governante *exerce* o poder – de forma não perpétua – e mediante instâncias de controle.

Ao dissociarmos a figura do governo e governante, fazia-se necessária a consolidação de um padrão institucional para controle e aferição de legitimidade do poder, afinal, em uma democracia, Deus – ou qualquer outro conceito metafísico – não pode(ria) servir de justificativa para o exercício do poder. Nesse cenário, ao longo da história, a legalidade, associada a outros mecanismos de contenção do poder político, tornou-se uma ferramenta fundamental para a proteção dos cidadãos contra os arbítrios do Estado.

Aqui, algum descrente da democracia pode ter tido o ímpeto de interromper a leitura por termos afirmado que Deus não pode ser fundamento da democracia. Convidamos a continuar, afinal, cumpre destacar que, não se trata de uma afirmação pela necessidade de ser ateu para ser democrata. Longe disso, caro leitor. Em uma real democracia, é uma decisão ética e livre escolher acreditar ou não em Deus, deuses ou qualquer outra forma de entidade. Por essa razão, o Estado e a democracia não podem estar assentados em fundamentos metafísicos ou ligados a uma moral individual. Se a democracia e o Estado são para todos, é preciso fundá-los em elementos subjetivamente compartilháveis, daí a necessidade de instituições regidas pela ideia de legalidade universal em que o poder é secularizado e a sociedade e Estado são colocados sob a égide de uma Constituição Federal.

Caro leitor, ainda antes de apresentarmos diretamente os conceitos de *common law* e legalidade, pedimos um pouco mais de paciência para compreender outros movimentos históricos cruciais para a formação das democracias constitucionais contemporâneas. Nesse ponto, além da função explicativa, assimilar essa transição histórica é crucial para auxiliar a percepção de como diversos conceitos estão intrinsecamente relacionados no tecido social historicamente constituído pelo processo civilizatório das nações.

A superação do teorema dos Dois Corpos do Rei simboliza, em parte, a transição do absolutismo para o constitucionalismo (democracia constitucionais), ou ainda, o que se convencionou chamar de *rule of law.* Nesse momento é fundamental esclarecer, leitor, que a separação de poderes proposta por Montesquieu não guardava isomorfia com a ideia de democracia constitucional contemporânea. Ou seja, a própria noção de lei moderna não existia naquele período, ela vai surgir apenas como um produto do movimento constitucionalista do século XIX, em que se passa a diferenciar funcionalmente a ação parlamentar legiferante em relação a um executivo que não mais legislava sendo limitado à produção de decretos.[7]

O caminho para a efetiva consolidação da separação de poderes, mediante um Judiciário Independente e uma legalidade universal, passa pelo surgimento do Iluminismo e de suas críticas ao absolutismo, pois foi o Iluminismo que impôs uma forte crítica aos fundamentos metafísicos de legitimidade do poder do Estado. Assim, a aceitação de que o soberano não foi nomeado por Deus, mas que sua legitimidade decorre de um fictício contrato social, simboliza um dos maiores processos de secularização da era moderna.[8]

Nesse contexto, surge a figura do cidadão como parceiro fictício no contrato social com o Estado. Nessa parceria, é dever do Estado assegurar o bem-estar e a proteção de sua liberdade. O binômio liberdade e propriedade passou a ser a premissa necessária para legitimação da atividade parlamentar que se desenvolvia.[9]

O contratualismo, que alçou o cidadão a parte constitutiva na legitimação da construção do político, a Revolução Francesa e a substituição do Monarca pela lei abstrata produzida pelo Poder Legislativo constituem a principal tríade que minou o modelo absolutista em direção às democracias constitucionais em que o Poder Judiciário é visto como um poder independente ao lado dos Poderes Legislativo e Executivo.[10]

A revolução de 1789 é um marco fundamental porque realiza uma ruptura do processo político europeu que influenciou o papel dos juízes no âmbito interpretativo. De início, o monarca e seu corpo de governo perderam o monopólio em relação ao Poder Legislativo, na medida em que a lei passava a ser expressão da vontade geral do povo (art. 6º da Declaração de Direitos do Homem de 26.08.1789). A *voluntas principis* é substituída pela ideia de lei abstrata. Esse fenômeno marca a transferência do poder legiferante do Monarca para o Parlamento. Nessa transição, o Parlamento se livrou do controle do Monarca. A lei cada vez mais passou a ser o ponto central da aplicação do direito e se intensificou o debate acerca de sua produção. Por conseguinte, era a interpretação da lei o objeto principal dos juízes; por sua vez, foi o que deu início, de forma estruturada, ao debate de até onde os juízes podem ir na interpretação da lei.[11]

Ainda sobre a Revolução Francesa, na visão de Stolleis, seria o evento primário a dar início ao movimento constitucional do século XIX que estruturou o caminho necessário para que o Poder Judiciário se transformasse em um terceiro Poder independente. Essa independência foi reforçada por outra mudança significativa no direito, a concessão aos juízes da possibilidade de fazer o controle dos atos da Administração Pública e invalidá-los sempre que forem contrários ao *direito*.[12]

Em uma democracia constitucional, a lei, democraticamente produzida, é o ato público que melhor representa os interesses do povo. As leis são produtos do Poder Legislativo, composto por parlamentares que, para o bem e para o mal, foram eleitos pela sociedade para fazer sua representação oficial. Por conseguinte, quando cobramos respeito a uma lei vigente, não estamos fazendo outra coisa, senão exigir que *a vontade do povo, aferida conforme regras majoritárias, seja observada*. A *contrario sensu*, quem afasta a legislação produzida, não está, apenas, negando obediência ao Legislativo, mas, igualmente, desrespeitando a vontade do povo ao qual vereadores, deputados e senadores representam.

Conforme explicamos em outros ensaios, de fato, o majoritarismo é elemento estruturante da democracia. Entretanto, a vontade da maioria precisa conviver com mecanismos contramajoritários de controle, do contrário, não se forma a base de uma democracia constitucional.

Por isso, nos é tão caro o princípio da legalidade (art. 5º, inc. II, da Constituição Federal), segundo o qual o Poder Público só pode agir quando autorizado por lei, e, em contrapartida, o jurisdicionado só deve *deixar de agir* quando a lei assim determinar. Ou seja, o Estado só se move quando autorizado pela vontade popular (concretizada pela lei), e o indivíduo só pode ser compelido a se abster do que quer que seja quando essa mesma vontade assim impuser por deliberação.

É evidente que essa é a *teoria* que subjaz um regime democrático. Ocorre que a *prática* apresenta dificuldades, próprias de uma democracia representativa plural, heterogênea, desigual e fragmentada, que nos impedem de afirmar que os eleitos sempre agirão conforme o desejo de seu eleitorado. Para tanto, tem-se pleitos periódicos, nos quais o cidadão deve avaliar o mandato de seus políticos de preferência para negar-lhes um novo voto sempre que tenham agido contra os interesses do povo. A isso nos referimos quando tratamos da noção de *accountability*, no segundo ensaio do livro.

De toda forma, com todos os defeitos que os processos eleitorais e legislativos possam ter, o Parlamento continua a ser o órgão que tem as melhores condições estruturais para efetivamente representar a vontade do povo. Consequentemente, a lei, produto da atividade legiferante, é o ato público que melhor reflete os interesses da população.

O respeito às leis editadas pelos legisladores não é condição única para a democracia. É fato que para a existência de um Estado Democrático devem concorrer muitos outros elementos – vários abordados nos demais itens deste livro.

Contudo, é igualmente incontestável que dificilmente seria possível conceber um regime democrático na ausência de uma legislação (também democrática) que o sustente.

Nesse contexto, preocupa-nos sobremaneira o modo como a população em geral tem desprezado o Legislativo e preferido depositar uma sorte de confiança cega nos demais Poderes. É bem verdade que muito do ressentimento nutrido em relação ao Parlamento não é gratuito.

No Brasil, o Legislativo não tem escapado a escândalos políticos, a maioria relacionada a vergonhosos esquemas de corrupção e fisiologismos de toda ordem. Contudo, não é por isso que devemos abandoná-lo. Muito pelo contrário: é nossa responsabilidade mantermos resiliência para resgatar a sua dignidade e para torná-lo o melhor que possa ser, afinal, nós é que, mediante o voto, definimos quem nos representará nas Câmaras, Assembleias e no Congresso Nacional. Com todos os seus problemas, é o Legislativo ainda o melhor espaço para dissolução dos dissensos cognitivos que se formam na sociedade, consequentemente, nenhuma democracia constitucional pode pretender manter esse *status* abandonando o espaço da política legislativa ou adotando um discurso de vilanização do Legislativo.

A esse respeito, é extremamente esclarecedora a visão de Jeremy Waldron, cujo escopo é reestabelecer a *dignidade* da legislação. Obviamente, dignificar a lei, não se restringe apenas à legislação, mas ao espaço legislativo da política. Na contemporaneidade, temos construído uma má fama da legislação na teoria política e jurídica. Essa má fama tem nos impedido de caminhar para um paradigma capaz de compreender a legislação como forma genuína de direito.[13]

Nessa perspectiva, é imprescindível vislumbrar que a legislação, em uma democracia, pode e deve ser um espaço de prática democrática. Temos tratado o Legislativo como se lhe fosse inerente a intriga, a negociata e a troca de favores. É leviana a afirmação de que todos os políticos procedem dessa

No Brasil, o Legislativo não tem escapado a escândalos políticos, a maioria relacionada a vergonhosos esquemas de corrupção e fisiologismos de toda ordem. Contudo, não é por isso que devemos abandoná-lo. Muito pelo contrário: é nossa responsabilidade mantermos resiliência para resgatar a sua dignidade e para torná-lo o melhor que possa ser, afinal, nós é que, mediante o voto, definimos quem nos representará nas Câmaras, Assembleias e no Congresso Nacional. Com todos os seus problemas, é o Legislativo ainda o melhor espaço para dissolução dos dissensos cognitivos que se formam na sociedade, consequentemente, nenhuma democracia constitucional pode pretender manter esse *status* abandonando o espaço da política legislativa ou adotando um discurso de vilanização do Legislativo.

GEORGES ABBOUD
DEMOCRACIA PARA QUEM NÃO ACREDITA

maneira e, se há quem o faça, é de nossa responsabilidade negar-lhe a reeleição. Mantê-los assim só favorece aos descrentes na democracia, que usaram essa parcela nefasta para deslegitimar a estrutura.

Nesse ponto, é possível identificarmos, no discurso do nosso leitor descrente na democracia, afirmações do tipo: *Brasil nunca muda, todo o político é corrupto* ou ainda *a política é um espaço exclusivo de sujeira e negociata*. Nessas informações, além de haver uma equiparação simplória e niveladora das instituições e das pessoas para a pior qualidade, adicionaríamos o seguinte questionamento: caro leitor, sem a política para a resolução dos nossos problemas, qual outra saída nos resta?

Algum leitor, diante do nosso retórico questionamento, pode pensar que menos política e mais autocracia seria a saída, ou fazer um argumento saudosista de períodos da ditadura. Mas, aqui, novamente, reside nossa resiliência na conversão pela democracia: por qual razão deveríamos então apostar em políticos que não são eleitos, não podem ser trocados e possuem baixa representatividade em relação à pluralidade da sociedade? Ou, ainda, há alguma democracia constitucional devidamente constituída que se erigiu eliminando o espaço da política?

Tem-se observado que, fortes na crença de que o Legislativo é um lugar inevitavelmente corrupto, grande parcela da sociedade, cada vez mais, transfere ao Poder Judiciário as decisões relativas aos destinos e ao modo de ser da sociedade, questões que deveriam naturalmente ser discutidas no âmbito político. Juízes – nunca é demais recordar – não representam a população, mesmo porque não são eleitos para esse fim e nem constitucionalmente imbuídos dessa missão.

Outrossim, quando questões majoritárias são empurradas para o Judiciário, que é um poder que não deve se pautar pela vontade da maioria, não raras vezes, a solução dada pelo Judiciário acaba gerando ressentimento em boa parcela da população que não consegue compreender que o Judiciário não deve usar bases políticas para desenvolver sua decisão.

Nesse cenário, a crescente descrença no Legislativo acaba transferindo temas relevantes da sociedade para o Judiciário em crescente espiral de judicialização da política. A solução dessa judicialização, por sua vez, acaba proporcionando descrédito da sociedade em relação ao próprio Judiciário, dado que para a maior parte da sociedade é difícil compreender os parâmetros que guiam a solução judicial.

É muito perigoso para a democracia construirmos uma imagem caricata e deplorável do Legislativo e idealizarmos de maneira ufanista o Judiciário.[14] Inexiste opção legítima e preferencial entre Judiciário e Legislativo: ambos, fortes e independentes, são imprescindíveis para a consolidação da democracia constitucional.

Justamente nesse contexto é que deve ser vista com ressalvas a tendência em se retirar a dignidade da legislação em detrimento de uma atuação ativista do Judiciário.

Nem mesmo a questão da omissão ou deficiência legislativa pode ser subterfúgio para diminuirmos a importância da instância majoritária do Legislativo para definir os temas políticos brasileiros. O enfrentamento judicial da omissão e da legislação deficiente deve ser realizado apenas nas circunstâncias constitucionalmente admitidas. Mais do que a preferência entre um ou outro Poder, a saúde da democracia constitucional passa pelo respeito mútuo, tolerância e pela construção de diálogos institucionais entre Legislativo e Judiciário para solução de problemas complexos contemporâneos.

À democracia é inerente o dissenso, que tende a ser maior em assuntos que resvalam a moralidade. Por conseguinte, em temas como aborto e a legalização das drogas etc., é mesmo difícil encontrar a maioria necessária para promover reformas legislativas tendentes a alterar o *status quo*. Em face de dificuldade de obtenção de solução majoritária legislativa, não se pode incorrer na ingenuidade de acreditar que o Judiciário seria o palco de solução desses impasses políticos. Mais precisamente, imaginar o Judiciário como elemento acelerador das transformações que a sociedade não está suficientemente estruturada para promover legislativamente é atribuir ao Judiciário expectativas que esse Poder não conseguirá atender.

Ao Judiciário não cabe "empurrar a história adiante". Quem lhe atribui essa sorte de papel messiânico acusa a própria imaturidade e sinaliza tendências fortemente antidemocráticas, ainda que guiado por nobres ideais. Não podemos aquiescer ao processo legislativo-democrático apenas quando nos convêm e, de outra parte, recorrer ao Judiciário sempre que os resultados do debate não nos agradarem. A longo prazo, atalhos, mediante os quais se evitam debates políticos difíceis, porém necessários, são elementos de maior fragilização da democracia do que o contrário.

Dito de outro modo, não podemos alterar o fórum de discussão de uma questão, apenas para obter soluções que melhor satisfaçam o nosso senso imediato de justo ou de correto.

Apenas o debate político, travado no âmbito adequado do dissenso deliberativo da política, pode garantir o avanço democrático em questões complexas e sensíveis à sociedade. No âmbito da política, é que depuraremos os consensos necessários à boa convivência mediante construção de soluções coletivas que respeitem as escolhas éticas das pessoas. É por meio da lei, produto do debate havido entre os representantes do povo, que poderemos avançar enquanto sociedade.

A esse respeito, Waldron leciona que é o corpo legislativo que une os membros da comunidade,[15] dado que é a legalidade que possibilita consenso sobre o que é permitido em relação aos temas políticos.[16]

Portanto, a legalidade é elemento essencial da democracia constitucional. É a partir da legislação que podemos estabelecer uma opinião comum entre os membros da comunidade acerca dos pontos sobre os quais, inicialmente, discordamos.[17] A lei produzida dentro de um ambiente democrático faz com que o direito exista e se transforme em algo nosso, sendo uma referência comum com a qual todos nós podemos contar.[18] É a partir do debate legislativo que podemos produzir um *common ground* que nos permita decidir sobre questões de relevância para a comunidade.

Apesar de o conceito de *common ground* se relacionar fortemente com a legalidade, a dimensão legislativa não é a única que perpassa o conceito de solo comum. A moral e o debate político, por exemplo, também perpassam esse conceito

O *common ground* não é outra coisa senão uma base comum, cuja existência é imprescindível para que seja possível o tratamento de temas sensíveis em uma democracia, mais precisamente para a compreensão e o debate de argumentos genuinamente políticos. Sem o *common ground*, as discussões serão infrutíferas e pouco respeitosas.[19] A premissa fundamental para o *common ground* surgir é o debate real de argumentos políticos genuínos. Ou seja, aceitar ouvir o argumento contrário e expor a contrariedade indicando pontos de discordância em virtude da convicção política e a demonstração honesta de por que a opinião do outro estaria equivocada.[20]

Nesse aspecto, parcela de nossos leitores descrentes pela democracia podem estar encarando com ceticismo e enxergando com ingenuidade nossa explanação a respeito de *common ground*. Contudo, o *common ground* é mais do que argumento teórico. Ele é elemento democrático para garantir o mínimo consenso.

Assim, por mais que haja polarização política na sociedade, por maior que seja o antagonismo ideológico, não é possível que não haja algum nenhum ponto em comum. Aqui, nossos leitores descrentes, revolucionários ou reacionários, podem estar imaginando que isso é impossível, nunca haveria nenhum ponto de concordância entre eles. Será? Será que não poderíamos regredir para começarmos a estruturar esse *common ground* a respeito de temas minimamente civilizatórios?

Por exemplo, por mais polarizado que o seu debate esteja, não haveria um consenso com o seu oponente de que, por exemplo, bebês não devem ser torturados? Em seguida, avançaríamos para o fato de crianças não devem ser torturadas. Para talvez progredirmos mais e pensarmos que, pouco importa se sua ideologia está à esquerda ou à direita, pessoas não deveriam ser torturadas. E se alcançarmos o *common ground* até aqui, arriscaríamos tentar um passo maior, com um raciocínio mais complexo de causa e efeito, questionando, por exemplo, se torturadores, por consequência, deveriam ser exaltados. Nesse ponto, nosso leitor que não acredita na democracia poderia objetar a exultar biografias de torturadores. Contudo, não desistimos, pois se a complexificação do raciocínio não é possível, ao menos os questionamentos prévios demonstram que o *common ground* é possível e viável.

Corretamente compreendido, a existência de um chão comum constitui elemento estruturante de qualquer democracia. Por maiores que sejam as discordâncias, não é crível que discordemos de tudo o tempo todo. É preciso que existam conquistas do processo civilizatório que se tornem elementos integrantes dessa base comum de debate, por exemplo: *crianças não devem ser torturadas, não pode haver discriminação entre homem e mulher, racismo deve ser combatido etc.*

O chão comum é composto pelas premissas inegociáveis a que todos aderimos, independentemente de nossas ideologias e crenças. Trata-se de condição de possibilidade para a tomada de qualquer decisão coletiva. Por isso, há real problema no espaço político quando se começa a negar premissas comuns historicamente conquistadas. Trata-se de involução civilizatória. Nesse ponto, a função contramajoritária do STF nos auxilia se adequadamente empregada.

No Brasil, manifestações recentes demonstraram a negativa de uma premissa fundamental: a própria noção de que a democracia é um regime melhor que os demais. Sem nenhum constrangimento e sem qualquer sorte de reprimenda, a intervenção militar, como se o governo democrático que, a duras penas conquistamos, não fosse mais que uma reivindicação banal.

Aqui, talvez, nosso leitor – o que não acredita na democracia – esteja nos cobrando uma "coerência", afinal, se o leitor é descrente da democracia por qual razão ele não deveria requerer intervenção militar? Justamente, pelo surgimento desse tipo de questionamento nos encorajamos em escrever o livro. Nós tínhamos a democracia como um dado irreversível, e, em pleno século XXI nos vemos surpreendidos por parcelas significativas da sociedade que abririam mão das conquistas carreadas pela democracia por uma expectativa de melhorias imediatistas, sem sequer haver uma mínima garantia para tanto.

Nosso leitor talvez pratique aquilo que foi chamado por Theodor. W. Adorno de "fetichização de tudo que é militar". Seguindo aquilo que pareceu, à época, como a única medida promissora, nosso objetivo, neste livro, foi o de "alertar os potenciais apoiadores do radicalismo de direita sobre suas consequências".[21] Por óbvio, opomo-nos, nesta obra, a quaisquer radicalismos, pouco importando sua coloração político-partidária.

A palavra "alertar" é fundamental na assertiva *adorniana* acima, e o tom ensaístico dos textos que compõem esta pequena obra apenas nos permitiriam alertar que radicalismos promovem a extinção de valores, os quais podem ser muito caros, mesmo ao nosso leitor menos democrático.[22]

Justamente por haver esse surto disruptivo contemporâneo, é preciso reafirmar as premissas que compõem o *common ground* brasileiro, especialmente a democracia, o respeito à lei, à Constituição e às instituições encarregadas de salvaguardá-las. Já seria um avanço se, independentemente da orientação político-ideológica, houvesse consenso referente à importância das instituições do Judiciário e do Legislativo eliminando discursos extremistas que requerem o fechamento desses Poderes. Do mesmo modo, deveríamos cada vez mais cultivar a tolerância com a divergência e a abolição de péssimas ideias, a exemplo das propostas para uma nova constituinte. Sim, caro leitor, aqui pode haver um espanto para os descrentes. A Constituição Federal brasileira não é a culpada pelas agruras que vivemos. No prólogo, prometemos voltar a esse tema e até lá traremos argumentos adicionais em defesa da democracia.

As assertivas acima colocadas podem parecer exageradas para se retratar o *common ground*. Todavia, esse solo comum deve ser desenvolvido a partir das bases mais profundas. Dito de outro modo, por maior que seja a discordância ideológica e política, não é possível que, em uma sociedade democrática, as pessoas discordem de tudo o tempo todo.

A lei tanto é o caminho para a construção de um chão comum, quanto deve figurar dentre as premissas que o compõem. O debate político-legislativo deve auxiliar a nos unirmos enquanto sociedade, para decidirmos consensualmente sobre os destinos da nação. A certeza de que o processo legislativo é o melhor caminho para a produção de soluções e regramentos para os impasses mais sensíveis da sociedade é uma premissa que deveria ser chão comum, tanto para a direita, quanto para a esquerda.

O mínimo, para que avancemos enquanto sociedade, é estabelecer o respeito à Constituição e às leis como valor inegociável, justamente porque (i) é a Constituição a gênese de nossa Democracia; e (ii) é a legislação o produto democrático de um intenso debate, travado pelos representantes do povo.

No instante em que percebemos o papel que, nas sociedades civilizadas, a lei desempenha, qual seja: a materialização da vontade do povo, agindo como limitação do exercício do poder e como mecanismo de tomada de decisões coletivas, recrudesce nossa percepção acerca da gravidade dos ataques perpetrados contra o processo legislativo e as respectivas Instituições. Nesse ponto, se equivocam parcelas da esquerda e da direita quando minimizam cooptações operada pelo Executivo em face do Legislativo.

Bem vistas as coisas, é impossível negar que o chamado "mensalão" atentou contra as fundações de nossa democracia, pois as leis nem funcionavam como limites sérios aos demais Poderes (sobretudo ao Executivo) e nem refletiam a vontade ou o melhor interesse da sociedade. Obviamente, as práticas de cooptação do Legislativo não se iniciaram com o mensalão, o que não retira a gravidade do ocorrido. A cooptação do Legislativo, seja pelo *método mensalão*, seja pelo fisiologismo da *nova política* (sic) agem para transformar o Legislativo em um *longa manus*, uma continuidade, do Poder Executivo, e não um órgão independente, capaz de lhe opor limites. Assim, o mensalão cuida-se de um erro gravíssimo, que não pode ser relativizado, nem mesmo pelas conquistas sociais históricas levadas a cabo pelo governo petista.

Desse modo, é urgente resgatarmos a dignidade da legislação[23] no direito brasileiro, atribuindo ao Legislativo o papel que lhe cabe na discussão dos temas sensíveis à sociedade. Talvez, no cenário brasileiro, o melhor verbo não seria *resgatar*, mas *começar*, ou seja, iniciarmos uma pactuação pela dignidade da legislação, compreendida aqui como a legalidade democrática, ou seja, em conformidade com a Constituição e seus princípios.

O Estado Constitucional está caracterizado pelo princípio da legalidade formal, que subordina os poderes públicos às leis gerais e abstratas, e também pela legalidade substancial, que vincula o funcionamento dos três poderes à garantia dos direitos fundamentais.[24]

Por isso, atualmente, quando nos referimos à obediência à Lei, estamos, decerto, referindo-nos ao respeito à legislação em sentido amplo, aí incluso o próprio *texto constitucional*.

Conforme se sabe, após a Segunda Guerra Mundial, compreendeu-se que também o poder exercido pelo Parlamento não poderia ser arbitrário. Por isso, iniciou-se a construção da ideia de que as leis ali produzidas deveriam observar regras de um texto maior, repleto de direitos fundamentais que se oferecem como um limite às próprias maiorias eventuais. Esse texto é a Constituição Federal.

Constituições democráticas, à exemplo das leis infraconstitucionais, também são criadas por representantes do povo. A Assembleia Constituinte é composta por indivíduos escolhidos pela população para a finalidade de criar a Constituição Federal que estabelecerá as regras pelas quais a sociedade será regida. Por isso, um governo verdadeiramente democrático deve agir, formal e substancialmente, conforme a Constituição.

Com efeito, sob o ângulo da atuação do Poder Público, o princípio da legalidade deve ser compreendido de duas formas. Em um primeiro momento, é preciso estabelecer que os três Poderes – Legislativo, Executivo e Judiciário – interpretam a legislação vigente para executarem suas atividades. O segundo aspecto do princípio da legalidade a ser desmistificado diz respeito à colocação da Constituição como fundamento direto do agir de qualquer um dos três Poderes. No Estado Constitucional, não há poder blindado em relação ao texto constitucional.

O que se precisa compreender é que, ao longo do tempo, o princípio da legalidade sofreu releitura, de modo que os três Poderes passaram a estar vinculados ao texto constitucional e não apenas à legislação propriamente dita.

O atual estágio constitucional impõe um novo paradigma vinculatório à legalidade. Essa nova vinculação, conforme ensina Paulo Otero, ocorre em virtude de substituição da lei pela Constituição como fundamento direto e imediato do agir público sobre determinadas matérias.[25]

Isso não quer dizer que a lei perdeu importância ou normatividade. A lei, sem sombra de dúvida, continua vinculando a atuação do Poder Público, sendo-lhe vedado ignorá-la quando do exercício de suas funções. Contudo, para além da lei, deve ser *preferencialmente* observada a Constituição Federal.

O dever primeiro do Estado é submeter-se à Constituição; o dever segundo é observar as leis. Disso se extrai que um agente público não só pode como deve repelir a lei quando essa ofender ao texto constitucional.[26]

Nesse particular, a Constituição Federal é uma proteção das democracias constitucionais contra vontades da maioria, inclusive maiorias legislativas. Ou seja, nesse regime, nem mesmo maiorias legislativas, democraticamente eleitas, podem agir livremente. O Legislativo precisa observar as regras constitucionais no momento de legislar, do contrário, a lei produzida será declarada inconstitucional pela jurisdição constitucional (STF).

A partir da dupla faceta da legalidade – que, de um lado, impõe a observância às leis editadas pelo Legislativo, e, de outro, vincula os três poderes à Constituição, sobretudo no que se refere aos direitos fundamentais – estabelece-se um complexo regime, em que as decisões tomadas pela maioria são calibradas por mecanismos contramajoritários. É a isso que denominamos *democracia constitucional*.

Não podemos efetivá-la, a menos que atinjamos um grau de consenso, isto é, um *common ground*, acerca de determinadas questões. Quiçá, a principal seja a necessidade de respeitar à Constituição e às leis, mesmo quando não estamos inteiramente de acordo com o seu conteúdo. Aceitar o dissenso político e sua respectiva deliberação é elemento crucial para democracias constitucionais.

Contam os tabloides da literatura que Gustave Flaubert, entre as inúmeras críticas recebidas pela publicação do hoje clássico *Madame Bovary*, teria sido questionado sobre quem teria inspirado tamanha ofensa moral aos padrões conservadores e sexistas da época (afinal, a obra narra um adultério cometido por uma mulher). De maneira incisiva, ele teria respondido *Madame Bovary c'est moi*. A apropriação da personagem pelo autor na literatura rende debates até hoje sobre os limites entre ficção e realidade, suscitando debates frutíferos.

A ficção tem mesmo essa vantagem em relação ao direito e à teoria: permite dissolver limites pessoais. Embora Luis XIV às vezes seja remorado por um descrente da democracia, quando se trata de Constituição, a única coisa que ela é é ela mesma.

REFERÊNCIAS

1 ACKERMAN, Bruce. *La nueva division de poderes.* Cidade do México: Fondo de Cultura Económica, 2011. p. 75.

2 *Cf.* HOBSBAWN, Eric J.. *A era das Revoluções:* 1789-1848. 40. ed. Rio de Janeiro; São Paulo: Paz e Terra, 2018.

3 GILISSEN, John. *Introdução Histórica ao Direito.* 7. ed. Lisboa: Fundação Calouste, 2016. p. 418.

4 KANTOROWICZ, Ernst H.. *The King's Two Bodies.* Nova Jersey: Princeton University Press, 1997.

5 *Ibidem,* p. 7 *et seq.*

6 *Ibidem,* p. 194 *et seq.*

7 STOLLEIS, Michael. Judicial Interpretation in Transition from the Ancien Régime to Constitutionalism. *In:* YASUTOMO, Morigiwa; STOLLEIS, Michael; HALPÉRIN, Jean-Louis Halpérin (Orgs.). *Interpretation of Law in the Age of Enlightenment:* From the Rule of King to the Rule of Law. Londres: Springer, 2011. [E-book]

8 *Ibidem,* p. 196-201.

9 *Ibidem,* p. 201-205.

10 *Ibidem,* p. 230-235.

11 *Ibidem,* p. 276.

12 *Ibidem,* p. 276-280.

13 WALDRON, Jeremy. *A dignidade da legislação.* São Paulo: Martins Fontes, 2003. p. 1.

14 *Ibidem,* p. 2.

15 *Ibidem,* p. 79.

16 *Ibidem,* p. 75.

17 *Ibidem,* p. 111.

18 *Ibidem,* p. 92.

19 DWORKIN, Ronald. *Is Democracy Possible here? Principles for a New Political Debate*. Princeton: Princeton University Press, 2006. p. 16.

20 *Ibidem*, p. 8.

21 ADORNO, Theodor W. *Aspectos do novo radicalismo de direita*. Tradução de Felipe Catalani. São Paulo: Editora UNESP, 2020. p. 58-59.

22 "Ou seja, se quisermos seriamente confrontar essas coisas, deve-se referir aos interesses drásticos daqueles a quem a propaganda se dirige. Isso vale especialmente para a juventude, que deve ser alertada da disciplina militar sob todas as suas formas, da pressão de sua esfera privada e de seu estilo de vida. E deve-se alertá-los sobretudo do conceito de disciplina, que é apresentada como um fim em si, sem que sequer a pergunta 'disciplina para quê?' seja feita." Cf.: ADORNO, Theodor W. *Aspectos do novo radicalismo de direita*. Tradução de Felipe Catalani. São Paulo: Editora UNESP, 2020. p. 58-59.

23 WALDRON, Jeremy. *A dignidade da legislação*. São Paulo: Martins Fontes, 2003. p. 5.

24 GARCIA HERRERA, Miguel Angel. Poder judicial y Estado social: legalidad y resistencia constitucional. *In*: IBAÑEZ, Perfecto Andrés. (Org.). *Corrupción y Estado de Derecho – El papel de la jurisdición*, Madrid: Editorial Trotta, 1996. p. 71.

25 Para uma releitura desse princípio, ver: OTERO, Paulo. *Legalidade e Administração Pública*: o sentido da vinculação administrativa à juridicidade. Coimbra: Almedina, 2003. Com especial destaque para os §§ 17, 18 e 19. p. 733-1077.

26 *Ibidem*, p. 735.

DEMOCRACIA, DEMAGOGIA, RESPEITO MÚTUO E *FORBEARANCE*

04

Pois tudo despareceu. Não "de golpe" (como gostavam de dizer os nazistas), mas aos pedaços. Não com o aparecimento dos tanques nas ruas [...]. [A] realidade caía aos pedaços, e aos pedaços ficou engolida pelo abismo.

Vilém Flusser, *Bodenlos*[1]

A eleição de Donald Trump para a presidência dos Estados Unidos estarreceu profundamente as sociedades democráticas. Afinal, uma das democracias mais icônicas da história estava perante a ascensão de uma política erigida pelo discurso *outsider* e amplamente *antiestablishment*.

A cada gesto autoritário do "líder do mundo livre", as mesmas perguntas ressurgiam: como é possível que o "reduto da democracia" tivesse elegido um candidato que flertava aberta e perigosamente com o autoritarismo e não prestava qualquer deferência às instituições democráticas historicamente consolidadas? A democracia norte-americana estaria em perigo?

Aqui, talvez, tenhamos começado mal este ensaio com nossos leitores descrentes da democracia. De fato, identificamos o apego – até estético – que muitos dos descrentes da democracia nutrem por Trump. Assim, pedimos encarecidamente a suspensão desses prejuízos para que possamos apresentar alguns argumentos sobre respeito mútuo e tolerância, de modo a tornar mais viável a possibilidade de acreditarem naquela que motiva nossa obra.

Steven Levitsky e Daniel Ziblatt, coautores do *best-seller How Democracies Die*, consideram que a eleição de Trump dava sinais de que o regime democrático estadunidense corria um enorme risco.

A conclusão é que, em 2021, cerca de dois anos após a publicação da obra de Levitsky e Ziblatt, não parece, em absoluto, equivocada: pela primeira vez na história daquele país, um candidato derrotado nas urnas rechaçou a escolha popular e incitou parte de seus apoiadores a invadir o capitólio – sede do Legislativo federal norte-americano – para que impedissem a certificação de seu adversário, Joseph Biden, o sucessor, presidente eleito dos Estados Unidos da América.

O episódio coroou a disputa conturbada havida entre Trump e Biden. Durante o pleito, Trump, a despeito da ausência absoluta de indícios ou provas, não hesitou em acusar a existência de fraude nas eleições, pondo sob dúvida a lisura do procedimento eleitoral estadunidense. O discurso de Trump manteve-se após a contagem (e a recontagem) de votos que confirmou a vitória de Biden e ocasionou um verdadeiro motim por parte de parcela dos apoiadores trumpistas, que, incitados pelo então presidente, promoveram manifestação violenta e sem precedentes na democracia estadunidense, culminando em mortes de policiais e manifestantes. O ato foi devidamente televisionado, prezado descrente, e a morte de cinco pessoas, em decorrência do ato, não é uma *fake news*.

Ao fim, Donald Trump se revelou como o autocrático que sempre se suspeitou que fosse, confirmando que o *autoritarismo encontra novas formas* e pode, inclusive, infiltrar o governo por meio de processos eleitorais regulares. Os alertas sobre o discurso *antiestablishment* de Trump deveriam ter sido levados mais a sério.

Aqui, caro leitor, destacamos que o modelo americano, com toda a crise eleitoral criada, não utiliza o voto eletrônico. Diferentemente do que indicam *fontes* de WhatsApp, o voto eletrônico e a certificação dada pela justiça eleitoral brasileira (Tribunal Superior Eleitoral) fornecem, além de maior velocidade, maior segurança na realização das eleições. Asseguramos que não surgiu qualquer indício minimamente apto para contestarmos o voto eletrônico.

Daí a necessidade de acendermos a luz amarela para os discursos de membros que ocupam o *establishment* – alçados pelo voto eletrônico – que, tão logo eleitos, passam a suscitar dúvidas sobre a lisura do voto. Trata-se de aceitar as eleições e, em seguida, quebrar o necessário *accountability* mediante ataque aos mecanismos e as instituições de credibilidade. Assim, leitor, faça uma mínima checagem antes de repassar *informações fraudulentas* sobre a credibilidade do voto eletrônico.

Golpes de Estado, conduzidos pelo aparato militar, são táticas datadas e despiciendas para depor a democracia nos dias de hoje. Atualmente, estão à disposição outros meios de corromper o regime democrático, mais silenciosos e muito menos abruptos. A esse respeito, Levitsky e Ziblatt afirmam que:

> Democracias podem morrer, não pela mão de generais, mas pela mão de líderes eleitos – presidentes ou primeiros-ministros que subvertem o próprio processo que os conduziu ao poder. Alguns desses líderes desmantelam a democracia rapidamente, como Hitler fez na vigília do incêndio do Reichstag, de 1933 na Alemanha. É mais frequente, porém, que democracias erodam lentamente, a passos quase que invisíveis.[2]

Não é incomum que, vez ou outra, surjam, para concorrer à disputa eleitoral, *outsiders* da vida política, a convite de *insiders* tradicionais que lhes emprestam a credibilidade necessária para concorrer aos cargos de importância. A título de exemplo, podemos citar Adolf Hitler, Getúlio Vargas, Alberto Fujimori, Hugo Chávez; cada qual ascendeu ao poder via eleições, mediante alianças com figuras políticas tradicionais que acreditavam que o convite estendido aos novatos, quase como um ato de caridade, seria suficiente para mantê-los sob controle, com a ilusão de um sedativo político que transformasse Mr. Hyde em Dr. Jekyll. O "plano de contenção" naturalmente falhou e, ao fim, as chaves do poder foram entregues voluntariamente a candidatos fortemente demagógicos e com tendências autocráticas perigosíssimas.[3][4]

Todo regime democrático eventualmente se deparará com demagogos. É inevitável que aconteça. Contudo, algumas democracias respondem melhor aos perigos da demagogia autoritária e conseguem, eficientemente, alijar os autocratas dos centros de poder. Os regimes democráticos são bem-sucedidos na luta contra a autocracia quando líderes políticos combinam esforços para isolá-la e derrotá-la. É decisiva a atuação das elites políticas e, especialmente, dos partidos, que, ao fim, servem como filtros dos candidatos que disputarão o pleito eleitoral.[5]

Como saber quando um concorrente deve ser repelido pelo partido? Levitsky e Ziblatt enumeram alguns comportamentos que sinalizam tendências autocráticas a serem rechaçadas pelas elites políticas: um candidato dá sinais de despotismo quando (a) rejeita as regras democráticas do jogo – como a Constituicao ou o proprio processo eleitoral a depender de seu resultado –, seja no discurso, seja nas ações; (b) nega a legitimidade dos oponentes – taxam-nos de criminosos, conspiradores, subversivos, [no Brasil, acrescentaríamos inimigos/comunistas] etc. –; (c) tolera ou incentiva o uso da violência – possui laços com organizações criminosas, forcas paramilitares, milicias, guerrilhas; encoraja ataques contra os oponentes; endossa, ainda que implicitamente, a violência perpetrada por seus apoiadores, etc. –; (d) demonstra pretensão de ceifar as liberdades civis de seus oponentes e da mídia.[6]

De forma geral, as características acima são notadas em candidatos populistas, isto é, políticos *outsiders* e *antiestablishment* (antissistema) que se consideram representantes da voz do povo (das ruas ou o que o valha), e negam os próprios partidos historicamente consolidados, a quem acusam de comportamento antidemocrático ou antipatriótico.[7]

Novamente, é típico do populista *outsider* a pretensão de ser o canal de comunicação direto com o povo. Ou seja, somente o líder populista conseguiria vocalizar os anseios do povo, as instituições e os partidos seriam mecanismos que desviariam essa comunicação direta, eles estariam corrompendo e desviando a própria vontade popular.

Novamente, é típico do populista *outsider* a pretensão de ser o canal de comunicação direto com o povo. Ou seja, somente o líder populista conseguiria vocalizar os anseios do povo, as instituições e os partidos seriam mecanismos que desviariam essa comunicação direta, eles estariam corrompendo e desviando a própria vontade popular.

Nessa linha, Issacharoff destaca que a atual onda populista coloca um desafio existencial à democracia, pois o populismo reivindica ser o verdadeiro expoente da vontade do povo, o que pode significar um curto espaço entre a vontade do povo e a tirania da maioria. Para o autor, sem dúvida, tem-se como legado histórico do período posterior à queda da União Soviética, o surgimento de governantes eleitos. Em termos quantitativos, em 1987, apenas 66 países eram considerados democracias eleitorais, com eleições substancialmente livres e justas, enquanto que, em 2003, o número era 121, e estabilizado em 123.[8]

Fazendo referência ao caso da Hungria e ao da Venezuela, Issacharoff observa ainda que líderes populistas tendem a não tolerar partidos de oposição, a usar o poder da polícia e do Ministério Público contra seus adversários, a suprimir discursos dissidentes seja por meio de redução do acesso à mídia, seja por meio legal.[9]

Donald Trump, caso questionado à luz das quatro regras acima enumeradas, seria facilmente considerado um aspirante a autocrata, entretanto, não só superou os filtros de um dos partidos mais longevos e tradicionais da democracia americana, como se elegeu presidente dos Estados Unidos da América em 2016. O republicano, por duas vezes (na primeira candidatura e na corrida pela reeleição), contestou a legitimidade eleitoral e não só sugeriu – coisa que nunca antes ocorrera nos EUA –, como efetivamente não aceitou o resultado das eleições que lhe foram desfavoráveis.[10]

Trump, quando pela primeira vez disputou a presidência, desqualificou sua adversária, Hillary Clinton, atribuindo-lhe a pecha de criminosa; declarou repetidamente que a oponente merecia ser presa.[11] Durante a campanha, não só tolerou violência perpetrada por seus apoiadores, como incentivou ataques a ativistas.[12] Por fim, revoltou-se contra os críticos e opositores, ameaçando, inclusive, designar um promotor para investigar Hilary Clinton depois da eleição e punir a mídia "inimiga" – a Jeff Bezos, proprietário do *Washington Post*, prometeu causar problemas caso fosse eleito; descreveu a mídia como desonesta, etc.[13]

Nada obstante seu discurso agressivo, que, desde a primeira campanha, tendia à violação de regras civilizatórias básicas, os republicanos amenizaram a ameaça *trumpiana* sob o argumento de que os críticos interpretavam literalmente cada frase e, portanto, levavam exageradamente a sério seu discurso.[14] A experiência, porém, demonstra que muitos dos demagogos ora ou outra concretizam os discursos que empregam.[15]

Trump não foi exceção. Sua ascensão gerou o que foi chamado de crise constitucional em *slow motion*, demonstrando fragilidades da democracia constitucional americana.[16] Acrescentaríamos que o governo Trump se iniciou com simplório discurso antissistema e teve por epílogo a decrepita cena da invasão do Capitólio.

Das razões que nos levam a escolher líderes que ameaçam a democracia, podemos citar duas: (i) acreditamos que as propensões autoritárias podem ser contidas; (ii) nos parece que a agenda do autocrático é, apesar dos pesares, melhor que a dos políticos tradicionais e, portanto, é uma escolha mais adequada que aquelas que se oferecem como alternativas.[17]

A ascensão de Jair Bolsonaro à Presidência é exemplo de como os itens (i) e (ii) realmente interagem para a eleição de um candidato antidemocrático. Aqui, mais uma vez, precisamos pedir licença a uma parcela do nosso público leitor.

Tal qual em relação ao Trump, sabemos da predileção que alguns descrentes da democracia têm por Jair Bolsonaro. Alguns, inclusive, bradam mito em sua presença. Para aqueles que acreditam em mito vivo, talvez tenhamos chegado tarde com esta obra e não consigamos mais apresentar razões convincentes em defesa da democracia. Entretanto, não desistimos de nenhum leitor, e para garantirmos sua empatia e a continuidade da sua leitura, prometemos não lançar nenhuma crítica ácida ou fazermos uso de alguma ironia imperceptível, seremos os mais objetivos possíveis em relação ao que efetivamente já foi falado.

Em diversos pontos do discurso de Bolsonaro já era possível constatar uma aversão às minorias[18][19][20] – que, em qualquer democracia, são dignas de respeito e de proteção –; ademais, ele colocou-se como inimigo da imprensa[21][22][23] – sobretudo aquela que lhe estende críticas –; declarou afeição pela ditadura militar que castigou o Brasil durante 21 anos;[24] e soergueu inúmeras suspeitas infundadas sobre o processo democrático,[25] afirmando que não aceitaria resultado diverso de sua eleição.[26]

Diante dessa breve e não exaustiva lista e dentro do mais sincero *fair-play,* caro leitor, cremos haver razões objetivas para apontarmos uma perigosa proximidade entre o discurso que se sagrou vencedor nas eleições presidenciais em 2018 e ideais antidemocráticos..

A eleição de Jair Bolsonaro não se concretizou porque a maioria da população aquiescesse a seus ideais perigosamente autoritários; a bem da verdade, grande parte dos votantes o elegeu porque acreditava que era essa a única maneira de evitar um "mal maior", qual seja, a retomada do poder pelo Partido dos Trabalhadores, que, durante suas gestões, protagonizou graves escândalos de corrupção. Por outro lado, acreditava-se que as tendências autocráticas de Bolsonaro jamais abandonariam o plano do discurso, seja porque apenas faziam parte de "seu modo de se expressar", seja porque as instituições conseguiriam facilmente contê-lo se necessário fosse.

Contudo, a experiência histórica já havia mostrado que o autoritarismo é irrefreável – por isso mesmo, não podemos permitir que se potencialize em cargos de poder – e que a democracia deve ser a agenda soberana.

Donald Trump, uma vez eleito, deu continuidade às práticas incivilizadas e antidemocráticas que guiaram seu discurso. Na campanha para reeleição, novamente contestou a

A eleição de Jair Bolsonaro não se concretizou porque a maioria da população aquiescesse a seus ideais perigosamente autoritários; a bem da verdade, grande parte dos votantes o elegeu porque acreditava que era essa a única maneira de evitar um "mal maior", qual seja, a retomada do poder pelo Partido dos Trabalhadores, que, durante suas gestões, protagonizou graves escândalos de corrupção. Por outro lado, acreditava-se que as tendências autocráticas de Bolsonaro jamais abandonariam o plano do discurso, seja porque apenas faziam parte de "seu modo de se expressar", seja porque as instituições conseguiriam facilmente contê-lo se necessário fosse.

GEORGES ABBOUD
DEMOCRACIA PARA QUEM NÃO ACREDITA

legitimidade do pleito eleitoral, sobretudo quando as urnas confirmaram sua derrota. Não poupou esforços para dificultar a transição de gestões[27] e, quando a oportunidade se apresentou, incitou a invasão ao Capitólio e criticou o próprio Vice-Presidente, Mike Pence, por não se colocar contra a ratificação da vitória de Joe Biden.[28]

Ao fim, aquilo que o partido Republicano negou estava ali, para quem quisesse ver: Donald Trump se consolidou como ameaça à democracia. No Brasil, caro leitor, para não repetirmos as cenas vis que ocorreram na eleição americana, é crucial que paremos de usar *fake-news* para colocar em dúvida nossas instituições e processos eleitorais. É preciso buscarmos informações de qualidade e evitarmos o combo negacionista de *fake news* + teorias da conspiração, a fim de podermos assegurar ambiente minimamente sadio para realização e conclusão das eleições.

Mais uma vez, pedimos auxílio a Issacharoff para ilustrar a necessidade de assegurarmos o respeito mútuo e a preservação das eleições. Em sua visão, a liberdade política configura um ponto de demarcação entre regimes liberais e iliberais, nos quais as perspectivas eleitorais da oposição estão comprometidas. Enfatiza, contudo, que o desafio populista para democracia não se refere apenas a isso. Para o autor, o populismo responde à noção de fracasso da democracia em proteger a classe trabalhadora frente às crises econômicas.[29]

Portanto, na análise de Issacharoff, o desafio central de qualquer democracia é convencer os perdedores de hoje que, de fato, eles poderão ser os vencedores de amanhã. Entretanto, isso se torna crítico pelo fato de, nas novas democracias, por definição, não haver evidências eleitorais anteriores que tenham sido bem sucedidas para os opositores.

Ocorre que o autocrata eleito age na contramão da manutenção do ambiente sadio das eleições, geralmente, ele mina (ou tenta minar) lentamente as instituições democráticas que deveriam contê-lo. Cada ação passa despercebida, como se não representasse ameaça ao regime democrático. De fato, governos que pretendem subverter a democracia, ao menos a princípio, apresentam certa aparência de legalidade.[30] Muitos, inclusive, ascendem sob a promessa de perseguir valores públicos objetivos, como o combate à corrupção.[31]

Passado algum tempo, os avanços contra as instituições evoluem, até que o governante consiga corromper os "árbitros" (juízes imparciais) do jogo democrático (isto é, o sistema judiciário): "Capturar os árbitros fornece ao governo mais que um escudo. Também oferece uma arma poderosa, permitindo que o governo aplique (*enforce*) o direito seletivamente, punindo oponentes e protegendo aliados".[32]

Hugo Chávez nos deu o exemplo que melhor conhecemos desse tipo de artimanha: em 2004, expandiu o tamanho do Supremo Tribunal de Justiça – as vagas passaram de 20 para 32 – e nomeou para os cargos criados ministros de sua confiança. Desse modo, fabricou em seu favor uma maioria jurisdicional que lhe assegurou controle sobre o Tribunal Constitucional Venezuelano: durante os nove anos seguintes, nenhum julgado exarado contrariava os interesses governamentais.[33]

Fica evidente que a corrupção das instituições democráticas (árbitros) é decisiva para que os autocratas deem os próximos passos na tomada do poder – a saber: isolar a oposição, intimidar a mídia crítica, enfraquecer os líderes de mercado que possam financiar os adversários e silenciar (ou cativar) figuras culturais, cuja popularidade poderia ser instrumentalizada contra o governo.[34]

Entretanto, para consolidar o poder que adquiriram, os autocratas precisam ir além: é necessário que alterem as regras do jogo. Por isso é que, não raro, autoritários intentam reformar a constituição ou o sistema eleitoral, sempre para colocar a oposição em desvantagem.[35]

Nem mesmo a melhor das Constituições conseguiria, por si só, garantir a democracia contra a investida de um autocrata eleito.[36] Evidente que normas constitucionais escritas e "instituições-árbitro" são importantes, mas sua longevidade e eficiência são potencializadas quando presentes determinadas regras implícitas do jogo, que servem como *guard-rails* (defesas) da democracia.[37]

O primeiro dos *guard-rails* da democracia é a tolerância mútua. A ideia central significa que, enquanto nossos adversários observarem as regras constitucionais, devemos aceitar que tenham igual direito de existir, disputar o poder e governar: "[...] nós podemos discordar ou mesmo desgostar fortemente de nossos rivais, mas nós os aceitamos como legítimos. Isso significa reconhecer que nossos rivais políticos são decentes, patriotas, cidadãos respeitadores da lei – que eles amam nosso país e respeitam a Constituição tanto quanto nós".[38]

Fácil constatar como há uma relação direta entre aumento da polarização e a diminuição da tolerância mútua. Quanto maior a polarização mais deixamos de enxergar o divergente como adversário e passamos a olhar para ele como inimigo. E sendo inimigo, deixamos de considerar válido oferecer a ele as regras do jogo democrático.

Quando as regras de tolerância mútua são frágeis, é difícil sustentar o regime democrático, pois, uma vez que o adversário é visto como um perigo, quaisquer artimanhas, inclusive medidas despóticas, tornam-se legítimas para derrotá-lo.[39]

A segunda defesa democrática é a aquilo que se intitula *forbearance* (na tradução livre, "abstenção"). Segundo Levistky e Ziblatt, a *forbearance* é uma premissa crucial para a sobrevivência do regime democrático.Ela consiste, basicamente, no ato de se autoconter no exercício de um direito ou poder legalmente estatuído: "Para os nossos propósitos [...] abstenção institucional pode ser concebida como uma forma de evitar ações que, apesar de respeitar a letra da lei, claramente violam seu espírito".[40] Por exemplo, quando a noção de *forbearance* é forte numa democracia, políticos evitam determinadas ações, mesmo que tecnicamente dentro de suas prerrogativas, se percebem que podem causar dano à estrutura do sistema.[41]

Em situações de incerteza, o poder tende a se concentrar para a primeira entidade que organiza o poder: Executivo. A ausência de *forbearance* aumenta as patologias associadas ao comando unilateral do Executivo, quais sejam: a corrupção – já amplamente compreendida pelo brasileiro –; nepotismo – teoricamente superado, mas insistente em reaparecer, com a inclusão de parentes e amigos próximos em cargos importantes – e o clientelismo – que dissolve os limites entre o público e o privado. Um executivo hipertrofiado resiste a esforços que buscam limitar sua autoridade e busca impedir que outras fontes de autoridade constitucional exerçam seus mandatos.[42]

A *forbearance* é uma das proteções para que o Executivo não esqueça seu compromisso com o pluralismo democrático, em especial na proibição constitucional implícita que o impede de enfraquecer ou conspirar contra o Legislativo e o Judiciário.

Para o autor, o Judiciário também é vulnerável ao ataque populista, pois coloca-se como maior obstáculo aos desejos do executivo. Comenta, ainda, que parcela disso é estrutural, especialmente, em democracias influenciadas pelo modelo alemão de corte constitucional. Assevera não causar surpresa serem os tribunais incômodos para a agenda populista, por esse motivo, as cortes são alvos de ataques políticos. De acordo com Issacharoff, a capacidade de resistência das cortes é limitada.[43]

Curioso notar que a *institutional forbearance* (abstenção institucional) não nasce com os regimes democráticos. Sua origem remonta às próprias monarquias pré-democráticas: muito embora os reis pudessem, dada sua legitimidade divina, agir como bem entendessem, buscavam portar-se e comportar-se com parcimônia. Se utilizassem sempre seu poder absoluto para fazer tudo o quanto pretendessem, eram grandes as chances de que o sistema colapsasse.[44] É, no mínimo, irônico.

Se mesmo as monarquias precisam de autocontenção, que dirá a democracia constitucional, cuja a própria ideia de *accountability* é elemento central. Ambos, respeito mútuo e *forbearance*, estão intimamente relacionados, ao ponto de, por vezes, servirem de reforço um para o outro: os políticos tendem a se autoconter quando se aceitam enquanto rivais legítimos, ao tempo em que é menos provável que violem regras para afastar os adversários do poder.[45] Na feliz conclusão de Issacharoff, a governança constitucional demanda fidelidade às regras legais e constitucionais que restringe o exercício do poder, não as reduzindo a comandos formais.[46]

REFERÊNCIAS

1 FLUSSER, Vilém. *Bodenlos:* uma autobiografia filosófica. São Paulo: Annablume, 2007. p. 33

2 No original: "Democracies may die at the hands not of generals but of elected leaders – presidents or prime ministers who subvert the very process that brought them to power. Some of these leaders dismantle democracy quickly, as Hitler did in the wake of 1933 Reichstag fire in Germany. More often, though, democracies erode slowly, in barely visible steps". LEVITSKY, Steven; ZIBLATT, Daniel. *How Democracies Die.* Nova York: Crown, 2018. p. 3. (tradução minha)

3 LEVITSKY, Steven; ZIBLATT, Daniel. *How Democracies Die.* Nova York: Crown, 2018. p. 13.

4 No original: "Despite their vast differences, Hitler, Mussolini, and Chávez followed routes to power that share striking similarities. Not only were they all outsiders with a flair for capturing public attention, but each of them rose to power because establishment politicians overlooked the warning signs and either handed over power to them (Hitler and Mussolini) or opened the door for them (Chávez). The abdication of political responsibility by existing leaders often marks a nation´s first step toward authoritarianism. Years after Chávez´s presidential victory, Rafael Caldera explained his mistakes simply: 'Nobody thought that Mr. Chávez had even the remotest chance of becoming president'. And merely a day after Hitler became chancellor, a prominent conservative who aided him admitted, 'I have just committed the greatest stupidity of my life; I have allied myself with the greatest demagogue in world history'". LEVITSKY, Steven; ZIBLATT, Daniel. *How Democracies Die.* Nova York: Crown, 2018. p. 19. (tradução minha)

5 *Ibidem*, p. 20.

6 *Ibidem*, p. 21-22.

7 *Ibidem*, p. 22.

8 ISSACHAROFF, Samuel. Populism versus Democratic Governance. *In*: GRABER, Mark A., LEVINSON, Sanford, TUSHNET, Mark. *Constitutional Democracy in Crisis?* Nova York: Oxford University Press, 2018. p. 445.

9 *Ibidem*, p. 445-446.

10 LEVITSKY, Steven; ZIBLATT, Daniel. *How Democracies Die*. Nova York: Crown, 2018. p. 67.

11 *Ibidem*, p. 62

12 *Ibidem*, p. 62.

13 *Ibidem* p. 64.

14 *Ibidem*, p. 60.

15 *Ibidem*, p. 76.

16 BALKIN, Jack M. Constitutional Crisis and Constitutional Rot. *In*: GRABER, Mark A., LEVINSON, Sanford, TUSHNET, Mark. *Constitutional Democracy in Crisis?* Nova York: Oxford University Press, 2018. p. 27-28.

17 LEVITSKY, Steven; ZIBLATT, Daniel. *How Democracies Die*. Nova York: Crown, 2018. p. 67.

18 EXAME. "Brasil não pode ser país do mundo gay; temos famílias", diz Bolsonaro. Disponível em: https://exame.com/brasil/brasil--nao-pode-ser-pais-do-mundo-gay-temos--familias-diz-bolsonaro/. Acesso em: 13 maio 2021.

19 FOLHA DE S.PAULO. Veja falas preconceituosas de Bolsonaro e o que diz a lei sobre injúria e racismo. 26 jan. 2020. Disponível em: https://www1.folha.uol.com.br/poder/2020/01/veja-falas-precon-ceituosas-de-bolsonaro-e-o-que-diz-a-lei-sobre-injuria-e-racismo.shtml. Acesso em: 13 maio 2021.

20 YOUTUBE. As frases controversas de Bolsonaro. Canal El País, 5 out. 2018. Disponível em: https://www.youtube.com/watch?v=Kczwx-vO3-iE. Acesso em: 13 maio 2021.

21 BALTHAZAR, Ricardo. Ataques de Bolsonaro à imprensa chegaram a dez por semana no fim da campanha. Folha de S.Paulo, 3 nov. 2018. Disponível em: https://www1.folha.uol.com.br/poder/2018/11/ata-ques-de-bolsonaro-a-imprensa-chegaram-a-dez-por-semana-no-fim--da-campanha.shtml. Acesso em: 13 maio 2021.

22 O GLOBO. Bolsonaro volta a fazer ameaças a veículos de imprensa. 29 out. 2018. Disponível em: https://oglobo.globo.com/brasil/bolso-naro-volta-fazer-ameacas-veiculos-de-imprensa-23197677. Acesso em: 13 maio 2021.

23 GUERRA, Rayardeson; OLIVA, Gabriela. Bolsonaro atacou a imprensa 299 vezes nos últimos nove meses, diz Fenaj. O Globo, 14 out. 2018. Disponível em: https://oglobo.globo.com/brasil/bolsonaro-atacou-imprensa-299-vezes-nos-ultimos-nove-meses-diz-fenaj-24691609. Acesso em: 13 maio 2021.

24 YOUTUBE. As frases controversas de Bolsonaro. Canal El País, 5 out. 2018. Disponível em: https://www.youtube.com/watch?v=Kczwx-vO3-iE. Acesso em: 13 maio 2021.

25 DIAS, Mariana. Sem apresentar provas, Bolsonaro diz que houve fraude eleitoral e que foi eleito no 1º turno. 9 mar. 2020. Disponível em: https://www1.folha.uol.com.br/poder/2020/03/sem-apresentar--provas-bolsonaro-diz-que-houve-fraude-eleitoral-e-que-foi-eleito--no-1o-turno.shtml. Acesso em: 13 maio 2021.

26 G1. Bolsonaro diz: 'Não aceito resultado das eleições diferente da minha eleição'. 28 set. 2021. Disponível em: https://g1.globo.com/sp/sao-paulo/eleicoes/2018/noticia/2018/09/28/bolsonaro-diz-que--nao-aceitara-resultado-diferente-do-que-seja-a-minha-eleicao.ghtml. Acesso em: 13 maio 2021.

27 RÁDIO SENADO. Internacional: governo de Trump dificulta transição nos EUA. 10 nov. 2020. Disponível em: https://www12.senado.leg.br/radio/1/conexao-senado/2020/11/10/internacional-governo--de-trump-dificulta-transicao-nos-eua. Acesso em: 13 maio 2021.

28 LOURINHO, José Carlos; LUSA. "Mike Pence não tem coragem". Donald Trump vira-se contra o seu vice-presidente devido a ratificação dos resultados eleitorais. Disponível em: https://jornaleconomico.sapo.pt/noticias/mike-pence-nao-tem-coragem--donald-trump-vira--se-contra-o-seu-vice-presidente-devido-a-ratificacao-dos-resultados--eleitorais-684436. Acesso em: 13 maio 2021.

29 ISSACHAROFF, Samuel. Populism versus Democratic Governance. *In*: GRABER, Mark A., LEVINSON, Sanford, TUSHNET, Mark. *Constitutional Democracy in Crisis?* Nova York: Oxford University Press, 2018. p.446-447.

30 LEVITSKY, Steven; ZIBLATT, Daniel. *How Democracies Die*. Nova York: Crown, 2018. p. 77.

31 *Ibidem*, p. 77.

32 No original: "Capturing the referees provides the government with more than a shield. It also offers a powerful weapon, allowing the government to selectively enforce the law, punishing opponents while protecting allies." *Ibidem*, p. 78. (tradução minha)

33 *Ibidem*, p. 81.

34 LEVITSKY, Steven; ZIBLATT, Daniel. *How Democracies Die*. Nova York: Crown, 2018. p. 81-86.

35 *Ibidem*, p. 87-88.

36 No original: "For one, constitutions are always incomplete. Like any set of rules, they have countless gaps and ambiguities. No operating manual, no matter how detailed, can antecipate all possible contingencies or prescribe how to behave under all possible circumstances. Constitutional rules are also always subject to competing interpretations [...] Finally, the written words of a constitution may be followed to the letter in ways that undermine the spirit of the law". LEVITSKY, Steven; ZIBLATT, Daniel. *How Democracies Die*. Nova York: Crown, 2018, p. 99. (tradução minha)

37 *Ibidem*, p. 101.

38 *Ibidem*, p. 102.

39 No original: "We may disagree with, and even strongly dislike, our rivals, but we nevertheless accept them as legitimate. This means recognizing that our political rivals are decent, patriotic, law-abiding citizens – that they love our country and respect the Constitutions just as we do". LEVITSKY, Steven; ZIBLATT, Daniel. *How Democracies Die*. Nova York: Crown, 2018. p. 104. (tradução minha)

40 No original: "For our purposes", dizem Levistky e Ziblatt, "institutional forbearance can be thought of as avoiding actions that, while respecting the letter of lhe law, obviously violate its spirit". *Ibidem*, p. 106. (tradução minha)

41 *Ibidem*, p. 106.

42 ISSACHAROFF, Samuel. Populism versus Democratic Governance. *In*: GRABER, Mark A., LEVINSON, Sanford, TUSHNET, Mark. *Constitutional Democracy in Crisis?* Nova York: Oxford University Press, 2018. p.450.

43 *Ibidem*, p.450.

44 LEVITSKY, Steven; ZIBLATT, Daniel. *How Democracies Die*. Nova York: Crown, 2018. p. 106-107.

45 *Ibidem*, p. 111.

46 ISSACHAROFF, Samuel. Populism versus Democratic Governance. *In*: GRABER, Mark A., LEVINSON, Sanford, TUSHNET, Mark. *Constitutional Democracy in Crisis?* Nova York: Oxford University Press, 2018. p. 455.

**DEMOCRACIA
E DIGNIDADE**

Renunciei a tudo e conduzi meu barco, abalado e avariado, ao suspirado porto da tranquilidade.

Santo Agostinho, *A vida feliz*[1]

Para que se explique o tema que sustenta este capítulo, a questão da dignidade humana, ilustraremos com uma comparação cinematográfica. No universo fictício de *Star Wars*, a ordem dos Jedi é sustentada pela *força*, uma energia que emana de cada indivíduo, de maneira a manter toda a galáxia unida. Os jedis têm o poder de controlá-la. Contudo, de nada adianta um mestre Jedi, sozinho, ser capaz de proteger a si próprio exclusivamente, com o uso da *força*: cada indivíduo que morre leva consigo um pouco dela. Para que haja um modo sustentável de existência, a harmonia e o respeito à vida são condições *sine qua non*. A dignidade humana – no caso de Star Wars, também *alienígena* – é que mantém a força passível de existência.

Para além da ficção, a *dignidade humana,* ao menos desde a Revolução Francesa, ocupa posições centrais das discussões do Direito e da teoria política. Aliás, hoje é inconcebível pensarmos em qualquer ideia de democracia que não tenha como um dos seus objetivos primordiais a manutenção da dignidade humana e, em verdade, o próprio (re)descobrimento das diversas dimensões em que a própria dignidade se desdobra, bem como suas potencialidades, implicações e formas de tutela jurídica e política.

Dito de outra forma, não é possível (ou não deveria ser), na atual quadra histórica, destacarmos a dignidade de sua posição fundamental dentro da democracia, seja enquanto ideal ou no desenho de suas instituições e mecanismos de funcionamento.

Tanto assim é que o art. 1º, inc. III de nossa Constituição Federal, prevê a dignidade da pessoa humana como um dos fundamentos da República Federativa do Brasil. Ou seja, a dignidade é elemento de estruturação e legitimidade da democracia constitucional brasileira.

Mark A. Graber[2] destaca que a democracia constitucional evoluiu no século XX de um sistema baseado no estado de direito, que garantia um pequeno número de direitos negativos, para um sistema que visa a promoção da dignidade humana. Tal fenômeno foi descrito por diversos estudiosos como: "paradigma constitucional do pós-guerra" (no caso de L.Weinrib), "constitucionalismo transformador" (nas palavras de K.Klare). Assim, Graber comenta que novas constituições, cortes constitucionais e pensadores, comprometidos com algum tipo de paradigma de constitucionalismo do pós-guerra, proclamam princípios que devem ser obedecidos em uma democracia constitucional e que incluem:

1. Forte liberdade política;
2. O compartilhamento amplo da prosperidade comercial, por meio do fornecimento de alimentação, educação, moradia e saúde;
3. Inclusão, proibição de discriminação;
4. Secularismo e Cortes independentes.

Diante do cenário descrito por Graber, e sem nenhum exagero, é possível afirmar que a presença da dignidade humana é condição de legitimação das democracias constitucionais. Afinal, o Estado Constitucional não pode ser visto de forma míope como mero assegurador dos direitos negativos para proteção de abusos e arbítrios estatais. Pelo contrário, no pós-guerra, o Estado tem compromissos com o indivíduo e a sociedade, dentre eles, a proteção e a promoção da dignidade humana.

No paradigma constitucional do pós-guerra, inclusive, a dignidade humana é fundamental também por ser a diretriz interpretativa de todos os direitos fundamentais: (i) os direitos e garantias individuais (art. 5º, CF) – que preveem essencialmente liberdades *negativas*, ou seja, um espaço de liberdade livre de coações do Estado ou de outros particulares, ainda que, por óbvio, seu uso não possa ser prejudicial a direitos fundamentais de outros indivíduos; (ii) direitos sociais (arts. 6º a 11º, CF) – fundamentalmente liberdades *positivas*, ou seja, prestações devidas pelo Estado, a fim de promover uma igualdade material; (iii) direitos de nacionalidade (arts. 12º e 13º, CF), que mantêm o vínculo jurídico-político do indivíduo com o Estado e, com isso, sua proteção no plano nacional e internacional; e (iv) direitos políticos e dos partidos políticos (arts. 14º a 17º, CF), cujo mote é a garantia de participação dos indivíduos como membros da Nação, capazes de votar e serem votados e, dessa forma, realizar, ainda que de forma indireta, o autogoverno.

Aliás, de modo implícito ou explicito, a dignidade perpassa todo o nosso ordenamento jurídico.

Além da dimensão pública, no âmbito do direito privado, é nítida a projeção do princípio constitucional da dignidade da pessoa humana nos chamados *direitos de personalidade*, elencados nos arts. 11º a 21º do Código Civil. Ali, estão tratados atributos inerentes à pessoa, ou seja, que projetam "[…] no espectro da vida jurídico-social, sua cristalina posição de indivíduo".[3]

A dignidade integra o *common ground democrático*, uma base comum cuja existência é imprescindível para que seja possível o tratamento de temas sensíveis em uma democracia, mais precisamente, para compreensão e debate de argumentos genuinamente políticos. Sem o *common ground*, as discussões serão infrutíferas e pouco respeitosas.[4]

A premissa fundamental para que um *common ground* possa surgir é o debate real de argumentos políticos genuínos. Ou seja, aceitar ouvir o argumento contrário e expor a contrariedade, indicando pontos de discordância em virtude da convicção política e a demonstração honesta de por que o argumento contrário estaria equivocado.[5]

O *common ground* é mais do que argumento teórico. Corretamente compreendido, ele é um elemento estruturante da democracia. Por maiores que sejam as discordâncias, não é crível que discordemos de tudo o tempo todo. Deve haver conquistas do processo civilizatório que se tornam elementos integrantes dessa base comum de debate, por exemplo: *crianças não devem ser torturadas, não pode haver discriminação entre homem e mulher etc.*

Por exemplo, no Brasil, já seria um avanço se, independentemente da orientação político-ideológica, houvesse consenso referente à importância da jurisdição constitucional e da força normativa da Constituição, bem como a tolerância com a divergência e a abolição de péssimas ideias, como propostas para uma nova constituinte.

Quiçá pudéssemos incluir, na lista de avanços civilizatórios, a crença responsável e generalizada na ciência e em vacinas para o controle de epidemias. A marcha da história, contudo, parece retroceder em certos momentos de dificuldade.

Conforme dissemos em itens anteriores, a democracia, contemporaneamente, é melhor entendida como um modo de vida, e não como mero conjunto de instituições.[6]

Por isso, a correta compreensão da dimensão normativa da dignidade humana constitui ponto imprescindível para construção do conceito de *common ground*. Ronald Dworkin incorpora a categoria da dignidade humana em sua teoria da democracia; nessa perspectiva, apresenta duas dimensões da dignidade.

A primeira dimensão é a do valor intrínseco. Ou seja, cada vida humana tem uma espécie de valor objetivo especial. Nessa dimensão objetiva, toda vida humana deve importar desde o seu nascimento, desenvolvimento e fim. Trata-se de problema objetivo e não de subjetiva importância. Vale dizer, o sucesso ou o fracasso de uma vida humana não é apenas importante para a pessoa que está vivendo a própria vida.[7]

O fracasso de qualquer vida humana é importante por si mesmo, como um critério objetivo. Da mesma forma que somos condicionados a combater a injustiça sempre que ela ocorra, devemos nos condicionar a reprovar o desperdício da vida humana como algo ruim *per se*, pouco importando para tanto se a vida envolvida é a nossa ou de qualquer outra pessoa.[8]

Essa primeira dimensão da dignidade humana é muito próxima ao tratamento jurídico alemão acerca da dignidade, cuja teleologia é a de impedir que o ser humano seja utilizado como objeto nos procedimentos estatais.[9] Assim, na democracia constitucional, o resguardo da dignidade humana constitui dever fundamental do Estado (dever jurídico fundamental). A dignidade humana é o fundamento último e primeiro da soberania popular.[10]

Tanto em Ronald Dworkin quanto em Peter Häberle, o respeito e a atribuição de uma dimensão normativa à dignidade humana constituem condição *sine qua non* para estruturação da democracia. Por conseguinte, não seria nenhum exagero afirmarmos que, hoje, dignidade humana e democracia constituem elementos inseparáveis, como já observamos anteriormente.

A própria soberania popular encontra na dignidade humana seu último e primeiro fundamento. O povo não constitui uma grandeza mística, senão uma coordenação de diversos humanos dotados, cada qual, de dignidade própria.[11] Peter Häberle vislumbra, na adoção constitucional da dignidade humana, a sustentação de um Estado e Poder Público comprometidos e limitados em sua atuação, tratando-a como premissa antropológico-cultural.

Nesse modelo, ela se torna dever jurídico fundamental do Estado, constituindo-se como premissa para todas as questões jurídicas particulares. Dignidade humana constitui a norma fundamental do Estado e da própria sociedade civil, inadmitindo qualquer tipo de restrição.[12]

O Estado Constitucional realiza a dignidade humana, fazendo dos cidadãos sujeitos de sua atuação. Nesse sentido, a dignidade humana é a biografia desenvolvida e em desenvolvimento da relação entre cidadãos e o Estado (com o desaparecimento da separação entre Estado e sociedade).[13]

Portanto, na dimensão intrínseca da dignidade humana, há uma proibição de coisificação do ser humano pelas estruturas de Estado e também por outros particulares. Além do mais, a dignidade seria responsável pela eliminação dessa separação entre Estado e sociedade. Ambos seriam cooriginários do projeto constitucional de cada democracia e sempre comprometidos pela preservação da dignidade.

Essa conclusão deveria servir de alerta para evitarmos e fiscalizarmos a frequente banalização da utilização da dignidade humana como argumento e fundamento jurídico no cotidiano forense, que se tornou um *topos* argumentativo, meramente retórico na imensa maioria dos casos.

A segunda dimensão da dignidade consiste na responsabilidade pessoal – cada pessoa teria uma responsabilidade especial na realização do sucesso de sua própria vida. Essa responsabilidade inclui realizar o julgamento de qual seria o ideal de uma boa vida para si próprio. Ninguém mais deve ter o direito de impor a essa pessoa valores pessoais contra sua própria vontade. Ou seja, as escolhas éticas do cidadão são escolhas legítimas dele, não podendo ser impostas por terceiros, maiorias ou o Estado.[14]

Para Dworkin, a dignidade nos assegura o direito de decidir como orientamos nossas próprias vidas. Nós temos o direito e a responsabilidade de decidirmos nossa religião, casamento, relações, empregos etc. Do mesmo modo, devemos concordar que há decisões que não podemos fazer por nós mesmos. São decisões que o Estado deve tomar, por exemplo, direitos de propriedade, regras de trânsito etc.

Portanto, na dimensão intrínseca da dignidade humana, há uma proibição de coisificação do ser humano pelas estruturas de Estado e também por outros particulares. Além do mais, a dignidade seria responsável pela eliminação dessa separação entre Estado e sociedade. Ambos seriam cooriginários do projeto constitucional de cada democracia sempre comprometidos pela preservação da dignidade.

GEORGES ABBOUD
DEMOCRACIA PARA QUEM NÃO ACREDITA

Aliás, algumas das "defesas" mais tradicionais da democracia levam em conta o fato de que nenhum outro sistema político logrou tamanho êxito em desenvolver as potencialidades individuais e os objetivos coletivos sociais.[15] A democracia aparece, assim, como um modelo político particularmente vocacionado ao desenvolvimento e manutenção da dignidade humana.

A diferença entre as duas categorias mencionadas acima é aquela entre ética e moralidade. Nossas convicções éticas definem o que nós levamos em conta como ideal de boa vida para nós próprios. Já nossos princípios morais definem nossas obrigações e responsabilidade com as outras pessoas. A moral aqui é intersubjetiva. O princípio da responsabilidade pessoal permite que o Estado nos force a viver de acordo com decisões coletivas (maioria) no que diz respeito à moralidade. Contudo, o Estado está proibido de nos impor escolhas éticas de todo modo.[16]

Assim, a dignidade humana se resume a dois princípios: a) cada vida humana tem um valor intrínseco objetivo; b) cada um tem responsabilidade pessoal na realização desse valor em sua própria vida. Nessa perspectiva, precisamos redimensionar nosso pensamento e passar a crer que igualdade e liberdade são sim valores conciliáveis.

Nas palavras de Francisco Motta: "Dworkin acredita que nenhum governo é legítimo sem que endosse dois princípios: 1) governo deve demonstrar igual interesse pelas pessoas que estão sob o seu domínio; 2) o governo deve respeitar a responsabilidade e o direito dessas pessoas de eleger o que é valioso para elas."[17]

Na visão de Dworkin, a dignidade é o fundamento para dois elementos estruturantes da democracia constitucional a igual consideração (*equal concern*) e o autogoverno (*self-government*). Portanto, a dignidade humana e o *common ground* se entrelaçam na estruturação das democracias constitucionais. Precisamos compreender que viver bem é um *common ground* para todos e respeitar a nossa própria humanidade é respeitar a humanidade como um todo.[18]

A dignidade humana se relaciona também de modo íntimo com outras temáticas tratadas neste pequeno livro, cumprindo-nos destacar a da *complexidade*.

Afinal, se a dignidade possui a dimensão normativa que desenhamos acima, é natural que a existência individual dentro de um Estado Constitucional pressuponha a garantia de meios de proteção que avancem com os desenvolvimentos tecnológicos.

Nessa perspectiva, as redes sociais são o melhor exemplo que poderíamos escolher. Acompanhamos, com inquietante frequência, o uso de perfis nas redes para manifestação de discursos de ódio e incitações ao uso de violência contra grupos minoritários.

É inegável que tais manifestações violam a dignidade dos grupos atingidos (e, em verdade, de toda a coletividade, já que uma vida vale *por si só*, como vimos), e há a necessidade de uma atuação conjunta entre as esferas pública e privada para o correto tratamento do assunto.

Com efeito, em artigo escrito em coautoria com o Professor Ricardo Campos, lembramos que no modelo tradicional de imprensa seguia-se uma certa estrutura de funcionamento que permitia, com maior facilidade e a partir da *práxis* própria da profissão a identificação dos responsáveis por atos, por exemplo, de violação à dignidade e uma atuação estatal repressiva efetiva, como se observa, por exemplo, no uso do chamado "direito de resposta".[19]

É nesse sentido que Jeremy Waldron nos alerta para o fato de que a legislação contra os discursos de ódio cumpre o papel não de proteger pessoas de ofensas, mas, antes, de proteger a própria *dignidade* da pessoa, aqui entendida como a garantia titularizada por todo indivíduo de manter sua imagem e ser reconhecido como membro de uma comunidade, de modo que a eventual pertença a um grupo minoritário não lhe desqualifique de nenhuma forma.[20]

Em uma sociedade de plataformas, há uma descentralização na produção das informações. Ofensas podem vir de diversas formas e locais; regulamentar, de forma democrática, as redes para a proteção da dignidade de todo e qualquer indivíduo é um desafio global.

Há, por fim, uma outra relação particularmente importante entre a temática da dignidade e a democracia. Trata-se daquilo que, novamente com Jeremy Waldron, podemos chamar de *dignidade da legislação*, assunto que tem acompanhado com frequência nossos escritos mais recentes.[21]

É a legislação que nos possibilita sermos governados pelo direito, que é uma forma particularmente específica de ser governado. O regramento determinado pela legislação, democraticamente aprovada, constitui código de conduta para orientação da sociedade, independentemente de diferenças ideológicas específicas.

As regras aprovadas são pensadas para constituir um código a partir do qual cada um orientar-se-á apesar de suas diferenças. Sendo a primeira obrigação política seguir as leis. A legislação democrática contém valor intrínseco referente à integridade do direito ao mesmo tempo em que é o mecanismo mais valioso para assegurar a isonomia dos jurisdicionados. Ainda com Waldron, compreendemos que direito e lei são instâncias distintas e que a forma de modificação da lei deve ocorrer por meio da linguagem legislativa. Quando não realizada dentro dos legítimos parâmetros do controle de constitucionalidade, há corrupção institucional na modificação da lei pelo Judiciário. O mecanismo dessa corrupção é o próprio ativismo judicial.

A afirmativa acima em nenhum momento significa que o direito não seja alterado por decisões judiciais ou que decisões judiciais não sejam elementos integrantes da formação do direito. Contudo, se os juízes deliberadamente, com base em sua subjetividade, pretenderem modificar a lei ou fazer sua suplantação, estará caracterizada uma quebra no processo democrático. O código do que seria legítimo ou ilegítimo enquanto conduta não é tarefa do Judiciário normatizar, mas do Legislativo. O Judiciário deve se ater a definir o que é lícito e ilícito mediante interpretação dos padrões de legitimidade impostos pelo Legislativo.

Ademais, a legislatura é produto de uma diversidade procedimentalizada mediante dissenso democrático, o que significa, caro leitor, que as diferenças são parte da construção legislativa. Em função disso, diferentemente de decisões judiciais, o ato legislativo naturalmente contém uma representatividade maior na sua elaboração. Por essa razão, é altamente danoso que a legislação seja ignorada e suplantada por posições ativistas oriundas de um subjetivismo individualista e voluntarista.

A legislação, por ser produto do dissenso, não opera com a lógica dos vencedores e vencidos igual à da jurisdição. Assim, a regulação de temas controversos da sociedade por meio da lei em vez da decisão tem maior potencial de inibir ressentimentos sociais, dado que, na legislação, em regra, não prevalece um entendimento em detrimento do outro, havendo um debate mínimo que inibe a vitória completa de uma parcela da sociedade em relação à outra. Em maior ou menor medida, distintos segmentos da sociedade podem se considerar contemplados pela legislação, o que dificilmente seria alcançado por meio da gramática da decisão judicial. Outrossim, a produção da lei permite a manifestação contínua de vozes da oposição.

Com efeito, o próprio Waldron dedicou uma obra especificamente a essa característica da legislação enquanto produto do dissenso democrático.

Em *The Dignity of Legislation*, J. Waldron faz uma incisiva defesa da dignidade da legislação enquanto modo digno e respeitável de governança. O Direito produzido pelo Legislativo

A legislação, por ser produto do dissenso, não opera com a lógica dos vencedores e vencidos igual à da jurisdição. Assim, a regulação de temas controversos da sociedade por meio da lei em vez da decisão tem maior potencial de inibir ressentimentos sociais, dado que, na legislação, em regra, não prevalece um entendimento em detrimento do outro, havendo um debate mínimo que inibe a vitória completa de uma parcela da sociedade em relação à outra. Em maior ou menor medida, distintos segmentos da sociedade podem se considerar contemplados pela legislação, o que dificilmente seria alcançado por meio da gramática da decisão judicial. Outrossim, a produção da lei permite a manifestação contínua de vozes da oposição.

GEORGES ABBOUD
DEMOCRACIA PARA QUEM NÃO ACREDITA

democraticamente eleito foi, durante séculos, negligenciado pela teoria do Direito, por ser produto de um processo explicitamente político, no qual, supomos, não estivessem em jogo questões de princípio, mas, antes, os interesses escusos dos parlamentares.

Passando por diversas tendências observáveis dentro dos campos da teoria política e do direito, Waldron demonstra como se chegou até mesmo a uma distinção, com um tanto de realismo jurídico, entre legislação e direito. Um documento não seria de imediato uma lei, tão somente por ter sido promulgada, mas, antes, apenas uma possível fonte que apenas se tornaria lei efetiva com sua interpretação e aplicação pelos Tribunais.[22]

Mesmo modernos e respeitados juristas positivistas, como Joseph Raz, teriam dado seu contributo a essa doutrina de (in)dignidade da legislação. Afinal, explana Waldron, para Raz, o que torna um sistema jurídico um *sistema* não é a posição estratégica que a lei desempenha, mas, antes, o fato de existir um conjunto organizado de instituições que aplicam regras legais que entendem válidas, justamente pelo fato de essas instituições compartilharem um critério sobre o que torna uma regra válida.[23] Esse critério de validade não precisa necessariamente ser sua criação por uma legislatura. Daí a sutileza do contributo de Raz ao ponto demonstrado por Waldron.

Seja qual for o caminho, o que Waldron nos ensina é que, historicamente, a legislação foi negligenciada por ser produzida mediante um processo explicitamente político, no qual não estariam em jogo os princípios de boa ordenança social, mas, antes, certos interesses escusos de grupos de pessoas.

Noutras palavras, a legislatura é o *locus* das decisões desvirtuadas. A partir daí, deslocamos nosso foco ao Judiciário como o palco da assepsia e da virtude, o "fórum do princípio" dworkiano. O dissenso criativo é um ponto importante e central nos trabalhos de Waldron. O autor está bem consciente de que em uma comunidade política encontraremos o dissenso, pessoas que concordam com uma ou outra forma de organização política baseada nessa ou naquela tábua de princípios e concepções de justiça.

O ponto é justamente deixar à disposição da população, ou daqueles com poder decisório, a escolha por uma ou outra forma de organização, de modo que a filosofia política não deve se ater, tão somente, a teorizar a respeito da justiça, mas deve, também, teorizar sobre política, refletindo sobre os procedimentos e instituições que estão aptos a possibilitar algum consenso ou, ao menos, *acomodar o dissenso*, dentro de comunidades que discordam, e muito, sobre a própria vida coletiva.[24]

REFERÊNCIAS

1   SANTO AGOSTINHO. A vida feliz. *In*: SANTO AGOSTINHO. *Solilóquios e a Vida Feliz*. Tradução de Nair de Assis Oliveira, São Paulo: Paulus, 1998. p. 122.

2   GRABER, Mark A. What's in Crisis? The Postwar Constitutional Paradigm, Transformative Constitutionalism, and the Fate of Constitutional Democracy. *In*: GRABER, Mark A.; LEVINSON, Sanford. TUSHNET, Mark. *Constitutional Democracy in Crisis?* Nova York: Oxford University Press, 2018. p.665-669.

3   ANDRADE NERY, Rosa Maria de; NERY JÚNIOR, Nelson. *Instituições de Direito Civil*: parte geral do Código Civil e direitos de personalidade. 2. ed. São Paulo: Revista dos Tribunais, 2019. v. I. p. 39.

4   DWORKIN, Ronald. *Is Democracy Possible Here? Principles for a New Political Debate*. Princeton: Princeton University Press, 2006. p. 16.

5   *Ibidem*, p. 8.

6   KLOPPENBERG, James T. *Toward Democracy:* the Struggle for Self-Rule in European and American Thought. Nova York: Oxford University Press, 2016. p. 9.

7   DWORKIN, Ronald. *Is Democracy Possible Here? Principles for a New Political Debate*. Princeton: Princeton University Press, 2006. p. 9-10.

8   *Idem*.

9   HÄBERLE, Peter. A dignidade humana como fundamento da comunidade estatal. *In*: SARLET, Ingo Wolfgang. (Org.). *Dimensões da dignidade:* ensaio de filosofia do direito e direito constitucional. Porto Alegre: Livraria do Advogado, 2005. p. 100.

10 *Ibidem*, p. 133.

11 *Ibidem*, p. 133.

12 *Ibidem*, p. 128-129.

13 HÄBERLE, Peter. *Estado constitucional*, Buenos Aires: Editorial Ástrea de Alfredo y Ricardo Depalma, 2007. p. 291.

14 DWORKIN, Ronald. *Is Democracy Possible Here? Principles for a New Political Debate*. Princeton: Princeton University Press, 2006. p. 10.

15 Sobre o assunto, ver: DAHL, Robert. *A Democracia e seus críticos*. São Paulo: Martins Fontes. 2012. p. 127-210.

16 DWORKIN, Ronald. *Is Democracy Possible Here? Principles for a New Political Debate*. Princeton: Princeton University Press, 2006. p. 20-21.

17 MOTTA, Francisco. *Ronald Dworkin e a decisão jurídica*. Salvador: JusPodium, 2017. p. 26.

18 DWORKIN, Ronald. *Is Democracy Possible Here? Principles for a New Political Debate*. Princeton: Princeton University Press, 2006. p. 16.

19 Ver: ABBOUD, Georges; CAMPOS, Ricardo. A autorregulação regulada como modelo do Direito proceduralizado: regulação de redes sociais e proceduralização. *In*: ABBOUD, Georges; NERY JÚNIOR, Nelson; CAMPOS, Ricardo (Orgs.). *Fake News e Regulação*. 2. ed. São Paulo: Revista dos Tribunais, 2020. p. 121-141. (Coleção Direito e Estado em Transformação)

20 WALDRON, Jeremy. *The Harm in Hate Speech*. Cambridge-London: Harvard University Press, 2012. p. 105 *et seq*. Destacamos: "I shall argue that offense, however deeply felt, is not a proper object of legislative concern. Dignity, on the other hand, is precisely what hate speech laws are designed to protect – not dignity in the sense of any particular level of honor or esteem (or self-esteem), but dignity in the sense of a person's basic entitlement to be regarded as a member of society in good standing, as someone whose membership of a minority group does not disqualify him or her from ordinary social interaction. That is what hate speech attacks, and that is what laws suppressing hate speech aim to protect."

21 Ver, por exemplo: ABBOUD, Georges. *Processo Constitucional Brasileiro*. 4. ed. São Paulo: Revista dos Tribunais, 2020. p. 1463 *et seq.*; ABBOUD, Georges. A (in)dignidade da legislação e o pacote "anticrime". Consultor Jurídico, 10 jan. 2020. Disponível em: https://www.conjur.com.br/2020-jan-10/georges-abboud-indignida-de-legislacao-pacote-anticrime. Acesso em: 13 maio 2021.

22 WALDRON, Jeremy. *The Dignity of Legislation*. Nova York: Cambridge University Press, 1999. p. 10.

23 *Ibidem*, p. 15.

24 WALDRON, Jeremy. *Law and Disagreement*. Nova York: Oxford University Press, 1999. p. 2-4.

DEMOCRACIA E MINORIAS

06

A injustiça acontece quando os direitos ou os interesses da minoria são erroneamente subordinados aos da maioria.

Jeremy Waldron, *Political Political Theory: Essays on Institutions*[1]

Como temos conversado, a temática das minorias é uma das mais caras ao constitucionalismo e, consequentemente, à democracia. Afinal, a função contramajoritária, ou seja, de proteção das minorias – entendidas, obviamente, não em sua acepção literal de um grupo pequeno de pessoas (ainda que por vezes possam mesmo o ser), mas sim no sentido de fragilidade política e de proteção de seus interesses enquanto cidadãos cuja vida tem o mesmo valor de qualquer outra. Conforme já expusemos, a democracia constitucional é algo muito além de majoritarismo. Sem o componente de proteção de minorias e do indivíduo, sequer é possível falarmos de democracia contemporaneamente.

Entender a importância de proteção das minorias em uma democracia força-nos a recuperar algo que pontuamos no ensaio "Democracia e seus inimigos", também neste livro: as vantagens da democracia.

David Runciman debruçou-se sobre o problema e apontou que a democracia moderna tem essencialmente dois pontos positivos: (i) garantir dignidade para todos, que podem se expressar nas urnas, independentemente de sua posição na sociedade; e (ii) trazer benefícios a longo prazo, como estabilidade de governo, prosperidade e paz. Esses dois elementos, juntos, fazem da democracia um regime incrível.[23]

Não nos ocuparemos do segundo item neste ensaio, nosso enfoque será a função da democracia em garantir a autodeterminação ética de todo e qualquer cidadão.

Ronald Dworkin expõe claramente a questão ao afirmar que nenhum governo é legitimo a não ser que demonstre igual consideração e respeito pelo destino de cada pessoa, o que inclui as decisões autônomas que um indivíduo faz sobre o que torna a própria vida algo de valor.[4]

Na visão de Dworkin, os juízos de valor são verdadeiros, não pela correspondência com o mundo natural; mas em razão de uma defesa substantiva que pode ser feita deles. O domínio da moral é o argumento, não o fato bruto. O fato de um argumento moral não possuir um correspondente no mundo físico natural não o impede de ser verdadeiro. *Ele será verdadeiro se houver uma argumentação substantiva em sua defesa.*[5] Por isso, "[...] a moral como um todo e, não apenas como moralidade política é um trabalho interpretativo".[6]

Quando falamos do valor referenciado por Dworkin, não podemos perder de vista que se trata de valor objetivo. Não que o valor subjetivo não tenha importância. Essa diferenciação, Dworkin esclarece pelo exemplo do café. O café só tem valor para quem gosta de café. Por outro lado, o valor objetivo (*da mesma forma que* liberdade/dignidade/igualdade) independe do gosto, da crença ou do desejo, "[...] por isso é independente de qualquer relação emocional distinta, incluindo de uma relação baseada na identidade. Como não existem partículas de valor metafísicas, o valor objetivo não pode ser um mero facto, tem de haver algum argumento a seu favor".[7]

Moral dever ser ligada à ética da dignidade. O princípio da dignidade é reformulado por Dworkin para tornar claro o valor de cada vida humana, conforme tratamos com maior enfoque no item referente a democracia e dignidade.[8] O valor tem verdade, e o valor é indivisível.[9] Essa é a síntese conclusiva da tese da unidade de valor. Dworkin sugere que aceitemos a empreitada na tarefa de formularmos concepções que unifiquem os valores políticos, preservando o que há de bom em cada um deles. Logo, o propósito aqui é que a liberdade, devidamente compreendida, não conflite com a igualdade.[10]

O valor é independente e objetivo justamente a porque ética e a moral são independentes da física. Não é possível validar/corroborar nossos juízos de valor por meio de descobertas físicas, biológicas ou pela metafísica, contudo, também não as podemos negar desse modo. *O que devemos ter é a responsabilidade para construir a defesa do valor, daí a necessidade da integridade.*[11]

Na complexa formulação de Dworkin, a democracia e as estruturas do Estado somente se legitimam quando se articulam e organizam, tendo por objetivo assegurar a proteção da dignidade de cada cidadão. Por essa razão, majoritarismo não é equivalente à democracia. Até mesmo porque, no majoritarismo, as escolhas éticas como, por exemplo, a profissão que pretende ter, a religião que quer professar, se quer ou não ter religião, com quem se pretende casar, podem não ser respeitadas em face da maioria. Por essa razão, governos, para serem legítimos, precisam respeitar o destino de cada pessoa e também de grupos minoritários. A coerção do Estado tem por legitimidade assegurar que cidadãos possam fazer livremente suas escolhas éticas.

Contudo, é o mesmo autor quem nos coloca uma das aparentes dificuldades da democracia; afinal, se a dignidade tem como pressuposto a responsabilidade de cada indivíduo realizar suas próprias escolhas éticas de forma independente do governo, como compatibilizar a exigência democrática de que a coletividade crie suas próprias regras e seja capaz de impô-las coercitivamente? Isso porque, "[...] não posso estar livre de todo controle coercitivo nas questões de justiça e moral, mas minha dignidade exige que eu tenha alguma participação nas decisões coletivas que exercem esse controle."[12]

Temos aí uma primeira dimensão da igualdade essencial à proteção das minorias: a igualdade formal, ou seja, a possibilidade de todos participarem da tomada coletiva de decisões; essa igualdade está garantida em nossa Constituição Federal quando prevê a soberania popular e o sufrágio universal (CF

1º p.ú e 14º). Afinal, se uma decisão potencialmente irá me afetar, não existem razões para justificar que eu não tenha uma oportunidade de me manifestar sobre a questão.

Justamente por se tratar de um compromisso de Estado assegurar a proteção do indivíduo e de minorias contra arbitrariedades e voluntarismos da maioria, é que existem Constituição Federal e o Judiciário, em especial, a jurisdição constitucional exercida pelo Supremo Tribunal Federal.

Aqui, caro leitor descrente da democracia e que insistentemente adota a caricata expressão que vivemos a "ditadura das minorias", talvez você esteja confuso com essa intrincada relação entre vontade da maioria e proteção de minorias. Explicamos.

Avançando no argumento mais didático: a vontade da maioria é crucial na democracia ela determina o resultado das eleições e a composição dos poderes Executivo e Legislativo. Ocorre que existem pré-compromissos democráticos que não podem ser violados, nem mesmo por vontade ou convenções da maioria. Até mesmo porque a duras penas aprendemos no séc. XX que maiorias degeneram. Esses pré-compromissos, são basicamente, a Constituição Federal e direitos fundamentais.

Conforme passamos a explicar, o Judiciário, em especial a jurisdição constitucional, deve agir corrigindo desvios da maioria para assegurar a proteção dos nossos pré-compromissos democráticos. Nesse sentido, ainda que o Congresso aprove uma legislação contraria a uma minoria religiosa, o STF fará a desconstituição dessa lei porque é seu dever assegurar o direito fundamental à liberdade religiosa.

Soma-se a isso a existência de determinados programas – de estética duvidosa, mas que possam agradar parcela de nossos leitores – concernentes a dublês de jornalistas, apresentando casos policialescos e de conteúdo altamente apelativo. Neles, há, frequentemente, uma mensagem final: *a sociedade não aguenta mais impunidade, criminosos deveriam ser imediata-*

mente presos, deveria haver penal capital, a escalada não acaba, enquanto não chegar ao linchamento.

Aqui, caro leitor, é o busílis do problema, os mesmos pré-compromissos civilizatórios que lhe asseguram direito de propriedade, direito de comunicação (pense sua vida sem WhatsApp) e de expressão asseguram a todo cidadão o direito fundamental ao devido processo legal e a ampla defesa. Ou seja, por mais que a sociedade queira linchar alguém, o Judiciário tem a função constitucional de assegurar o direito a um processo regular, mesmo contra a vontade da maioria.

Portanto, caro leitor, antes de pedir fechamento do Supremo, por exemplo, porque as decisões do Tribunal supostamente não agradam a sociedade, tenha em mente que a *accountability* de um Tribunal é perante o texto constitucional e a legalidade, não perante a aceitação popular, tampouco ao teste de correção do WhatsApp. Do contrário, em vez de julgamentos, a TV Justiça poderia transmitir enquetes no modelo de *reality shows* (que fique claro, não se trata de uma sugestão ou proposta, apenas uma descompromissada ironia explicativa).

Assim, quando dizemos que a jurisdição constitucional – garantidora de nossa democracia – presta-se também a proteger as minorias ao exercer sua função contramajoritária, não queremos afirmar com isso que ela se preste a proteger tão somente o direito de voto, ainda que seja verdade que ela também o faça.

Na realidade, uma democracia consolidada vai muito além do momento das eleições. A literatura especializada deu ao regime democrático no qual a dimensão democrática fica adstrita precipuamente às eleições o nome de *democracia delegativa*, conforme explicamos no capítulo 2 da obra.[13]

Frise-se, mais uma vez, que a democracia delegativa não é alheia à tradição democrática. Em verdade, trata-se de modalidade de democracia fortemente majoritária para realizar eleições de quem deveria ser o intérprete principal dos altos interesses da nação. Em regra, a democracia delegativa precisa criar artifícios para conseguir gerar as maiorias eletivas, e o mais utilizado é a eleição em turno duplo. São traços da democracia delegativa o seu caráter individualista no aspecto *hobbesiano* e não *lockeano*. Suas eleições constituem processos altamente emocionais e que envolvem grandes riscos e apostas. A participação do cidadão é altamente limitada. Depois da eleição, espera-se que os eleitores retornem à condição de espectadores passivos em face do em face do governo eleito.[14]

Na mesma linha, a democracia frágil é essencialmente caracterizada por instituições fracas. Logo, elas não conseguem sozinhas garantir a democracia. Conforme já tratado em ensaio anterior, a democracia e o constitucionalismo nos impõem um paradoxo. Por qual razão devemos rivalizar com grupos opositores face a um mesmo texto constitucional se não temos certeza de que o pacto democrático será honrado? Em uma democracia estabelecida, inexiste dúvida sobre a cumprimento do pacto, contudo, nas democracias frágeis, os partidos e a sociedade civil apresentam-se insuficientes para assegurar o cumprimento das regras democráticas.[15]

Destarte, no ambiente de democracias delegativas e frágeis, é absolutamente imprescindível a presença do Judiciário como garantidor do pacto constitucional e das regras do jogo democrático. Os Tribunais, muitas vezes, são chamados a criar uma estrutura constitucional que permita a governança democrática mediante controle dos excessos do Executivo, bem como assegurando a separação de Poderes e a divisão de tarefas e competências impostas pela Constituição.[16]

É bem verdade que a ideia de democracia delegativa não está restrita aos grupos minoritários. Contudo, cremos ser um bom exemplo de como o mero direito de voto não garante a proteção efetiva das minorias. É necessário também uma Constituição rica em direitos fundamentais que sejam o *núcleo material* do regime democrático.

É aí que a jurisdição constitucional – historicamente por meio dos Tribunais Constitucionais (no caso brasileiro, o

Supremo Tribunal Federal) – exerce verdadeiramente sua função contramajoritária: ao impedir que as maiorias políticas eventuais impeçam as minorias de fruir de seus direitos constitucionalmente assegurados, em especial no que diz respeito à possibilidade de autodeterminação ética que é própria de uma democracia.

Com efeito, a consolidação da jurisdição constitucional, e as consequentes proteção dos direitos fundamentais e limitação do Poder Público, são elementos da própria evolução do constitucionalismo no ocidente, logo, possuem sua evolução intrinsecamente relacionada.

Em obra dedicada à análise da relação entre Tribunal Constitucional e minoria política, José A. Montilla Martos ressalta a função contramajoritária da jurisdição constitucional, afirmando que, nos Estados Unidos, a justiça constitucional se originou com a finalidade de servir de instrumento judicial para a proteção da minoria, enquanto, na Europa, seu desenvolvimento e consolidação ocorreram após a Segunda Guerra Mundial, como forma de afirmação dos valores da democracia pluralista, em face dos totalitarismos.[17]

Nesse contexto, se, por um lado, o catálogo de direitos fundamentais constituía uma garantia formal para o pluralismo social, a jurisdição constitucional é que tornava efetiva essa garantia, apresentando-se como o instrumento hábil para a recomposição de grupos desarticulados e autorreferentes no que tange a defesa jurídica dos valores democráticos reconhecidos no pacto constitucional. Daí se vincular a legitimidade da jurisdição constitucional à legitimidade da minoria frente à maioria.[18]

Dessarte, a jurisdição constitucional deve ser funcionalizada como instrumento de caráter jurisdicional que possa limitar o poder da maioria em relação à minoria.[19]

De forma geral, podemos afirmar que os direitos fundamentais possuem duas funções principais: limitação do Poder Público e proteção contra formação de eventuais maiorias dispostas a suprimir ou mitigar algum direito fundamental.

Sendo assim, é facilmente perceptível que os direitos fundamentais constituem primordialmente uma reserva de direitos que não pode ser atingida pelo Estado (Poder Público: Legislativo, Executivo e Judiciário) ou pelos próprios particulares.

Na realidade, os direitos fundamentais asseguram ao cidadão um feixe de direitos e garantias que não poderão ser violados por nenhuma das esferas do Poder Público. Os referidos direitos apresentam dupla função: constituem prerrogativas que asseguram diversas posições jurídicas ao cidadão, ao mesmo tempo em que constituem limites/restrições à atuação do Estado.[20]

Hoje, a existência e a preservação dos direitos fundamentais são requisitos fundamentais para se estruturar o Estado Constitucional, tanto no âmbito formal quanto material.

Além de sua importância como instrumentos de limitação do Poder Público, os direitos fundamentais exercem forte função contramajoritária. Assim, ter um direito fundamental assegura a existência de posições juridicamente garantidas contra as decisões políticas de eventuais maiorias políticas.[21]

Nesse ponto é que se adquire, por assim dizer, a razão de existir da jurisdição constitucional: afinal, quem poderá assegurar proteção a um direito fundamental contra uma agressão praticada pela maioria da sociedade? Ora, a resposta, até recentemente, pareceria óbvia: no Brasil, seria o Judiciário, mais precisamente, o STF.

Contudo, a defesa das minorias não pode se tornar um *locus* meramente retórico a partir do qual os julgadores exercem um voluntarismo inexistente para fazer justiça. Ou seja, a jurisdição constitucional serve, também, para proteger minorias e, com isso, garantir a normatividade da Constituição, e não para a realização de uma "justiça" subjetiva que, ao contrário, afasta-se dos ditames constitucionais.

ontudo, a defesa das minorias não pode se tornar um *locus* meramente retórico a partir do qual os julgadores exercem um voluntarismo inexistente para fazer justiça. Ou seja, a jurisdição constitucional serve, também, para proteger minorias e, com isso, garantir a normatividade da Constituição, e não para a realização de uma "justiça" subjetiva que, ao contrário, afasta-se dos ditames constitucionais.

GEORGES ABBOUD
DEMOCRACIA PARA QUEM NÃO ACREDITA

Nesse ponto, vem a calhar a posição de Jeremy Waldron, exemplo clássico de filosofo político que não vê na *judicial review* nenhum bem intrínseco. Para Waldron, "[...] injustiça é o que ocorre quando os direitos ou interesses de uma minoria são erroneamente subordinados aos da maioria".[22] Não queremos, e nem poderíamos, discutir neste pequeno ensaio a desejabilidade ou não de um controle mais ou menos amplo do Judiciário de atos emanados de outros Poderes.

Queremos tão somente analisar a questão interessante posta por Waldron de que é também uma questão de debate democrático discutir *quais são efetivamente* os direitos de determinada minoria.[23] Isso significa, para Waldron, que não basta que determinado indivíduo seja parte minoritária na *votação*, mas, sim, no grupo afetado pela decisão majoritária, bem como que tal decisão esteja efetivamente errada em termos morais.[24]

O que Waldron propõe, ao final, é que a *judicial review* (controle dos atos públicos pelo Judiciário) não oferece uma saída mais legítima (ou sequer menos majoritária) para as discussões morais de fundo a respeito dos direitos dos cidadãos.

Há quem pudesse refutar dizendo que a vontade da maioria deveria sempre prevalecer ou, ao menos, ser levada em maior consideração. Ora, e se essa maioria é o agente agressor do direito fundamental em questão, qual proteção restaria ao referido direito? Ou, ao longo da história, os direitos humanos também não foram contrariados por maiorias tomadas ou coagidas por ímpetos totalitários?

Exemplo interessante e extremante didático, nesse sentido, é a questão da pena de morte. Nossa Constituição Federal, em seu art. 5º, XLVII, "a", assegura a inexistência de pena de morte, salvo em caso de guerra declarada. Desse modo, é possível afirmar que, em nosso sistema jurídico, a vida é direito fundamental, sendo vedada, em todas as hipóteses, a instituição da pena de morte, exceto no caso de guerra declarada.

Assim, mesmo que grande parte da sociedade e a maioria parlamentar entendam que a pena de morte consiste em alternativa viável para diminuição da criminalidade, essa vontade, *apesar de ser da maioria política*, não poderá prevalecer, porque os direitos fundamentais (no caso, a vida) a impedem de se concretizar. Qualquer lei ou emenda constitucional que pretenda instituir a pena de morte diante de nosso sistema constitucional será considerada inconstitucional e não poderá gerar efeitos. Esse exemplo ilustra adequadamente a função contramajoritária dos direitos fundamentais.

Outro exemplo apto a evidenciar a importância da função contramajoritária para a proteção das minorias: imaginemos que a bancada parlamentar que representa a religião dominante "X" no país promulgasse lei que instituísse restrições de toda a ordem para uma comunidade religiosa minoritária, que professa determinada religião "Y". Nesse cenário, os representantes dessa religião "Y" buscam sua proteção no STF alegando violação ao direito fundamental à liberdade religiosa, à isonomia etc. O pleito dessa minoria religiosa "Y", se prosperar o argumento de que o STF deveria orientar-se pela vontade da maioria, deveria ser rechaçado, uma vez que a maioria parlamentar adepta da religião "X", que representa a maioria da sociedade, considerou adequada a promulgação de lei que criasse restrições para a religião "Y".

Esses simples exemplos são ilustrativos para evidenciar que a função contramajoritária do direito fundamental assegura, em última instância, a força normativa da Constituição e a preservação do princípio da dignidade da pessoa humana. Do contrário, as posições minoritárias seriam perseguidas e, ao final, suprimidas. Assim, a "[...] ideia dos direitos fundamentais como trunfos contra a maioria não é mera exigência política ou moral ou uma construção teórica artificial. Ela é também uma exigência do reconhecimento da força normativa da Constituição, da necessidade de levar a Constituição a sério: por majoritários que sejam, os poderes constituídos não podem pôr em causa aquilo que a Constituição reconhece como direito fundamental."[25]

Portanto, em um sistema democrático, o compromisso do STF com a sociedade é o de realizar exaustiva fundamentação e em seguida assegurar a publicidade de suas decisões, demonstrando analiticamente as razões jurídicas que conduziram seu entendimento. A análise crítica da decisão do STF pela sociedade é salutar para o amadurecimento do regime democrático, o que é muito diferente de o STF orientar seu julgamento em razão da vontade da maioria da população.

Em outros termos, para utilizar linguagem de Habermas, não se pode esquecer que o direito constitui o poder político, e vice-versa, instituindo entre eles um nexo que abre e perpetua a possibilidade latente de uma instrumentalização do direito para o emprego estratégico do poder. Todavia, ensina o professor alemão, a ideia do Estado de Direito exige, em contrapartida, uma organização do Poder Público que obriga o Poder Político, constituído conforme direito, a se legitimar, por seu turno, pelo direito legitimamente instituído.[26]

Ainda com Habermas, pode-se dizer que o Estado deve ser o garantidor das condições para a produção comunicativa do direito, porque só assim mantem-se em vista o vínculo interno entre Estado de Direito e democracia e evita-se que o pêndulo teórico continue pendendo entre os dois extremos da ênfase excessiva nos direitos fundamentais (garantidores da autonomia privada) ou na soberania popular (garantidora da autonomia pública): "A autonomia privada de cidadãos em pé de igualdade só pode ser assegurada se sua autonomia política se tornar ativa."[27]

Referida organização do Poder Público ocorre, por excelência, no âmbito da jurisdição constitucional. Daí a importância de o STF motivar suas decisões com razões jurídico-constitucionais e não em mera retórica, cujo conteúdo pode até conquistar a sociedade, mas destoa da integridade e da coerência do sistema jurídico.

Noutras palavras, não cabe ao STF buscar fundamentos normativos para decisão que estejam fora do âmbito jurídico-constitucional. Nesse ponto, são extremamente atuais e importantes as palavras de Paulo Bonavides: "[...] fora da Constituição, não há instrumento nem meio que afiance a sobrevivência democrática das instituições".[28]

Com efeito, se os Ministros do STF gozam de diversas garantias, e investem nos cargos por meios outros que não a eleição, é justamente para que sua atividade de assegurar a proteção do pacto constitucional possa ser desempenhada, mesmo que deixe descontente grande parte da população. Imagine o quão pouco imparcial seria o exame de uma *habeas corpus* por um Ministro do STF, se ele pautasse seu julgamento preocupado com a opinião pública.

Vale dizer, o STF e seus Ministros não precisam buscar construir uma imagem simpática perante a opinião pública, daí porque o Supremo não precisa se sentir inferiorizado por não possuir a legitimidade do sufrágio universal que os outros dois Poderes possuem. O STF não pode querer fazer as vezes de *Don Juan*,[29] e por consequência, pretender agradar universalmente. A consistência, e não a retórica de seus votos, deve ser a preocupação maior dos Ministros no momento da decisão.

Pelo contrário, o STF é a instituição por excelência que tem o dever de desagradar maior parte da sociedade se a maioria estiver agindo ou conspirando contra nossos pré-compromissos democráticos, a Constituição e os direitos fundamentais dos indivíduos. Inclusive, os ataques ao STF são muito sintomáticos de um momento político polarizado.

Em outros termos, o STF não precisa conquistar e agradar a sociedade, muito pelo contrário, em alguns casos, faz-se necessário que os onze Ministros tenham a coragem e a independência de proferir julgamento que contrarie a maior parte da população, se isso for necessário para assegurar a preservação do pacto constitucional. Desse modo, uma atuação imparcial e independente do STF, por vezes, impossibilitará que ele viva em constante lua de mel com a opinião pública e a maioria da população.

Obviamente, o STF, ao julgar, pode alcançar resultado coincidente com o desejo da maioria da sociedade. O que, aliás, pode ser um sintoma de amadurecimento dos valores democráticos de uma comunidade. Todavia, a vontade da maioria não pode ser fundamento normativo de nenhuma decisão do STF. Somente motivos e razões jurídico-constitucionais é que devem assentar uma decisão do STF, sob pena de incorrermos em arbitrariedades e decisionismos.

Esse amadurecimento deve ocorrer em via de mão dupla: o STF deve se acostumar a contrariar a vontade majoritária quando a proteção da Constituição, do cidadão, de minorias ou de direitos fundamentais assim o exigir, bem como a sociedade deve se acostumar a ser contrariada, pela percepção de que a preservação da Constituição é um bem maior do que sua própria opinião.

Em outros termos, a percepção político-majoritária da sociedade em relação ao desempenho de Parlamentares e Administradores Públicos não deve ser aplicada em relação ao STF. O Judiciário não é um poder destinado a atender expectativas políticas mais ou menos majoritárias da sociedade, dado que o Judiciário sequer deve atender qualquer expectativa política da sociedade. Aqui, nosso leitor deve estar pensando, de forma incrédula: "não é função do Supremo combater a corrupção?" Respondemos, com a plenitude da certeza: não. O STF deve julgar determinadas causas penais assegurando, de forma imparcial, a incidência das regras do jogo.

Nesse caso, o STF pode vir a contribuir ao combate à corrupção como *consequência* da sua atividade, entretanto, o STF não pode passar por cima das regras do jogo para *promover* maior combate à corrupção. Nesta hipótese, o Judiciário se deteriora e transforma o combate à corrupção, por exemplo,

Esse amadurecimento deve ocorrer em via de mão dupla: o STF deve se acostumar a contrariar a vontade majoritária quando a proteção da Constituição, do cidadão, de minorias ou de direitos fundamentais assim o exigir, bem como a sociedade deve se acostumar a ser contrariada, pela percepção de que a preservação da Constituição é um bem maior do que sua própria opinião.

GEORGES ABBOUD
DEMOCRACIA PARA QUEM NÃO ACREDITA

num fim em si mesmo, superior até mesmo à Constituição. O que contradiz tudo que explicamos até agora.

Afinal, a função do Judiciário é *assegurar a proteção da Constituição* e consequentemente, ser o garantidor de que as regras do jogo, em especial, os direitos fundamentais dos cidadãos sejam efetivamente protegidos e respeitados. Para dar cumprimento a essa função, não raras vezes, o STF precisará decidir contra atos dos Poderes que representam o majoritarismo (Legislativo e Executivo), bem como agir de modo a resguardar o cidadão e minorias em face de vontades ocasionais da maioria. É o Judiciário a instituição responsável em contrabalancear o majoritarismo com a proteção dos indivíduos e das minorias. Por essa razão, as decisões do STF que, eventualmente, não estejam em consonância com o gosto político e estético da maioria, não necessariamente indicam desacerto do Supremo. Pelo contrário.

Ademais, em um país tão heterogêneo, plural e de dimensões continentais como o Brasil, qual o parâmetro seguro que o STF teria para aferir qual a vontade expressa da maioria? A vontade da maioria estaria representada pela manifestação televisiva das principais emissoras nacionais? Pelo conteúdo jornalístico de alguns poucos articulistas que têm acesso a esses meios de comunicação? Algum Ministro do STF faria consulta popular? Seria possível uma breve consulta a um seleto grupo de juristas que saberiam fazer transparecer a real vontade da maioria, tal como se fosse um monastério dos sábios?[30]

Para deslindar esse problema é que a democracia institui o voto como manifestação, buscando apurar qual a vontade da maioria da população. No Brasil, as leis são feitas por pessoas eleitas pela maioria da população; logo, seria verdadeiro contrassenso admitir que STF pudesse anular as leis do congresso, se ele tivesse que pautar sua conduta pela vontade da maioria. Seria irracional e ilógica tal hipótese! Na realidade, não poderia nem mesmo existir o controle de constitucionalidade.

Destarte, a função contramajoritária do direito fundamental assegura, em última instância, a força normativa da Constituição e a preservação do princípio da dignidade da pessoa humana. Do contrário, as posições minoritárias seriam perseguidas e, ao final, suprimidas.

Em outros termos, é possível afirmar que o direito fundamental somente será considerado efetivo *trunfo* contra as maiorias se o Judiciário e, principalmente o STF, assumirem sua função contramajoritária. Frise-se que ser contramajoritário não é, necessariamente, *ir sempre contra a vontade da maioria*, mas, sim, *ter poder para contrariá-la quando for necessário em prol do texto constitucional*, para assegurar a preservação dos direitos fundamentais do cidadão e das minorias.

Aliás, é justamente com o intuito de poder realizar tal função que os membros do Judiciário e os Ministros do STF gozam de diversas prerrogativas que são ínsitas a sua atividade. Sem nenhum exagero, é possível afirmar que o STF pode se utilizar, em grau máximo, da quixotesca frase: *melhor ser louvado pelos poucos sábios que fustigado pelos muitos néscios.*[31]

A esse respeito, Peter Häberle, por meio de sua Sociedade aberta dos Intérpretes da Constituição, não pretende introduzir o sufrágio universal como critério legitimador da atividade da jurisdição constitucional, muito menos introduzir a vontade da maioria como parâmetro normativo a orientar as decisões do Tribunal Constitucional. Peter Häberle pontua com absoluta clareza que todo órgão que possua *status* de realizar a jurisdição constitucional, no caso brasileiro o STF, deve ter a função precípua de zelar pelo texto constitucional,[32] inclusive contra a vontade da maioria, caso seja necessário.

Na realidade, o que Peter Häberle pretende, a partir de sua sociedade aberta, é inserir os valores pluralistas da sociedade democrática como elementos da construção da jurisprudência do Tribunal Constitucional, mediante o maior acesso do cidadão a essa esfera de justiça.

Importante ressaltar que Joaquín Brage Camazano considera Peter Häberle, de certo modo, um entusiasta da atuação do Tribunal Constitucional Alemão, afirmando que esse tribunal e seu direito processual conseguem uma relação de tipo único com a sociedade.[33] Isso porque a atividade do mencionado Tribunal na Alemanha é transformadora do Estado e da sociedade na medida que, de uma forma muito especial e consciente, amplia o âmbito da *res publica*, entre o Estado e o Particular. Daí se afirmar que o Tribunal constrói um espaço pluralista no bojo da sociedade.[34]

Desse modo, a atuação do Tribunal Constitucional Alemão intensifica sua relação com a sociedade, não apenas assegurando a preservação dos direitos fundamentais, mas, também, mediante a disponibilização de instrumentos para informar e colher informações da sociedade, admitindo cada vez mais a participação de organizações, confederações e diversos outros grupos pluralistas para se manifestar no âmbito da jurisdição constitucional.[35]

Em uma democracia, a jurisdição constitucional é um espaço institucional imprescindível para o tratamento e a filtragem do fluxo de informações crescentes da democracia. Esse trânsito de informações científicas, tecnológicas, políticas e jurídicas deve ser pluralmente trabalhado na jurisdição constitucional, de modo a proteger o indivíduo e a sociedade, mediante controle dos atos dos particulares e, em especial, do Poder Público, de modo a assegurar que direitos fundamentais sejam sempre respeitados e preservados.

Nesse contexto, o Tribunal Constitucional e seu direito processual passam a estar à disposição da sociedade aberta dos intérpretes da Constituição, transformando-se em seu *medium*, principalmente nos segmentos em que o Legislativo tem sido falho.[36]

Exatamente nesse sentido é que se opera a teoria da sociedade aberta dos intérpretes da Constituição, ou seja, como mecanismo de aproximação do Tribunal Constitucional da sociedade, mediante oferecimento de instrumentos para que os diversos segmentos da sociedade civil possam ter um canal de comunicação para se manifestar perante a jurisdição constitucional. Marcelo Neves ensina ser desafio do Estado Democrático a utilização da esfera pública para estruturação, canalização e intermediação procedimental (universalista e pluralista) dos conflitos que caracterizam conflitos de expectativas e interesses distintos.[37]

Portanto, resguardar o pluralismo e agir de forma contramajoritária para proteção dos direitos fundamentais são as duas funcionalidades que impõem a interconexão da função da jurisdição constitucional com a própria razão de ser das democracias constitucionais.

REFERÊNCIAS

1   No original: "Injustice is what happens when the rights or the interests of the minority are wrongly subordinated to those of the majority." Cf.: WALDRON, Jeremy. The Core of the Case Against Judicial Review. *In*: WALDRON, Jeremy. *Political Political Theory*: Essays on Institutions. Cambridge: Harvard University Press. 2016. p. 235. (tradução minha)

2   RUNCIMAN, David. *How Democracy Ends*. Nova York: Basic Groups, 2018. p. 169-170.

3   Décadas antes, Robert Dahl também havia se preocupado em dar justificativas à democracia. Um resumo delas pode ser vista em: DAHL, Robert. *A democracia e seus críticos*. Tradução de Patrícia de Freitas Ribeiro. São Paulo: Martins Fontes, 2012. p. 495-496.

4   DWORKIN, Ronald. *A Raposa e o Porco-Espinho*: justiça e valor. Tradução de Marcelo Brandão Cipolla, São Paulo: Martins Fontes, 2014. p. 4-5.

5   DWORKIN, Ronald. *Justiça para ouriços*. Coimbra: Almedina, 2011. p. 23.

6   *Ibidem*, p. 24.

7   *Ibidem*, p. 264. "Não há como *demonstrar* que um argumento moral é correto. Argumentos morais não podem ser demonstrados verdadeiros por correspondência a qualquer fato ou objeto do mundo empírico; não há como sustentá-los sem pressupor ou aceitar outros argumentos morais. O que se pode fazer é exigir de quem o formula *responsabilidade* na reflexão e na argumentação sobre questões morais. Insistindo no exemplo acima, eu posso estar certo, por hipótese, com relação à justiça das cotas raciais tendo formado a minha opinião num jogo de cara-ou-coroa e estar errado, quanto a este mesmo assunto, depois de uma demorada reflexão. Contudo, eu teria sido *irresponsável* no primeiro caso e *responsável* no segun-

do. E a distinção entre um e outro argumento passa a ser o tema dessa almejada *teoria da responsabilidade*". Cf.: MELLO, Claudio Ari; MOTTA, Francisco. A ambição do ouriço: um ensaio sobre a versão final da filosofia do direito de Ronald Dworkin. *Revista Novos Estudos Jurídicos,* v. 22, n. 2, maio/ago. 2017. p. 747.

8 DWORKIN, Ronald. *Justiça para ouriços.* Coimbra: Almedina, 2011. p. 268.

9 *Ibidem*, p. 26-27.

10 MELLO, Claudio Ari; MOTTA, Francisco. A ambição do ouriço: um ensaio sobre a versão final da filosofia do direito de Ronald Dworkin, *Revista Novos Estudos Jurídicos,* v. 22, n. 2, maio/ago. 2017. p. 740.

11 DWORKIN, Ronald. *Justiça para ouriços.* Coimbra: Almedina, 2011. p. 426.

12 DWORKIN, Ronald. *A Raposa e o Porco-Espinho:* justiça e valor. Tradução de Marcelo Brandão Cipolla. São Paulo: Martins Fontes, 2014. p. 579 *et seq.*

13 O'DONNELL, Guilhermo. Democracia delegativa? *Novos Estudos CEBRAP,* n. 31. p. 25-40, out. 1991.

14 *Ibidem*, p. 31.

15 ISSACHAROFF, Samuel. *Fragile Democracies:* Contested Power in the Era of Constitutional Courts. Cambridge: Cambridge University Press, 2015. p. 221.

16 *Ibidem*, p. 192 e 196.

17 MARTOS, José A. Montilla. *Minoria Política & Tribunal Constitucional.* Madrid: Trotta, 2002. p. 86.

18 *Ibidem*, p. 93-94.

19 *Ibidem*, p. 122.

20 Cf.: FLEINER, Thomas; MISIC, Alexandre; TÖPPERWIEN, Nicole. *Swiss Constitutional Law.* Berne: Kluwer Law International, 2005. p. 153.

21 NOVAIS, Jorge Reis. Direitos como trunfos contra a maioria – sentido e alcance da vocação contramajoritária dos direitos fundamentais no Estado de Direito Democrático. *In*: CLÈVE, Clèmerson Mèrlin; SARLET, Ingo W; PAGLIARINI, Alexande C. Pagliarini (Orgs.). *Direitos humanos e democracia.* Rio de Janeiro: Forense, 2007. p. 90.

22 WALDRON, Jeremy. The Core of the Case Against Judicial Review. p. 235. Disponível em: https://digitalcommons.law.yale.edu/cgi/viewcontent.cgi?article=5011&context=ylj. Acesso em: 13 maio 2021.

23 WALDRON, Jeremy. The Core of the Case Against Judicial Review. p. 233 *et seq.* Disponível em: https://digitalcommons.law.yale.edu/cgi/viewcontent.cgi?article=5011&context=ylj. Acesso em: 13 maio 2021.

24 *Ibidem,* p. 236.

25 NOVAIS, Jorge Reis. Direitos como trunfos contra a maioria – sentido e alcance da vocação contramajoritária dos direitos fundamentais no Estado de Direito Democrático. *In*: CLÈVE, Clèmerson Mèrlin; SARLET, Ingo W; PAGLIARINI, Alexande C. Pagliarini (Orgs.). *Direitos humanos e democracia*, Rio de Janeiro: Forense, 2007. p. 91.

26 HABERMAS, Jürgen. *Direito e democracia:* entre facticidade e validade. 2. ed. Rio de Janeiro: Tempo Brasileiro, 2003. v. I. p. 211-212.

27 HABERMAS, Jürgen. Sobre o vínculo interno entre Estado de direito e democracia. *In*: HABERMAS, Jürgen. *A inclusão do outro:* estudos de teoria política. Tradução de Denílson Luís Werle. São Paulo: UNESP, 2018. p. 434. Destacamos ainda: "Enfim, nem mesmo os sujeitos de direito privados podem chegar a desfrutar das liberdades subjetivas iguais se eles não puderem se esclarecer, no exercício comum de sua autonomia cidadã, sobre os interesses e critérios legítimos e entrar em acordo sobre *os aspectos relevantes* sob os quais se deve tratar o que é igual como igual e o que é desigual como desigual."

28 BONAVIDES, Paulo. *Do País Constitucional ao País Neocolonial:* a derrubada da Constituição e a recolonização pelo golpe de Estado institucional. 3. ed. São Paulo: Malheiros, 2004. p. 12.

29 Cf.: ZORRILLO, Don José. *Don Juan Tenorio*. Madrid: Calle de Segovia, 1846. Nesta leitura da lenda de Don Juan, o personagem principal, em sua velhice, relembra com seu colega Don Luís, as aventuras de conquistas e sedução, a fim de disputar quem seria o maior sedutor entre ambos, com a vitória de Don Juan, motivo pelo qual é desafiado a uma vez mais conquistar uma moça de coração puro, no caso, a noiva de Don Luís, o que não sossegará enquanto não lograr êxito.

30 A expressão "monastério dos sábios" foi elaborada por Luis Alberto Warat. *Verbis:* "Ainda, quando nos enfrentamos com as chamadas ciências humanas devemos admitir que as formas que adquirem esses saberes dependem também da subjetividade coletiva instituída. Os especialistas se encontram também na posição de consumidores da subjetividade coletiva. Eles, inclusive, são duplamente consumidores da subjetividade instituída. Além de subjetividade que circula socialmente consomem a subjetividade específica que articula e controla a produção social das verdades. Os discursos de verdade nunca são resultado de um emissor isolado. Eles estão vinculados a uma prática comunitária organizada em torno de uma subjetividade específica dominante. Nenhum homem pronuncia legitimamente palavras de verdade se não é filho (reconhecido) de uma comunidade 'científica', de um monastério de sábios". Cf.: WARAT, Luis Alberto. *Introdução geral ao direito*: a epistemologia jurídica da modernidade, Porto Alegre: SAFE, 2002. v. II. p. 68.

31 Referida passagem está no início XLVIII da obra *D. Quixote de La Mancha* — Primeira Parte (1605) Miguel de Cervantes [Saavedra] (1547-1616).

32 HÄBERLE, Peter. El Tribunal Constitucional Federal como modelo de una jurisdicción constitucional autônoma, *In*: HÄBERLE, Peter. *Estudios sobre la jurisdicción constitucional*. Mexico: Editorial Porrúa, 2005. p. 166.

33 CAMAZANO, Joaquín Brage. Estudio introductorio: El Tribunal Constitucional en Alemania, con particular referencia al pensamiente de Peter Häberle y Konrad Hesse. *In*: HÄBERLE, Peter. *Estudios sobre la jurisdicción constitucional*. Mexico: Editorial Porrúa, 2005. p. 105.

34 *Ibidem*, p.105.

35 *Ibidem*, p.105.

36 *Ibidem*, p.105.

37 NEVES, Marcelo. *Entre Têmis e Leviatã*. São Paulo: Martins Fontes, 2006. p. 135. Assim, "o Estado Democrático de Direito legitima--se enquanto os seus procedimentos absorvem sistematicamente o dissenso e, ao mesmo tempo, possibilitam, intermedeiam e mesmo fomentam sua emergência na esfera pública." *Ibidem*, p. 149.

**DEMOCRACIA E
SEUS INIMIGOS**

───────────────────

Se pretendeis derrubar os monumentos, poupai os pedestais. Sempre podem servir.

Stanislaw Lec, *Unkempt Thoughts*[1]

É estranhamente paradoxal que, no século XXI, a democracia precise ser defendida e não apenas debatida e aperfeiçoada. Mais paradoxal ainda é que em muitos segmentos ela encontre mais inimigos que amigos. Infelizmente, ainda nos recusamos a aprender com os erros do passado e não nos damos conta que é no cotidiano, aos pedaços, que as conquistas civilizatórias são destruídas.

É ingenuidade imaginar que o totalitarismo tenha sido sepultado ao final da Segunda Guerra ou no término da Guerra Fria. Como bem observou Eric Voegelin, em uma série de pronunciamentos dedicados a compreender a ascensão de Adolf Hitler, a chegada do Nacional-Socialismo ao poder foi, necessariamente, precedida por uma sociedade que já o acolhera espiritualmente.[2]

Sem nenhum exagero, o totalitarismo, autocratismo e negacionismo continuarão vivos e presentes enquanto existirem mentes totalitárias, autocráticas e negacionistas. O totalitarismo continuará existindo enquanto houver mentes extremistas. Consequentemente, desdenhar dos ataques feitos às democracias e suas instituições é um dos maiores desserviços que a intelectualidade pode prestar nos dias atuais. Denunciar os inimigos da democracia e os mecanismos que utilizam é o primeiro passo para evitar que nossos tempos acolham espiritualmente os novos inimigos da democracia, antes mesmo de eles apresentarem seus ataques.

Em 1989, o cientista político norte-americano Robert Dahl publicou um livro intitulado *A democracia e seus críticos*, no qual buscava analisar o surgimento da democracia, suas principais justificativas, potencialidades, possibilidades de desenvolvimento futuro e, não menos importante, descrever (e refutar) aquilo que na ocasião chamou de "os críticos de oposição": a anarquia e a guardiania.

Escolhemos iniciar este ensaio fazendo referência a esse livro específico de Dahl pela circunstância de haver nele uma série de questões bastante interessantes e aptas a guiar nossa discussão.

Em primeiro lugar, é relevante notar que o norte-americano se propõe a *justificar* a democracia. Para qualquer brasileiro nascido após o fim da ditadura militar, o regime democrático já surge como algo dado, de modo que talvez poucos de nós tenhamos nos preocupado em arrumar boas justificativas para mantê-lo.

Possivelmente, houve excesso de otimismo nosso e, nos últimos anos, tenhamos subestimados o número de pessoas que desacreditam no sucesso da democracia brasileira. Nessa senda, insere-se nosso livro: nunca percamos isso de vista. Obviamente, nem de longe temos a pretensão de ter o mesmo impacto que a obra de Dahl, mas é fato que, por vivenciarmos a era da glorificação do parvo, no reino da simplicidade, é necessário desvelarmos as obviedades argumentativas para apresentar objetivamente porque a democracia deve ser protegida.

Retomando o diálogo com Dahl, no período histórico em que ele escreveu o livro, seria justificada uma excessiva euforia em relação à democracia, dado que, à época, vivenciava-se a queda do muro de Berlim e se prenunciava o fim do regime soviético da URSS – o último dos grandes totalitarismos do século XX –; na América Latina, os regimes ditatoriais haviam terminado ou caminhavam para um desfecho.

Pensando especificamente no caso brasileiro, o ano de 1989 marcou o primeiro aniversário de nossa Constituição Federal. De lá para cá, conquistamos a estabilidade monetária com a derrota da hiperinflação – que há muito assolava o povo brasileiro, especialmente os mais pobres –, promovemos boas políticas de inclusão social e experimentamos anos de relativo crescimento econômico.

Para um cidadão brasileiro daquela época, ou, quiçá, para qualquer simples "anti-totalitário" da ocasião, pareceria ao menos improvável que, já nas duas primeiras décadas do século XXI, uma defesa intransigente da democracia seria mais necessária do que nunca, e que suas justificativas não seriam, nem de longe, tão evidentes para parcela significativa da população. Dahl já nos alertava: "A história da democracia registra tantos fracassos quanto sucessos."[3]

Nós que acreditamos na democracia não podemos incorrer no equívoco de imaginar que haveria um fim da história de modo a não precisarmos apresentar bons argumentos para a sua defesa. Ao menos dois erros existiriam nessa postura. O primeiro é acreditar no final da história e o segundo subestimar a era da insensatez contemporânea, como se todas as pessoas enxergassem a democracia como empreendimento moral-coletivo a ser defendido e concretizado. A prova maior desse erro é a sua existência, caro leitor descrente.

E é justamente por essa razão que reiteramos, ao longo de todo o ensaio, que não desistiremos de você, leitor que não acredita na democracia. Talvez conhecendo os inimigos possamos convencê-lo. É claro que podemos ser acusados de otimistas, mas a estória de *Augusto Matraga*[4] nos anima: é possível a redenção do esclarecimento para fazer com que a vilania se converta em virtude.

De fato, é difícil deixar de olhar para a obra de Dahl com certa inveja. Obviamente, não pelo notável êxito obtido no âmbito da ciência política, mas, antes, porque naquela ocasião os "críticos" da democracia poderiam ser suficientemente bem analisados e enfrentados em duas grandes categorias: a guardiania e a anarquia.

Tratam-se, é verdade, muito mais de projetos teóricos antigos que assumiram diversas roupagens diferentes ao longo da história.

A guardiania traduz uma ideia relativamente simples, mas perigosa: as pessoas "comuns" seriam incapazes de entender e defender seus próprios interesses. Far-se-ia necessário um grupo seleto de pessoas – os guardiões – que entendesse os interesses da população melhor que elas próprias seriam capazes de fazer.[5]

Engana-se quem vê na guardiania algo típico da "direita" ou de algum desprezo pelo povo. Dahl nos lembra que Lênin no clássico ensaio *Que fazer?* propunha a necessidade de um grupo "dedicado, incorruptível e organizado de revolucionários" que pudesse transformar o capitalismo em socialismo e, posteriormente, em comunismo, já que seria irreal pensar que a classe trabalhadora, historicamente explorada e submetida à cultura capitalista, pudesse bem entender suas necessidades e implementar um modo de existência política que as garantisse.[6]

Aliás, classificar como direitista qualquer guardiania seria um anacronismo imperdoável, já que a dicotomia "direita/esquerda" sabidamente surgiu com a Revolução Francesa, ao passo que a forma clássica de guardiania tem sua mais duradoura expressão na *República* de Platão.

Basta pensarmos que essa forma de conceber as coisas remonta diretamente à preocupação de Sócrates com o "estudo das coisas humanas", uma necessidade de uma ciência do todo.[7] Entedia-se, no direito natural clássico, que "A vida excelente é a vida conforme à ordem natural do ser humano, a vida que flui da alma bem ordenada ou saudável [...]. A vida excelente é a perfeição da natureza do homem."[8][9]

Essa sabedoria profunda da natureza humana e sua perfeição só seria acessível aos sábios, homens verdadeiramente excelentes. Como ensina Leo Strauss:

> "O melhor regime é aquele no qual os homens excelentes, ou a aristocracia, costumam governar. Ainda que a excelência não seja idêntica à sabedoria, ela depende da sabedoria: o melhor regime seria assim o governo dos sábios. Com efeito, a sabedoria era vista pelos clássicos como a mais elevada prerrogativa, conforme à natureza, para governar. Seria absurdo obstruir o livre fluxo da sabedoria por meio de quaisquer regulamentos; donde o fato de o governo do sábio dever ser um governo absoluto."[10]

O título de nosso ensaio é algo mais incisivo que o nome dado por Robert Dahl ao seu livro: a democracia encontra-se nos dias de hoje sob verdadeiro ataque, e não conta com meros *críticos*, mas, antes, com verdadeiros inimigos, que querem seu fim a todo custo.

Tão grave ou talvez ainda pior que o agressor confesso, é o velado, que não confessa abertamente querer o fim da democracia e se esconde por detrás do confortável argumento de que pretende tão somente "aprimorar" a democracia.

Nesse ponto, é certeira a frase de Daniel Innerarity de que a democracia deve temer mais a seus falsos amigos que seus verdadeiros inimigos.[11] Na visão desse autor, o liberalismo apela à liberdade e o populismo nega as mediações institucionais para encontrar a unidade do povo, ao agir assim, pretensamente buscando aprimorar a democracia, muito movimentos passam a gerar desdemocratização.[12]

Querendo ou não, a guardiania e o anarquismo eram críticos confessos e buscavam suplantar a democracia para, em seu lugar, instaurar um outro regime político. A guardiania via com maus olhos o imenso poder dado pela democracia às "pessoas comuns", enquanto a anarquia via no Estado um mal tão intrínseco que nem a democracia poderia redimir.[13]

Contudo, mesmo bons críticos de oposição servem ao aprimoramento do objeto criticado; bem ou mal, os inimigos de outrora tinham um projeto de destruição e um de reconstrução. Não é, definitivamente, o que vemos nos dias de hoje.

Jason Brennan em sua obra *Against Democracy* classificou três "espécies" de cidadãos democráticos: os *hobbits*, majoritariamente ignorantes em relação à política e essa sequer desempenha um papel importante em sua vida; os *hooligans*, cidadãos com visões de mundo estanques e apaixonadas. Essa classe de cidadãos tende a buscar informações que apenas confirmem seus vieses cognitivos e a ignorar as evidências contrárias. Os *hooligans* processam informações de forma enviesada e não conseguem explicar visões alternativas de mundo de forma satisfatória. Por fim, temos os *vulcans*, que pensam racional e cientificamente sobre política; possuem opiniões fortes e bem construídas, embasadas em teoria social e filosofia, além de serem capazes de explicar, de forma satisfatória, visões de mundo contrárias ou incompatíveis com as suas. Contudo, não são passionais a respeito da política, justamente por colocarem em primeiro plano uma abordagem não enviesada e irracional do fenômeno político.[14]

Não subscrevemos as teses defendidas por Brennan em sua obra. O autor, ainda que colocando aqui em termos muito gerais, defende uma ideia bastante pessimista de democracia e da política, que não serviria para *empoderar* cidadãos e sequer deveria ocupar um espaço central na vida das pessoas.[15]

Aliás, Brennan defende uma *epistocracia*, que é algo como uma guardiania adaptada aos novos tempos.[16] Ainda que faça a ressalva de que uma *epistocracia* só é desejável quando produzir resultados melhores que a democracia,[17] parece-nos uma desconfiança excessiva na importância dos cidadãos.

De qualquer forma, a divisão em termos típico-ideais feitas por Brennan nos parece bastante útil. Afinal, é bastante perceptível que nos dias de hoje os *hooligans* são, se não a maioria dos cidadãos, ao menos os mais barulhentos.

Esses cidadãos não buscam de forma alguma o diálogo; procuram estabelecer sua visão de mundo e procurar tão somente aqueles que concordam com ela. Nem é preciso gastarmos muitas linhas para explicitar que, na atual sociedade de plataformas, amplamente caracterizada pela descentralização informacional, ao que se somam as bolhas algorítmicas das redes sociais, o trabalho dos *hooligans* em encontrar seus semelhantes é demasiadamente facilitado.

Aqui, relacionamos a classificação de Brennan com o diagnóstico de Daniel Innerarity no sentido de que a simplificação é o maior risco das democracias atuais. Dentro da complexidade das democracias constitucionais, devemos saber equilibrar, participação cidadã, eleições livres, julgamento especializado, soberania nacional, proteção das minorias, primazia da lei, autoridades independentes, prestação de contas, deliberação, representação.[18]

O complexo arranjo das democracias constitucionais é deteriorado quando aceitamos simplificar a dimensão democrática aceitando sermos governados pela soberania dos cliques dos *hooligans* ou pelo majoritarismo dos *hobbits* ou, ainda, mediante a entrega de todo poder para o saber especializado dos *vulcans,* de modo a excluir o povo.

Nos últimos anos, nota-se uma crescente preocupação de juristas, principalmente anglo-saxões, em relação à ascensão de movimentos antidemocráticos ao redor do mundo.

Mas não é apenas Donald Trump que preocupa a literatura do século XXI sobre a democracia. Ao analisar o espectro dos governos no mundo, é notável o declínio dos governos democráticos e a ascensão de governos autoritários. Não se trata de um movimento propriamente novo; como já registramos acima com a frase de Robert Dahl: "A história da democracia registra tantos fracassos quanto sucessos."[19]

Ocorre que a democracia parecia vir de um verdadeiro ciclo virtuoso de ascensão, e teve, nas últimas décadas, talvez uma força que jamais tenha alcançado na história, de modo que é particularmente preocupante ver a ascensão de pensamentos autocráticos e totalitários nesses tempos, e com a intensidade com o qual eles se apresentam.

No ponto, Tom Ginsburg e Aziz Huq apresentam-nos significativo gráfico, mostrando que, desde 2010 – findo o *boom* democrático no planeta –, o mundo como um todo assiste a uma preocupante desdemocratização.[20]

Na linha do que demonstra a estatística, o furor democrático encontra-se em franco declínio, de forma que a democracia hoje luta para sobreviver aos ataques de seus predadores mais comuns: os seus próprios integrantes.

Conforme alertam Steven Levitsky Daniel Ziblatt em *How Democracies Die*, os ataques aos regimes democráticos não mais se fazem por meio de violentos golpes de estado, como vimos no passado, mas ocorrem vagarosamente, com pequenas erosões às bases democráticas que, ao final, fazem-nos ruir.[21]

Na linha do quanto alertamos acima, os inimigos da democracia se sofisticaram. Eles perceberam que novas denominações e a implantação de novos *modelos* como um todo são difíceis de vender para o público. A democracia possui ainda um valor simbólico muito grande, e, cada vez mais, tem sido através delas que o totalitarismo ascende, inclusive mediante um dos grandes paradoxos contemporâneos, o uso da tecnologia a serviço de ideias obscurantistas e negacionistas.

Embora ainda existam exemplos recentes de tentativas de violentos e surpreendentes golpes de estado no modelo clássico que conhecemos – por exemplo, ocorrido na Tailândia em 2014, no Egito em 2013 e na Turquia em 2016 –, a partir da década de 1950 eles se tornaram mais raros no mundo. De 53 ataques à democracia catalogados a partir dessa época, apenas 5 sofreram esse modelo de golpe de estado, geralmente envolvendo países menos desenvolvidos, democracias jovens e pouco controle do governo civil sobre os militares.[22]

Em estudo sobre o tema, a cientista política Nancy Bermeo identifica seis formas de golpe de estado diferentes do clássico e violento golpe militar. São elas: "golpes executivos" – governos eleitos que suspendem as instituições democráticas; "fraude nas eleições" – manipulação no processo eleitoral; "golpes promissórios" – sequestro do governo que depois se legitima por uma ratificação eleitoral; "engrandecimento executivo" – permanência daqueles eleitos sem previsão constitucional; e "manipulação eleitoral estratégica" – atingindo a liberdade e a justiça das eleições.[23]

Qualquer que seja o tipo de golpe disparado contra a democracia, certo é que há golpes que serão bem-sucedidos apenas se deixarem claro que o regime democrático anteriormente vigente se encerrou e, outros, cujo sucesso pressupõe justamente o contrário, a manutenção da aparência de que a democracia permanece intacta.

Os novos tipos de golpe contemporâneos, classificados por Nancy Bermeo, são do segundo tipo,[24] e pressupõem um discurso dissimulado, de intensões obscuras. Nas palavras de Runciman, "Um golpe no século XXI tem como marca a tentativa de esconder o que mudou. Ninguém sabe a verdade. A democracia morreu! Vida longa à democracia".[25]

De fato, democracias fortes – ou, ao menos, aquelas já minimamente consolidadas – mostram-se resistentes a tentativas de golpes de estados violentos, porquanto suas instituições já se fortaleceram de modo a aguentar o impacto de confrontos diretos. É por essa razão que nesses casos, o apodrecimento da democracia se inicia pelas beiradas, alimentando-se de teorias de conspiração, crises, *fake news* e desinformação, subversões difíceis de flagrar e combater.[26]

O principal problema dessa mudança paradigmática operada em como realizar golpes é que, diante desse novo modelo de ataque à democracia, pautado na dissimulação e na desinformação, as formas de defesa não são tão óbvias, consequentemente, as instituições ficam cada vez menos imunizadas a esse tipo de ataque. A esse respeito, explica-nos David Runciman que os clássicos golpes de estado eram, antes de tudo, *all or nothing* (vitória ou derrota imediata), em que se sabia os vencedores do conflito em poucas horas.[27] Mais do que isso, como o ataque à democracia é revelado, a situação fica clara,[28] seus defensores não têm dúvidas da ofensiva e podem se organizar para defendê-la.

Por outro lado, hoje, os novos tipos de ataques podem durar anos, décadas, e, enquanto as pessoas aguardam algum evento concentrado de violência, como ocorrera no passado, não percebem que uma erosão já está em andamento por trás das cortinas. Trata-se, acima de tudo, de um modelo de ataque, cuja defesa democrática é muito difícil, dado que as ofensivas antidemocráticas são, até certo ponto, veladas, evidentes apenas àqueles que conseguem interpretar seus sinais.[29]

Ademais, como todo o ataque é obscuro e a discussão dissimulada, os próprios defensores da democracia são, muitas vezes, taxados de conspiradores quando tentam desvelar as ofensivas antidemocráticas de seus rivais. As acusações de conspiração são mútuas e acabam inevitavelmente dividindo e paralisando a população, que não sabe em que acreditar.

Evidências empíricas disso estão disponíveis em nosso noticiário diariamente. Como bem sintetiza Runciman, a luta central de nosso tempo não é democracia *versus* teoria da conspiração, mas teoria da conspiração *versus* teoria da conspiração em nome da democracia.[30] Novamente, a descentralização informacional e as bolhas algorítmicas dificultam a filtragem das informações e permitem um agrupamento mais fácil de pessoas com tendências políticas semelhantes, formando, assim, verdadeiras facções de narrativas contrárias.

Além da dificuldade de defesa, um elemento importante do sucesso dessas ofensivas é o descaso de boa parte dos espectadores quanto aos seus indícios. Na realidade, diz Runciman, mesmo nas democracias mais consolidadas, a participação popular é ínfima e fica dormente na maior parte do tempo, assistindo a decisões que são tomadas em seu nome por políticos de carreira. Esse fenômeno, a que a ciência política atribui o nome de "democracia espectadora", "delegativa" ou "democracia zumbi", auxilia ou, quando menos, não oferece resistência às erosões do processo democrático como um todo.[31]

Será que estamos, então, assistindo ao perecimento da democracia que conhecemos e pela qual lutamos e morremos no passado? O cenário parece preocupante, pois, ainda que sigamos tendo eleições formais, a qualidade da democracia pode estar em evidente declínio, sem nos darmos conta disso.[32]

Como já expusemos com base em Jack M. Balkin, testemunhamos hoje um apodrecimento do regime democrático constitucional (*constitutional rot*), em razão, principalmente, de quatro agentes: (1) polarização política; (2) perda de confiança no governo; (3) agravamento da desigualdade econômica; e (4) desastres políticos – graves falhas decisórias de nossos governantes.[33] Acrescentaríamos, a essa perspectiva, uma realidade particularmente brasileira, o desrespeito à Lei e à Constituição na má aplicação do direito. Em suma, uma não aceitação completa do paradigma da autonomia do direito.

Para Runciman, o governo Trump é relevante para o assunto pelo momento em que se apresenta na democracia americana, em uma crise de meia-idade que, em não se tomando a devida cautela, pode se revelar como o começo de seu fim.[34]

David Strauss, por sua vez, acrescenta que, se o autoritarismo vencer a democracia, não o fará de repente, mas por meio de uma gradual erosão das regras democráticas. Para o autor, mesmo no fim da democracia, alguma versão das instituições democráticas deve permanecer: eleições – embora com resultados previsíveis; servidores e juízes às vezes independentes – não em questões relevantes; e dissidentes ocasionalmente sendo tolerados.

Isso nos leva à conclusão de que o caminho ao autoritarismo, nem sempre (ou poucas vezes), será formado por meio de passos evidentemente ilegais, mas, provavelmente, chegará por meio de pequenos avanços de alargamento e deformação da legislação, minando a democracia aos poucos. Esse é o grande paradoxo que David Strauss apresenta, na verdade intrínseco a todo regime democrático: instituições liberais que funcionam bem são inexoravelmente vulneráveis a atores antiliberais.[35]

Na mesma linha, Mark Graber, destaca que há um conjunto de preceitos fundamentais das democracias constitucionais, isto é, compromissos que incluem: forte liberdade política, o compartilhamento da prosperidade comercial ampla para o fornecimento de alimentação, educação, moradia e saúde; inclusão, proibição de discriminação; secularismo e cortes independentes.[36]

Mark Graber identifica diversos mecanismos escamoteados de ataque ao constitucionalismo contemporâneo que conduzem ao esvaziamento da democracia constitucional. Assim, ele identifica o "Autoritarismo furtivo" (tradução livre de *Stealth authoritarianism*), "constitucionalismo abusivo" (tradução livre de *Abusive constitutionalism*) e "jogo duro constitucional" (tradução livre de *constitutional hardball*) são as ferramentas que minam a democracia constitucional.[37]

Por meio dos referidos mecanismos, Mark Graber ensina que ,quando líderes populistas chegam ao poder com base em uma minoria de votos, como no caso americano, valem-se das regras constitucionais existentes. Ao passo que, quando assumem o poder, passam a utilizar do arcabouço legal existente para conseguirem a aprovação de novas leis para reforçar o seu poder e impor restrições às instituições rivais, por meio da interpretação dada por tribunais aliados. Já quando não possuem poder suficiente para a aprovação de tais leis, valem-se da modificação da constituição por meio de emendas. Cita a expressão cunhada por Landau, *constitucionalismo abusivo*, a qual é utilizada para descrever o cenário em que o constitucionalismo democrático é usado por líderes políticos para destruição da própria democracia constitucional.[38]

sso nos leva à conclusão de que o caminho ao autoritarismo, nem sempre (ou poucas vezes), será formado por meio de passos evidentemente ilegais, mas, provavelmente, chegará por meio de pequenos avanços de alargamento e deformação da legislação, minando a democracia aos poucos. Esse é o grande paradoxo que David Strauss apresenta, na verdade intrínseco a todo regime democrático: instituições liberais que funcionam bem são inexoravelmente vulneráveis a atores antiliberais.[39]

A questão se agrava quando nos deparamos com o fato de que a democracia pode talvez não ser o único caminho disponível, pois outras formas de governo têm se apresentado como alternativa aos regimes democráticos. De maneira precisa, Runciman questiona se, dado que a democracia representativa contemporânea está cansada, é vingativa, paranoica, enganosa, desajeitada e frequentemente ineficiente, não haveria um regime melhor que pudesse substitui-la?[40] Imaginamos que você, leitor descrente, pergunte o mesmo.

Esse ponto reflete o eterno dilema do constitucionalismo: como proteger a democracia de seus ataques internos feitos por seus inimigos declarados e principalmente os ocultos? Ou, ainda, como é possível criar mecanismos de imunização de maiorias ocasionais que se formam para defenestrar a própria democracia constitucional.

Nesse cenário, Mark Tushnet é categórico ao afirmar que o populismo contemporâneo tem surgido das falhas do constitucionalismo, especialmente, em razão do fracasso das elites políticas em implementar adequadamente programas político-sociais, por tornarem-se corruptas ao usar seu poder para promover seu próprio bem-estar e incapazes de implementar as promessas feitas anteriormente. Em sua visão, os ataques populistas, tanto de direita quanto de esquerda, caracterizam-se pelo antiliberalismo e pelo anticosmopolitismo. O autor descreve o populismo de direita como um movimento da democracia contra todas as versões de liberalismo, o qual é entendido como uma teoria política baseada na igualdade de todas as pessoas. Logo, a faceta de direita inclui, entre seus programas a restrição às operações das organizações da sociedade civil, limitação da independência judicial e o entrincheiramento do partido em todas as instâncias do governo. O programa econômico desse tipo de populismo é frequentemente compatível com as regras de livre mercado.[41]

No Brasil, o populismo contemporâneo surge em ambiente muito mais frágil, afinal a sociedade brasileira sequer experimentou no passado a experiência de um Welfare State. Desse modo, como temos visto a duras penas, somos solo fértil para aparecimento de populismos. Relembrando que é característica orgânica do populismo ser oportunista independentemente se o seu programa é de esquerda ou direita.[42] Há, nesse sentido, uma relação direta entre populismo e falhas do constitucionalismo e da política em assegurar o bem-estar da sua população. Quanto mais a política falhar em proteger a sociedade e os ideais do constitucionalismo, maior será a ascensão do populismo.[43]

Para discutir a questão, Runciman traz a clássica citação de Winston Churchill, que, em discurso na House of Commons inglesa, em 1947, disse que a democracia é a pior forma de governo que existe, à exceção de todas as outras. Embora referido discurso tenha inegável importância no mundo, ele foi proferido em um outro contexto e, sem dúvidas, deve ser revisitado.

Isso porque a promessa democrática é um pouco diferente do que se vê na prática. A expressão nas urnas parece menos importante quando se tem uma classe política oportunista e desonesta. Além do mais, na última década, propagou-se um discurso de higienização de combate à corrupção tendo por base a noção de demonização da política. Também os benefícios a longo prazo parecem demorar bastante para chegar e não se confundem com uma melhoria nas desigualdades sociais.

Nesse espaço de diferenciação entre "promessa/realidade democrática" é que nascem e crescem as sementes para regimes alternativos.[44] E esses regimes alternativos podem apelar para pontos ideológicos – como o marxismo, por exemplo – ou mesmo pragmáticos, como o autoritarismo. Este último, bastante em voga na atualidade, oferece um *trade-off* inverso da democracia: benefícios pessoais, dignidade coletiva e rápida tomada de decisão (*versus* benefícios coletivos, dignidade pessoal e lenta tomada de decisão,[45] que se vê na democracia).[46] Sem falar de eficientes modelos autocráticos na dimensão econômica em detrimento de ausência de regras democráticas, como é o modelo chinês, por exemplo.

Para o autor, portanto, Churchill estava apenas parcialmente certo, pois a democracia se mostrava a alternativa menos pior naquela época. No século XXI, contudo, com os avanços tecnológicos e a globalização, a ameaça à democracia é real e não só em razão da ascensão de regimes autoritários e pragmáticos. E isso sem falar que o cenário, de fato, mudou: as pessoas não se contentam mais em apenas votar e querem, também, ser efetivamente ouvidas e reconhecidas. As redes sociais são prova disso.[47]

Aqui, vem a calhar o ponto de Brennan quando diz que "a política não é um poema". Com isso, o autor quer apenas dizer que o exercício das liberdades políticas não é a melhor forma de se expressar politicamente. Afinal, por exemplo, quatro pessoas podem votar no mesmo candidato por razões absolutamente diferentes: a primeira por realmente acreditar que aquele candidato representa uma mudança positiva, o segundo apenas para "se encaixar" num grupo de amigos, o terceiro por considerar aquele candidato simplesmente o menos pior entre duas opções ruins, e um quarto apenas para "acelerar a morte de seu país".[48]

Nesse sentido, diz Brennan, escrever um poema, doar dinheiro para um candidato ou construir e queimar uma efígie podem ser formas mais efetivas de comunicar sua posição política.[49] Essa posição apenas demonstra o descrédito do voto. Aliás, leitor, como anda o seu conhecimento de poesia?

Uma terceira via que se apresenta ao debate é a já mencionada *epistocracia*, defendida desde a época de Platão, que consiste no governo de sábios, que supostamente teriam melhores respostas para o país. O pleito para esse tipo de governo nasce a partir do abismo que existe entre o direito de votar e a informação ou a independência necessária para fazê-lo com qualidade. Contudo, o autor reconhece que um regime dessa natureza teria problemas para funcionar na prática, especialmente se antecedido por um regime democrático. Afinal, como excluir o direito de voto de pessoas que antes tinham voz? Até hoje, a alternativa não parece oferecer respostas para todos os problemas da democracia.[50]

Christopher H. Achen e Larry M. Bartels observam que a "ficção" da soberania popular – exercida pelo direito de voto – desempenha essencialmente o mesmo papel nas democracias contemporâneas que a doutrina dos "dois corpos do Rei" de Kantorowicz desempenhou no passado.[51] Trata-se de um compromisso "quase religioso"[52] e de fato excluí-lo possuiria um peso simbólico enorme.

Runciman apresenta ainda uma quarta alternativa à democracia, que desemboca em uma série de caminhos. Trata-se de um "liberalismo tecnológico", como ele define, baseado no rompimento das amarras com os governos pela tecnologia. Desse ponto de partida, uma opção seria uma espécie de anarquismo, em que a tecnologia permitiria que diferentes grupos se formassem e decidissem a melhor forma de se autogovernar; outra, em que o domínio dos meios de produção ficaria integralmente a cargo da tecnologia, de forma que os conceitos de propriedade e trabalho mudassem radicalmente, gerando uma outra necessidade de tipo de Estado; e um aceleracionismo desenfreado, desvinculado a qualquer governo, cujo mote é apenas a constante mudança e a correção do acerto ou erro das decisões tomadas ao longo do percurso.[53]

Veja, nesse sentido, que há outros caminhos possíveis, cada um oferecendo um *trade-off* diferente. Por que, então, defender tão cegamente a democracia? Parte da resposta nos é dada pelo próprio autor, o restante, complementaremos em seguida.

O primeiro papel preponderante e inigualável da democracia é sua função negativa.[54] Quando refletimos sobre as vantagens dos demais regimes em relação à democracia, pensamos, principalmente, em cenários de funcionamento ótimo, em que tudo vai bem e a prosperidade econômica e social impera e, nesses casos, é bem possível que as alternativas à democracia se mostrem mais atraentes. Opera-se aqui um erro fundamental de comparar regimes reais e ideais. Mesmo um regime faticamente pior poderia, num cenário ideal, parecer melhor do que um regime faticamente melhor em sua realidade imperfeita.[55]

Mas, e diante de um cenário ruim? E se, nesse mesmo exercício, considerarmos um cenário catastrófico de guerra, de crise, epidemias, líderes pouco capacitados ou com decisões aceleradamente ruins? Será que a vantagem continua aparente?

A resposta nos parece negativa. O grande trunfo da democracia é, talvez, sua capacidade de mudar de curso quando as coisas andam mal.[56] Afinal, da mesma forma e rapidez em que um mal governo é eleito, ele pode ser substituído na democracia, com prejuízos relativamente baixos.[57] O regime é flexível e não precisa se desfazer integralmente para corrigir seus erros. Comparada com demais alternativas de governo, na democracia, o custo, para a população e para o país como um todo, de uma má escolha tende a ser sensivelmente menor do que nos demais regimes, principalmente o autoritário.

O teste empírico desse argumento é simples, na medida em que basta nos perguntarmos se, diante de um período de guerra, de más políticas públicas ou de um líder despótico, preferimos estar em uma democracia ou em um regime autoritário, epistocrático ou sob domínio da tecnologia? A resposta nos parece evidente. Até para você, leitor descrente.

Podemos apenas imaginar o impacto real e simbólico do colapso de um regime totalitário, tipicamente centrado na imagem de seu líder como o detentor de todas as virtudes necessárias para conduzir seu povo à boa vida. Se mesmo um tal líder perfeito falhou, o que sobrará à população para acreditar?

Nas perspicazes palavras de Runciman, ao invés de pensarmos na democracia como a menos pior forma de governo, na linha do que sugere Churchill, podemos pensá-la como a melhor forma de governo quando ele está em sua pior fase.[58][59]

Esse argumento ganha especiais contornos quando olhamos para o contexto mundial em que vivemos. *Fake News*, desinformação, terrorismo, epidemia, armas de destruição em massa e tecnologias perigosas são uma realidade em nosso mundo e, expostos a decisões erradas, arriscamos a nossa própria extinção enquanto espécie.

Não pretendemos nesse ensaio pintar um quadro excessivamente sombrio e desolador do estado de saúde da democracia em nossos tempos. Pretendemos, tão somente, traçar algumas linhas de realidade para, a partir de um melhor entendimento do *modus operandi* dos agressores da democracia, possamos melhor defendê-la.

Os agressores são mais perigosos, numerosos e complexos do que os críticos desenhados por Dahl. O autoritarismo e o populismo fazem pouco caso dos mediadores tradicionais dos regimes democráticos; procuram atingir diretamente a população e retirar dela sua suposta legitimidade, sem o filtro representado pelo *medium* dos partidos políticos que, aliás, desempenham um papel fundamental na manutenção da democracia, já que, por vezes, defendê-la implica contrariar os próprios interesses partidários.

Os autores elencados procuraram identificar os elementos de agressão à democracia para que possamos melhor nos atentar a eles e, com isso, protegê-la.

Uma série de outros pensadores propuseram também, cada qual ao seu modo, propostas de aperfeiçoamento da democracia, e é essa a tônica do presente texto: a democracia é um regime que deve ser constantemente aprimorado em seus ideais, práticas e instituições, especialmente pelo constante redescobrimento do que significa o "bem comum", se é que algo assim possa ser descoberto. Ou seja, como já mencionamos em outros ensaios, a democracia precisa se institucionalizar de maneira sólida a ponto de se transmutar em um estilo de vida para cada cidadão.

Jeremy Waldron tem também traçado importantes críticas a um constitucionalismo que, enquanto teoria, dê excessiva importância à função de controle/restrição/limitação do poder e a igualmente excessiva descrença na política majoritária.[60]

A ideia subjacente é a de que se o constitucionalismo se ocupar excessivamente com a contenção do poder como tarefa precípua poderá perder de vista a necessidade de desenhar estruturas efetivas e participativas de deliberação popular e a implementação dos arranjos político-institucionais necessários à manutenção da igualdade política, que é o cerne da democracia.[61]

Jürgen Habermas, a seu modo, também procurou tecer críticas no sentido de aperfeiçoar a democracia, identificando duas concepções de política (liberal e republicana), a partir das quais propõe uma terceira, a qual denominou *política deliberativa*.

Em resumo, na concepção liberal o processo democrático cumpre a função de *medium* entre Estado e sociedade. O *status* de cidadão é definido a partir dos direitos fundamentais de que dispõe, ou seja, direitos que lhe garantem um espaço livre da coação do Estado e dos demais indivíduos, de modo que sua cidadania é essencialmente vislumbrada como um campo de liberdades negativas.[62]

A função do processo democrático aqui é essencialmente a de controlar a extensão do poder estatal sobre o exercício de direitos subjetivos e liberdades pré-políticas, em cujo exercício "já alcançaram uma autonomia prévia."[63]

Noutro giro, a concepção republicana de cidadão é um tanto mais abrangente, e é essencialmente vinculada a uma ideia de liberdades positivas. Aqui, a centralidade não está nos direitos subjetivos a partir dos quais um campo de autonomia de interesses privados é formado, mas na garantia de participação na prática política, ou seja, numa prática "[...] em cujo exercício os cidadãos podem se converter naquilo que querem ser: em sujeitos políticos responsáveis de uma comunidade de livres e iguais."[64]

Se das concepções liberais de cidadão e processo democrático decorre a legitimidade do Estado na medida em que a autonomia prévia é garantida pelo exercício de direitos subjetivos, na visão republicana nos parece que a autonomia é *posterior*, ou seja, somente é adquirida quando, e na medida em que, os cidadãos veem garantido o seu direito de participação na formação da vontade coletiva. Dito de outra forma, a autonomia é decorrência da participação política e de um equilíbrio entre o reconhecimento do cidadão como indivíduo e membro de uma coletividade do qual depende.

O direito de voto, como diz Habermas, adquire uma certa centralidade na medida em que é condição de possibilidade da autodeterminação. Aliás, deveria nos interessar não somente o nosso direito de voto, como também a garantia do mesmo direito aos demais, afinal, a continuidade da comunidade depende da manutenção da garantia de participação e influência política por todos os membros, sob pena de cisão.

Aqui, a manutenção de uma "liberdade de expressão" absoluta descambaria não no reconhecimento de uma voz, mas, antes, no reconhecimento de que é legítimo defender o silenciamento de quantas forem as outras vozes dissonantes, ao arbítrio daquele que, numa paráfrase machadiana, tem o cabo do chicote na mão.

A concepção *deliberativa* habermasiana combina alguns elementos das concepções liberais e republicanas, sem, contudo, identificar-se com nenhuma delas. Herda, essencialmente do republicanismo, a centralidade da formação comunicativa da vontade popular, e, da concepção liberal, a função do Estado como garantir das "regras do jogo" democrático.

Contudo, afasta-se do republicanismo por não sobrecarregar eticamente os cidadãos, pensando em termos de esferas públicas autônomas e não em um macrossujeito coletivo, tal como na visão republicana. Também se afasta da visão liberal por não concordar que a sociedade civil deveria competir entre si segundo uma lógica de mercado; na teoria discursiva de Habermas, a sociedade civil é a *base social* dessas esferas publicas autônomas e se diferencia tanto do sistema econômico quanto da administração pública.[65]

Assim, o *procedimentalismo* habermasiano coloca o Estado na função de garantir os mecanismos para que os sujeitos possam, comunicativamente e segundo uma ética do discurso, autodeterminar-se, sem que, com isso, a Constituição desempenhe um papel de núcleo material normativo duro.

Poderíamos destacar ainda a *poliarquia* de Robert Dahl, que a entende como o modelo que contêm as instituições necessárias à "democracia em grande escala, particularmente na escada do Estado nacional moderno." Suas principais características seriam: "[...] a cidadania é extensiva a um número relativamente alto de adultos e os direitos de cidadania incluem não apenas a oportunidade de opor-se aos funcionários mais altos do governo, mas também a de removê-los de seus cargos por meio do voto."[66]

Não é difícil ver que os inimigos contemporâneos da democracia se utilizam justamente desses mecanismos necessários à democracia de massa para justamente miná-la por dentro. Nesse contexto, liberdade de expressão se transforma em subterfúgio para manifestação de discursos de ódio, extremismo e ataques às instituições. Sem mencionar nas teorias conspiratórias e nas soluções simplórias para problemas complexos, por exemplo, o discurso armamentista da população.

De todo modo, em períodos conflituosos, com maior razão não devemos atacar a democracia, principalmente suas instituições contramajoritárias como o Judiciário. Pelo contrário, devemos enxergar ela como principal modelo político para superarmos as crises. O valor real da democracia se apresenta em momentos de polarização e de crises, justamente na agrura que ela demonstra, por meio de suas instituições, seus benefícios para manutenção da ordem e pacificação de conflitos.

Diante desse cenário, a democracia, devido à sua extraordinária capacidade de manter o *status quo*, a estabilidade, arriscando-se pouco, tem conseguido sempre afastar ou adiar o adimplemento do pior cenário possível[67] e, dessa forma, prolongar a vida minimamente saudável dos regimes de democracia constitucional.

Estudar a democracia, no final das contas, é estudar mecanismos para termos nosso ideal de vida boa. Pensar na democracia é pensarmos no valor que cada vida humana deve ter, na verdadeira dimensão de termos direito às nossas próprias escolhas éticas. A democracia com todos os seus defeitos é, sem dúvida alguma, um dos legados mais valiosos de nosso processo civilizador. Preservá-la como patrimônio deveria ser visto como ideal suprapolítico, fora da barganha política ordinária dividida entre direitas e esquerdas. Daí a nossa necessidade em sempre a preservarmos e aperfeiçoarmos.

E como fazer para protegê-la?

Nas palavras de Tom Ginsburg e Aziz Huq, para garantir a democracia, precisamos garantir eleições livres e justas, liberdades de expressão e de associação – que permitem a proliferação de ideias contrárias e o *accountability* democrático – e, ainda, respeitar a legalidade vigente.[68]

Para Balkin, que escreve na perspectiva estadunidense, as defesas ainda hígidas da democracia são a independência do Judiciário, a liberdade de imprensa e a regularidade das eleições.[69]

A esse cenário, somam-se as precisas lições de Levitsky e Ziblatt sobre as regras não escritas do regime democrático, notadamente a *mutual toleration* (tolerância mútua) e a *institutional forebearence* (abstenção institucional).

Em resumo, na definição dos autores, tolerância mútua se refere à ideia de que todas as partes envolvidas na democracia devem aceitar que as demais possuem o mesmo direito de existir, de tentar chegar ao poder e de governar. Trata-se de aceitar a legitimidade de suas aspirações (democráticas) de poder. Se falta tolerância mútua, a democracia torna-se fraca, na medida em que, não reconhecendo a legitimidade do pleito de nossos adversários, o jogo pelo poder torna-se sem regras e fazemos o que for necessário para nele permanecer. Por outro lado, a abstenção institucional significa deixar de praticar atos formalmente legais, mas cujos fins não visam o bom funcionamento da democracia. É a abstenção do uso de prerrogativas políticas e legais para fins escusos e extralegais, ou, nas palavras dos autores, a partir da expressão cunhada por Mark Tushnet, com o intuito de praticar o *constitutional hardball*.[70][71]

Para eles, referidas regras, intimamente relacionadas, são as mais importantes de uma democracia, pois, se respeitadas, garantirão sua sobrevivência.

O intuito deste ensaio foi o de demonstrar que a democracia é algo tão valioso, mas tão valioso que, às vezes, precisa ser protegida dela própria. Daí democracia não ser sinônimo de maioria e sua defesa ser um *múnus publico* a ser exercido por todos os três Poderes e a sociedade civil.

Obviamente, não deixamos de reconhecer o ceticismo de diversos descrentes em relação à democracia. De fato, seus benefícios são vistos a longo prazo e muitos dos descrentes já nasceram em período de democracia constitucional, consequentemente, imaginam um passado idílico da história brasileira em que supostamente não haveria corrupção e as coisas funcionavam melhor. Asseguramos que esse passado nunca existiu, trata-se de devaneios de mentes naufragadas.

Por fim, aos descrentes na democracia, em nossa duradoura ingenuidade, achamos possível convencer vocês na aposta na democracia por uma questão de tradição. Historicamente, é a democracia o regime que melhor protege a sociedade de rupturas de toda ordem. Temos convicção no sentido de que o leitor que não acredita na democracia, ao menos, acredita na família. Apostar na democracia é assegurar aos filhos e netos a máxima pacificação possível no futuro. Proteger a democracia é um legado para futuras gerações. Em resumo, passar a acreditar na democracia é uma das melhores formas de proteger o que se concebe por descendência e futuro.

Por fim, aos descrentes na democracia, em nossa duradoura ingenuidade, achamos possível convencer vocês na aposta na democracia por uma questão de tradição. Historicamente, é a democracia o regime que melhor protege a sociedade de rupturas de toda ordem. Temos convicção no sentido de que o leitor que não acredita na democracia, ao menos, acredita na família. Apostar na democracia é assegurar aos filhos e netos a máxima pacificação possível no futuro. Proteger a democracia é um legado para futuras gerações. Em resumo, passar a acreditar na democracia é uma das melhores formas de proteger o que se concebe por descendência e futuro.

REFERÊNCIAS

1   "When smashing monuments, save the pedestals – they always come in handy." LEC, Stanislaw. *Unkempt Thoughts*. [S.l: s.n], 1962.

2   VOEGELIN, Eric. *Hitler e os alemães*. São Paulo: É Realizações, 2008. p. 106-107.

3   DAHL, Robert. *A democracia e seus críticos*. Tradução de Patrícia de Freitas Ribeiro, São Paulo: Martins Fontes, 2012. p. 497.

4   Personagem de Guimarães Rosa no monumental Sagarana. Trata-se de personagem que, ao modo de Guimarães Rosa, experimenta uma particular redenção em sua trajetória.

5   *Ibidem*, p. 77 *et seq.*

6   *Ibidem*, p. 80-81.

7   STRAUSS, Leo. *Direito natural e história*. Tradução de Bruno Costa Simões. São Paulo: Martins Fontes, 2019. p. 147-148.

8   *Ibidem,* p. 153.

9   Ver, também: ABBOUD, Georges; CARNIO, Henrique Garbellini; OLIVEIRA, Rafael Tomaz de. *Introdução ao direito*: teoria, filosofia e sociologia do direito. 5. ed. São Paulo: Revista dos Tribunais, 2020. p. 329 *et seq.*

10 STRAUSS, Leo. *Direito natural e história*. Tradução de Bruno Costa Simões. São Paulo: Martins Fontes, 2019. p. 169.

11 INNERARITY, Daniel. *Una teoria de la democracia compleja*: gobernar en el siglo XXI. Barcelona: Galaxia Gutenberg, 2020. p. 35.

12 *Ibidem*, p. 35.

13 DAHL, Robert. *A democracia e seus críticos*. Tradução de Patrícia de Freitas Ribeiro. São Paulo: Martins Fontes, 2012. p. 53.

14 BRENNAN, Jason. *Against Democracy*. Princeton: Princeton University Press, 2016. p. 4-5.

15 BRENNAN, Jason. *Against Democracy*. Princeton: Princeton University Press, 2016. p. 2-22-74 *et seq.*

16 No original: "Epistocracy means the rule of the knowledgeable. More precisely, a political regime is epistocratic to the extent that political power is formally distributed according to competence, skill, and the good Faith to act on that skill." *Ibidem*, p. 14.

17 *Ibidem*, p. 138.

18 INNERARITY, Daniel. *Una teoria de la democracia compleja*: gobernar en el siglo XXI. Barcelona: Galaxia Gutenberg, 2020. p. 35.

19 DAHL, Robert. *A democracia e seus críticos*. Tradução de Patrícia de Freitas Ribeiro. São Paulo: Martins Fontes, 2012. p. 497.

20 GINSBURG, Tom.; HUQ, Aziz. How We Lost Constitutional Democracy. *In*: SUNSTEIN, Cass R. (Org.). *Can it happen here? – Authoritarianism in America*. Nova York: Harper Collins, 2018. p. 141.

21 LEVITSKY, Steven; ZIBLATT. *How Democracies Die*. Nova York: Crown. 2018. p. 3-6; 77-78. (E-book)

22 GINSBURG, Tom; HUQ, Aziz. How We Lost Constitutional Democracy. *In*: SUNSTEIN, Cass R. (Org.). *Can it happen here? – Authoritarianism in America*. Nova York: Harper Collins, 2018. p. 143.

23 BERMEO, Nancy. On democratic backsliding. *Journal of Democracy*, v. 27, 2016. p. 5-19. Disponível em: https://sites.unimi.it/carbone/wp-content/uploads/2018/04/Democratic-backsliding-Bermeo-JOD-2016.pdf. Acesso em: 13 maio 2021.

24 RUNCIMAN, David. *How Democracy Ends*. Nova York: Basic Groups, 2018. p. 44.

25 No original: "[…] a twenty-first century coup is marked by the attempt to conceal what has changed. No one knows the truth. Democracy is dead! Long live democracy!" Cf.: *Ibidem,* p. 44. (tradução minha)

26 *Ibidem*, p. 46.

27 *Ibidem*, p. 46.

28 *Ibidem*, p. 80.

29 *Ibidem*, p. 56-61.

30 *Ibidem*, p. 99.

31 *Ibidem*, p. 47.

32 GINSBURG, Tom.; HUQ, Aziz. How We Lost Constitutional Democracy. *In*: SUNSTEIN, Cass R. (Org.). *Can it happen here? – Authoritarianism in America*. Nova York: Harper Collins, 2018. p. 145.

33 BALKIN, Jack M. Constitutional Rot. *In*: SUNSTEIN, Cass R. (Org.). *Can it happen here? – Authoritarianism in America*. Nova York: Harper Collins, 2018. p. 19.

34 RUNCIMAN, David. *How Democracy Ends*. Nova York: Basic Groups, 2018. p. 23.

35 STRAUSS, David. Law and the Slow-Motion Emergency. *In*: SUNSTEIN, Cass R. (Org.). *Can it happen here?*: Authoritarianism in America. Nova York: Harper Collins, 2018. p. 365.

36 GRABER, Mark A., What's in Crisis? The Postwar Constitutional Paradigm, Transformative Constitutionalism, and the Fate of Constitutional Democracy. *In*: GRABER, Mark A., LEVINSON, Sanford, TUSHNET, Mark. *Constitutional Democracy in Crisis?*. Nova York: Oxford University Press, 2018. p. 665-669.

37 *Ibidem,* p. 668.

38 *Ibidem,* p. 678-681.

39 STRAUSS, David. Law and the Slow-motion Emergency. *In*: SUNSTEIN, Cass R. (Org.). *Can it happen here?*: Authoritarianism in America. Nova York: Harper Collins, 2018. p. 365.

40 RUNCIMAN, David. *How Democracy Ends*. Nova York: Basic Groups, 2018. p. 165.

41 TUSHNET, Mark. Comparing Right-Wing and Left-Wing Populism. *In*: GRABER, Mark A., LEVINSON, Sanford, TUSHNET, Mark. *Constitutional Democracy in Crisis?*. Nova York: Oxford University Press, 2018. p. 644-646.

42 *Ibidem,* p. 646-647.

43 *Ibidem,* p. 647-648.

44 RUNCIMAN, David. *How Democracy Ends*. Nova York: Basic Groups, 2018. p. 170-171.

45 No ponto, Levitsky e Ziblatt explicam a tomada lenta de decisão na democracia. Em suas palavras, "democracy is grinding work. Whereas family businesses and army squadrons may be ruled by fiat, democracies require negotiation, compromise, and concessions. Setbacks are inevitable, victories always partial. Presidential initiatives may die in congress or be blocked by the courts. All politicians are frustrated by these constraints, but democratic ones know they

must accept them." Cf.: LEVITSKY, Steven; ZIBLATT, Daniel. *How Democracies Die*. Nova York: Crown, 2018. p. 76.

46 RUNCIMAN, David. *How Democracy Ends*. Nova York: Basic Groups, 2018. p. 172-176.

47 *Ibidem*, p. 177.

48 BRENNAN, Jason. *Against Democracy*. Princeton: Princeton University Press, 2016. p. 135-136.

49 *Ibidem*, p. 136.

50 *Ibidem*, p. 136 *passim*.

51 KANTOROWICZ, Ernst H.*The King's Two Bodies*. Nova Jersey: Princeton University Press, 1997.

52 ACHEN, Christopher H.; BARTELS, Larry M. *Democracy for Realists: Why Elections Do Not Produce Responsive Government*. Princeton: Princeton University Press, 2017. p. 18-20.

53 RUNCIMAN, David. *How Democracy Ends*. Nova York: Basic Groups, 2018. p. 191-206.

54 *Ibidem*, p. 203.

55 Ver DAHL, Robert. *On democracy*. New Haven-London: Yale University Press, 1998. p. 26-32.

56 RUNCIMAN, David. *How Democracy Ends*. Nova York: Basic Groups, 2018. p. 172.

57 Nas precisas palavras de Runciman: "[...] one reason democracy is able to cling on is that it retains its negative capacitites. Frustrations have their uses, however empty the spaces in which they rattle around. When people are thoroughly sick of some politicians they can still replace them with others. Terrible leaders – 'bad emperors', as they used to be called in China – can be dispatched relatively painlessly. Moribund political parties get carted off to the breakers' yard eventually. A truly inattentive or cowed democracy may find that a bad emperor is able to worm himself into its institutions, making it hard to get rid of him. Erdogan has been around in Turkey for eighteen years now, and shows no sign of going away. But that will not happen with Trump. American democracy is neither cowed nor inattentive enough to allow him to stay in office beyond 2025. And he is very unlikely to last that long." Cf.: *Ibidem*, p. 213.

58 *Ibidem*, p. 187

59 É verdade, contudo, que o Autor alerta para o fato de que esse "atributo negativo" da democracia pode não mais ser suficiente para sua manutenção no Século XXI, pois, para que ela sobreviva e continue a florescer, deve conseguir entregar à população reconhecimentos pessoais e reais benefícios a todos. Cf.: *Ibidem*, p. 214.

60 WALDRON, Jeremy. *Political Political Theory*. Cambridge: Harvard University Press, 2016. p. 29-34.

61 *Ibidem*, p. 37.

62 HABERMAS, Jürgen. Três modelos normativos de democracia. *In:* HABERMAS, Jürgen. *A inclusão do outro:* estudos de teoria política. Tradução de Denilson Luís Werle, São Paulo: Unesp, 2018. p. 397-398.

63 HABERMAS, Jürgen. Três modelos normativos de democracia. *In:* HABERMAS, Jürgen. *A inclusão do outro:* estudos de teoria política. Tradução de Denilson Luís Werle, São Paulo: Unesp, 2018. p. 397-398.

64 *Ibidem*, p. 400-401.

65 *Ibidem*, p. 406-414.

66 DAHL, Robert. *On Democracy*. Nova Haven-Londres: Yale University Press, 1998. p. 350-352.

67 RUNCIMAN, David. *How Democracy Ends*. Nova York: Basic Groups, 2018, p. 209.

68 GINSBURG, Tom; HUQ, Aziz. How We Lost Constitutional Democracy. *In:* Cass R. Sunstein (Org.). *Can it Happen Here? – Authoritarianism in America*. Nova York: HarperCollins, 2018. p. 146.

69 BALKIN, Jack M. Constitutional Rot. In: SUNSTEIN, Cass R. (Org.). *Can it happen here? – Authoritarianism in America*. Nova York: Harper Collins, 2018. p. 24.

70 LEVITSKY, Steven; ZIBLATT. *How Democracies Die*. Nova York: Crown, 2018. p. 102-111. (Ebook)

71 Ver: TUSHNET, Mark. Constitutional Hardball. *The John Marshall Law Review*, vol. 37, 2004. p. 523-553.

DEMOCRACIA E
POLARIZAÇÃO

Às vezes, necessidades políticas tornam-se erros políticos.

George Bernard Shaw, St. Joan

O livro *The Shipwrecked Mind*, de Mark Lilla, é, sem dúvida alguma, uma das leituras mais instigantes da atualidade.[1] Nessa obra, o ensaísta norte-americano nos oferece um conceito imprescindível para desvelar a contemporaneidade: o *naufrágio mental.*

A mente naufragada é aquela que se perdeu na ideologia; é arbitrária, esteja ela à direita ou à esquerda. Cada qual a seu modo, tanto o reacionário como o revolucionário estão à deriva.[2] A característica fundamental desse estado psíquico é uma espécie de exílio temporal. Escolha um desses filmes em que haja viagem no tempo. Além do herói da trama, há sempre um personagem que oscila entre passado e presente sem nenhum propósito; ora por furo no roteiro, ora por alívio cômico. Esse personagem é a nossa alegoria para o náufrago político.

Os naufragados pensam que a história é um processo linear, o qual, no final das contas, poderia ser controlado.[3] Acrescentaríamos à análise de Lilla que toda mente naufragada se encerra em simplicidade e binarismo, fechando-se, portanto, para qualquer tipo de dissonância cognitiva.

O reacionário está perdido no tempo, porque ele enxerga com maus olhos o futuro. Na sua visão, o que efetivamente vale à pena é um passado glorioso que, na realidade, somente existe em sua mente. Um romântico do século XIX, mas sem o talento para a arte.

Todas as suas proposições partem desta premissa: a de que devemos resgatar o passado celestial no qual somente existiam glórias e virtudes. O reacionário se considera superior a seus opositores, porque seria o guardião de tudo o que de melhor já ocorreu, e não um profeta do que poderia vir a ocorrer.[4] Um saudosista deprimente, em busca de qualquer Santo Graal que invente para si – o que tome como verdade via conspiração.

Coincidentemente ou não, esse perfil de reacionário é justamente um dos principais público-alvo deste livro, porque, por depender demais de um passado, ele não acredita na democracia, pelo contrário, constantemente a sabota ou a contesta. Para ele, as estruturas democráticas seriam os grilhões que impediriam o retorno do passado idílico. Não raro, um passado mais racista, misógino e desigual que a atualidade.

Ocorre que o reacionário não se atenta para tanto. Como ensina Umberto Eco, todo reacionário fascista tem um culto à tradição, compreendida aqui como uma recusa da modernidade.[5]

Em contrapartida, o revolucionário enxerga, por sua vez, um futuro paradisíaco, que só virá caso se obedeçam às exigências ditadas por sua ideologia. Ele aceita, no presente, quaisquer crimes em nome do futuro divino. Considera-se mais forte do que seu opositor, o reacionário, porque vislumbra o esplendor de um futuro para o qual somente ele poderá guiar os demais.

O revolucionário, ainda que possa ter nobres ideais em abstrato, ao final, também é um descrente da democracia e seu perfil é de sabotagem às instituições. Ademais, o revolucionário, aqui retratado, é de uma simplicidade atroz, acredita no fim da história e que por meio de sua ideologia ele pode iluminar a mente do povo para conduzi-los ao éden terreno. Também é binário e simplório e não apresenta mecanismo de tratamento da complexidade. Para o revolucionário, a complexidade do mundo é que deve se adaptar a sua ideologia, homogeneizando-o. Nesse sentido, o revolucionário abre mão das diferenças que defende e passa a ser um contrário à existência do dissenso. Em função disso, também os revolucionários são público-alvo desta obra.

oincidentemente ou não, esse perfil de reacionário é justamente um dos principais público-alvo
deste livro, porque, por depender demais de um
passado, ele não acredita na democracia, pelo contrário, constantemente a sabota ou a contesta. Para ele, as
estruturas democráticas seriam os grilhões que impediriam o retorno do passado idílico. Não raro, um passado mais racista, misógino e desigual que a atualidade.

No Brasil, vislumbra-se esse perfil caricato, por exemplo, em militantes que justificam o *roubo* para o bem do partido ou na aceitação do cometimento de crimes e da destruição do devido processo legal para se combater a corrupção a qualquer custo.

Tanto o reacionário quanto o revolucionário, nesse sentido, são anacrônicos. Não vivem, nunca, o tempo presente. Este faz tudo em nome do futuro, aquele, a favor do passado. Nenhum se compromete com o seu próprio tempo. Assim, justificam-se as maiores atrocidades, em nome de tal ou qual sonho, já que tanto o revolucionário quanto o reacionário não têm o dever de prestar contas ou respeitar nossas instituições.

Quem tem a mente naufragada ainda acredita nas metanarrativas. Insiste ser possível controlar a história e direcionar os homens para o seu fim, seja ele religioso, político ou ideológico. Quem está à deriva crê-se o único capaz de enxergar o melhor para todos, colocando-se acima do vulgo ou do burguês, cegos às glorias do passado ou às promessas do futuro.[6] Quem já viu um filme de viagem do tempo já sabe: não funciona.

A mente política naufragada, seja à direita ou à esquerda, desrespeita a Constituição e as leis produzidas democraticamente, do mesmo modo, não acredita nas instituições. Pessoas assim aceitam que ilegalidades e inconstitucionalidades sejam cometidas em prol de um futuro melhor.

O direito e a política, nessa perspectiva, tornam-se religiões, com sacerdotes, rituais e sacrifícios. Os primeiros são os juristas, que se consideram ungidos por sabedoria metafísica, aptos a guiar uma sociedade órfã e ignorante, iluminado seu futuro e a impedido de fazer escolhas más.[7] O ritual consiste na deterioração gradual da autonomia do direito e dos seus procedimentos. Em troca, se oferece o realismo mais primitivo: direito é aquilo que os Tribunais disserem que é, mesmo que as sentenças sejam de náufragos. O sacrifício é a erosão total do nosso já frágil edifício jurídico-democrático.

Tanto o reacionário quanto o revolucionário, nesse sentido, são anacrônicos. Não vivem, nunca, o tempo presente. Este faz tudo em nome do futuro, aquele, a favor do passado. Nenhum se compromete com o seu próprio tempo. Assim, justificam-se as maiores atrocidades, em nome de tal ou qual sonho, já que tanto o revolucionário quanto o reacionário não têm o dever de prestar contas ou respeitar nossas instituições.

GEORGES ABBOUD
DEMOCRACIA PARA QUEM NÃO ACREDITA

A Constituição perde a força e, com ela, vacilam e caem todas as instituições democráticas.

Outra característica em comum do revolucionário e do reacionário é trabalharem na lógica binária do amigo/inimigo, ou seja, ambos são agentes da polarização. E a polarização, conforme ensina Jack. M. Balkin, é um dos principais mecanismos de deterioração das democracias constitucionais porque torna a sociedade refém de demagogos. Para melhor ilustrarmos esse argumento, precisamos realizar breve explanação para diferenciar crise constitucional de degeneração/deterioração constitucional.

Na visão de Balkin, uma crise constitucional ocorre quando há um sério risco de que a constituição falhe em sua tarefa central, de manter as discordâncias dentro dos limites da política, ao invés de deixar que a sociedade se consuma em anarquia, violência ou guerra civil.[8]

Nessa perspectiva, três crises constitucionais podem ser identificadas: (i) os políticos ou militares anunciam publicamente que não obedecerão a Constituição, sendo esse tipo de crise muito rara na história americana, contexto que ele examina; (ii) quando a Constituição impede que os políticos evitem um desastre iminente, a qual é ainda mais rara, pois, geralmente é a Constituição que lhes permite escapar do desastre; (iii) a Constituição falha quando muitas pessoas resolvem desobedecê-la, tal crise envolve situações em que discordâncias publicamente articuladas levam atores políticos a protestarem para além do campo legal e político, com a tomada das ruas, mobilização de exércitos, por exemplo.[9]

O argumento central de Balkin é diferenciar crise constitucional de deterioração constitucional. A primeira pode ocorrer, em tese, em qualquer constituição enquanto a deterioração constitucional é uma doença das constituições de democracias representativas, ou seja, de repúblicas.[10] Acrescentamos que a deterioração é sub-reptícia e opera numa constância degeneradora.

Segundo o autor, quando a deterioração constitucional está avançada, o público se torna refém de demagogos de todo tipo,[11] aduladores do público e insufladores de divisões, raiva e ressentimento. Eles prometem a restaurar as glórias passadas bem como fazer as coisas certas novamente; além disso, desviam a atenção pública para inimigo e jogam com os medos de perda de *status*, de modo a manter um grupo de apoiadores para continuarem no poder. Logo, quando os demagogos assumem o poder e passam a liderar a nação, é porque o fenômeno do apodrecimento constitucional já atingiu níveis alarmantes.[12]

Além da perda da confiança da população nos governantes, trazida em especial por desastrosas decisões políticas, é a polarização, na visão de Balkin, a principal causa da deterioração constitucional. Inclusive o aumento da desigualdade econômica é visto por ele como elemento de aumento de polarização, tornando, por conseguinte, maior o risco da democracia constitucional.[13]

Diante dos argumentos que apresentamos, já é possível notar que a relação entre polarização e risco à democracia vai além dos debates das redes sociais. Como já deve ser óbvio, só existem náufragos onde houver polarização.

O maior náufrago do século passado talvez seja o jurista alemão Carl Schmitt. O estudo da sua carreira nos releva uma personalidade calculista, dotada de uma inteligência fora do comum, que se expressava, ao vivo e por escrito, com um estilo aliciante. Talvez nenhum autor tenha feito uso da polarização de forma tão contundente e profunda quanto ele.

Embora não pretendamos, neste livro, fazer uma avaliação global de sua obra (empreitada que demandaria muita perspicácia e risco, afinal, é um grande perigo apresentarmos Schmitt para descrentes com a democracia, pois ele seria a âncora perfeita para essas mentes naufragadas se afundarem de vez), gostaríamos de utilizá-lo de exemplo didático.

Com Schmitt, é possível aprender que uma das ferramentas mais eficientes para se apodrecer uma democracia constitucional é por meio da inserção, no seu âmago, da polarização. Diferentemente do que o senso comum poderia imaginar, a polarização como ferramenta de degeneração das democracias constitucionais não é invenção de youtuber, ela tem sido usada ao menos desde a primeira metade do século XX.

A polarização foi um componente fundamental para formação do Estado totalitário nazista. Partindo dela é que Schmitt desenvolve a noção de amigo/inimigo como código político. Logo, a visão que se orienta por essa dicotomia está em constante polarização. Por inimigo, poder-se-ia compreender todo aquele que discordasse das diretrizes do governo oficial. Assim, haveria constante vigilância e risco para quem pensasse de forma divergente.[14]

A polarização permite que a divergência seja tratada como inimiga. Consequentemente, o opositor não é alguém para se discutir e dialogar, mas um sujeito a ser coisificado e, posteriormente, eliminado.

Tratar o adversário político-ideológico como inimigo normaliza qualquer ato totalitário em face dele. No modelo totalitário – no qual se enxerga o opositor como inimigo – nega-se o *status* de sujeito de direitos a quem quer seja divergente. Pelo contrário, o que se promove é sua coisificação, para assegurar seu extermínio.

No esquema nazista, o inimigo não era apenas o indivíduo não alemão ou a ameaça política externa. Deve ser tratado como inimigo todo aquele que se oponha aos desígnios da vontade homogênea do povo. Quem discorda da manifestação política vocalizada pelo *Führer* é alguém que perdeu a condição de pertencimento ao povo. Há, aqui, uma espécie de banimento ideológico.

Norberto Bobbio já lecionava que: "[...] para um regime democrático, o estar em transformação é seu estado natural: a democracia é dinâmica, o despotismo é estático e sempre igual a si mesmo".[15] Contudo, independentemente das alterações acidentais que a forma de governo em estudo possa sofrer, existe um *minimum* democrático a ser preservado. Ou seja, a democracia possui elementos chaves para sua caracterização, merecendo destaque, como já explicamos capítulos antes, o *common ground* e a dignidade humana.[16]

Segundo Bobbio, a condição mínima necessária para que possamos qualificar um dado governo como democrático é a existência de um "[...] conjunto de regras de procedimento para a formação de decisões coletivas, em que está prevista e facilitada a participação mais ampla possível dos interessados"[17] ou "[...] um conjunto de regras (primárias ou fundamentais) que estabelecem *quem* está autorizado a tomar as decisões coletivas e com quais *procedimentos*."[18]

Aqui, tomemos a democracia como um método que, é rigoroso na exigência de respeito às instituições, apenas possível num Estado em que o governo das leis prevalece sobre o governo dos homens.[19] O governo das leis subjuga os cidadãos e o Poder Público em todas as suas esferas, inclusive a legislativa, o que só é viável se os ocupantes de cargos públicos estiverem sujeitos, em última instância, ao controle por parte dos indivíduos que titularizam o poder fundamental que os agentes, enquanto mandatários, exercem.[20]

Estamos de acordo com a assertiva: democracia realmente exige participação popular, direta e indireta, a se realizar de acordo com a regra da maioria. A regra (e não a mera vontade) da maioria é ínsita e fundamental a todo regime democrático.

Assim, em uma democracia, as decisões que afetarão o todo devem ser tomadas por uma dada coletividade, segundo o princípio majoritário: o que a maioria decidir, valerá.[21] Observando, claro, a necessidade de uma dimensão contramajoritária protetiva de minorias e direitos fundamentas a ser exercida pela jurisdição constitucional. Essa regra da maioria é denominada por James T. Kloppenberg como *soberania popular*, caracterizando mais um elemento chave a qualquer regime democrático.[22]

A autocracia, nesse cenário, se alimenta – e se aproveita, retroalimentando-se – da polarização. Uma sociedade polarizada é solo fértil para a ascensão da política autoritária, que desconhece os limites da tolerância mútua, essencial à manutenção de qualquer democracia.

Uma sociedade polarizada é uma sociedade descrente na solução negociada da política, consequentemente, ela está sempre à mercê dos demagogos de plantão que apresentam discurso autocrático, populista, demonizador da política e que se impõe como a solução pronta e simples para as diversas agruras sociais. Ocorre que, como esses demagogos raramente conseguem solucionar os problemas, a alternativa para seu fracasso é radicalizar ainda mais o discurso e escolher alvos para responsabilizar por sua inépcia. Esses podem ser uma minoria, a oposição política, a mídia crítica ou até mesmo as instituições da democracia, como o Legislativo ou Judiciário.

Mais uma vez, a distinção entre crise e deterioração constitucional de Balkin, nos auxilia a compreender o risco que corremos ao permitirmos que a polarização recrudesça a ponto de vilanizar a política. Ele nos ensina que as Constituições não dependem apenas da obediência à lei, mas também do bom funcionamento das instituições, pois são elas que fazem os freios e contrapesos entre poder e ambição, e da confiança pública de que os governantes defenderão o interesse público no exercício do poder e não o usarão em prol de seus próprios benefícios ou de interesses privados.[23]

Os regimes que caminham em direção às autocracias e ao autoritarismo podem não sofrer uma crise constitucional, mas falharam enquanto sistemas constitucionais democráticos. Ainda na visão do autor, essa degradação da democracia constitucional, em grande medida, advém de uma visão de abandono ou de *demonização* da política na medida em que sistemas que chegaram ao impasse de considerar a política como fútil podem acabar por eleger políticos demagogos e autoritários que guiarão a nação para uma autocracia.[24]

Nesse cenário, quanto maior é a polarização, mais se elimina o dissenso da democracia e retira a crença da sociedade na política como espaço institucional para o tratamento da dissonância cognitiva da sociedade.

O dissenso é conatural a qualquer sociedade democrática e, inclusive, guarda em si um potencial criativo, desde que existam meios de resolvê-lo democraticamente. Sobre o tema, Ronald Dworkin escreveu:

> Toda sociedade política economicamente avançada e culturalmente plural – incluindo novas democracias e democracias seriamente aspirantes – deve encontrar maneiras de escolher entre convicções rivais sobre a natureza e a força dos direitos humanos, o papel da religião na política, a distribuição da riqueza econômica da comunidade, e o caráter e as formas da política por meio da qual essas decisões são tomadas.[25]

Em obra intitulada *Is Democracy Possible Here?*, já citada por nós em outros itens deste livro, Dworkin traz a lume uma sociedade estadunidense marcada pela profunda discordância quanto a quase todos os temas relevantes o país.[26] O desacordo, porém, não é civilizado.[27]

À luz da terminologia de Steven Levitsky e Daniel Ziblatt, falta aos norte-americanos *mutual toleration*, tolerância mútua, que, ao lado da *forbearance*, é uma das defesas democráticas que asseguram ao regime longevidade.

Encontrar um *common ground* é condição de possibilidade para a resolução sadia das discordâncias. É justamente *common ground* que permite a argumentação genuína entre interlocutores.[28]

A polarização que define o código de conduta do político a partir do binômio amigo/inimigo arrasa com qualquer possibilidade de formação de uma *common ground* minimamente sustentável.

Assim, a divergência política tratada como inimiga esvazia os procedimentos democráticos de eliminação do dissenso. As pessoas têm suas vidas governadas por puro majoritarismo. Mais precisamente, na polarização, sequer pode ser garantida uma genuína vontade da maioria numérica. A expressão do majoritarismo se dá a partir da ação política do líder soberano, o legítimo representante do povo, em substituição ao legislativo.

Todo autoritarismo agride a democracia parlamentar e, em regra, o autocrata tente jogar o povo contra o Legislativo.

Portanto, polarização é a ferramenta de coisificação daquele que pensa diferente. Ela é o alívio ético e moral para justificar as atrocidades de quem exerce o poder, em face de seus adversários políticos. Polarização é o mecanismo totalitário redutor de divergências. Ela impede a presença da ética da reciprocidade.

A polarização, nos dias de hoje, expressa-se de forma peculiar. Tratamos disso, com mais detalhes, ao comentar a relação entre democracia e *fake news*. A Internet, além de nos abrir os horizontes da informação, facilitou, de modo alucinante, a aproximação entre os que pensam da mesma forma. Criam-se assim, cada vez mais, espaços sectários de ideologias uniformes, as quais poderíamos chamar, com Innerarity, de câmaras de eco (*echo chambers*).[29]

Se levarmos a sério as potencialidades cognitivas e intelectuais dos regimes democráticos, saberemos enfrentar as *echo chambers* fomentadoras de radicalismos e *fake news*. É preciso que haja mais e contraposição de ideias, mesmo no mundo cada vez mais fechado das redes sociais.[30]

Por fim, para encerrarmos nosso exame da relação entre democracia e polarização e fugir dos náufragos, buscaremos socorro no bote da literatura. A obra *Cem anos de solidão*, de Gabriel García Márquez, ilustra, com o brilhantismo típico do autor, o risco da polarização. O livro faz diversas críticas sociais à colonização hispânica e seus efeitos na América Latina. Em uma delas, retrata a questão das guerras civis entre conservadores e liberais, que assolou vários países hispano-americanos em meados do século XIX, como con-

Portanto, polarização é a ferramenta de coisificação daquele que pensa o diferente. Ela é o alívio ético e moral para justificar as atrocidades de quem exerce o poder, em face de seus adversários políticos. Polarização é o mecanismo totalitário redutor de divergências. Ela impede a presença da ética da reciprocidade.

GEORGES ABBOUD
DEMOCRACIA PARA QUEM NÃO ACREDITA

sequência da luta por independência, em uma tentativa de destituição dos resquícios que unem a América Espanhola à antiga ordem colonial.[31]

Nessa querela, os Buendía, família cuja árvore genealógica resiste aos acontecimentos relatados no livro, aderem à causa liberal, como reflexo dos princípios iluministas que chegam à pequena Macondo, despertando a simpatia dos jovens. E é dessa forma que Aureliano Buendía ingressa no movimento rebelde, chamado de Forças Revolucionárias, tornando-se Coronel das tropas. Depois de reviravoltas, a revolução liberal passou a resumir em uma violenta luta entre caudilhos[32] e fizeram com que os liberais revissem substancialmente suas diretrizes de movimento, passando a adotar postura similar à de seus opositores – abdicam a revisão dos títulos de propriedade de terra, abjuram a luta contra o clero para obter apoio dos católicos, renunciam à exigência de direitos iguais entre filhos naturais e legítimos, etc.

E, diante desta confusão de posturas, Coronel Aureliano Buendía resume o feito em uma única frase: "A única diferença atual entre liberais e conservadores é que os liberais vão à missa das cinco e os conservadores à missa das oito".[33]

Assim, ferrenhos opositores na guerra passavam a cometer os mesmos atos violentos e arbitrários. A polarização obnubila a razão e exacerba os sentimentos, ao final, sequer lembramos por quais razões elegemos a outra parte como inimiga. Infelizmente, a mente polarizada não se diagnostica assim, porque a polarização muitas vezes a naufragou. Encerrados em ambientes cada vez mais virtuais, revolucionários e reacionários travam intermináveis debates, com crescente tendência à radicalização, sem conseguirem compreender que a única diferença entre eles é que alguns vão à missa das cinco e outros às das oito.

REFERÊNCIAS

1   LILLA, Mark. *The Shipwrecked Mind:* on Political Reaction. Nova York: New York Review of Books, 2016.

2   *Ibidem*, p. X.

3   *Ibidem,*, p. XI-XII.

4   *Ibidem*, p. XII-XIII.

5   ECO, Umberto. *Fascismo eterno.* São Paulo: Record, 2020. p. 44-46.

6   *Ibidem*, p. 134-135.

7   Vale aqui a lição de Adorno ao tratar especificamente sobre o radicalismo de direita mas, em nossa visão, plenamente aplicável a quaisquer radicalismos: "Isto é, esses movimentos se apresentam sem exceção como se já tivessem tido um êxito muito grande, e atraem pessoas por meio do fingimento de que são, portanto, os garantidores do futuro e de que têm por trás deles sabe Deus o quê." ADORNO, Theodor W. *Aspectos do novo radicalismo de direita.* Tradução de Felipe Catalani, São Paulo: Editora UNESP, 2020. p. 53-54.

8   BALKIN, Jack M. Constitutional Crisis and Constitutional Rot. *In:* GRABER, Mark A.; LEVINSON, Sanford; TUSHNET, Mark. *Constitutional Democracy in Crisis?* Nova York: Oxford University Press, 2018. p.14.

9   *Ibidem,* p.14-15.

10   *Ibidem,* p.14-15.

11   *Ibidem,* p.18-21.

12   *Ibidem,* p.18.

13   *Ibidem,* p.18.

14   RÜTHERS, Bernd. *Derecho Degenerado:* teoria jurídica y juristas de cámara en el Tercer Reich. Madri: Marcial Pons, 2016. p. 80.

15 BOBBIO, Norberto. *O futuro da democracia:* uma defesa das regras do jogo. 6. ed. Rio de Janeiro: Paz e Terra, 1997. p. 9.

16 Cf.: DWORKIN, Ronald. *Is Democracy Possible Here?* Principles for a New Political Debate. Princeton: Princeton University Press, 2006.

17 BOBBIO, Norberto. *O futuro da democracia:* uma defesa das regras do jogo. 6. ed. Rio de Janeiro: Paz e Terra, 1997. p. 13.

18 *Ibidem*, p. 17.

19 "Retomo a minha velha idéia de que direito e poder são duas faces de uma mesma moeda: só o poder pode criar o direito e só o direito pode limitar o poder. O estado despótico é o tipo ideal de estado de quem se coloca do ponto de vista do poder; no extremo oposto encontra-se o estado democrático, que é o tipo ideal de estado de quem se coloca do ponto de vista do direito." *Ibidem*, p. 13.

20 *Ibidem*, p. 13.

21 *Ibidem*, p. 18.

22 KLOPPENBERG, James T. *Toward Democracy:* the Struggle for Self-rule in European and American Thought. Nova York: Oxford University Press, 2016. p. 6.

23 Jack M. BALKIN. Constitutional Crisis and Constitutional Rot. *In:* GRABER, Mark A.; LEVINSON, Sanford; TUSHNET, Mark. *Constitutional Democracy in Crisis?* Nova York: Oxford University Press, 2018. p.15 *et seq.*

24 Jack M. BALKIN. Constitutional Crisis and Constitutional Rot. *In:* GRABER, Mark A.; LEVINSON, Sanford; TUSHNET, Mark. *Constitutional Democracy in Crisis?* Nova York: Oxford University Press, 2018. p. 20.

25 DWORKIN, Ronald. *Is Democracy Possible Here?* Principles for a New Political Debate. Princeton: Princeton University Press. p. 1.

26 *Ibidem*, p. 1.

27 *Ibidem*, p. 1.

28 "Intellectuals on each side set out their own convictions, sometimes with great clarity and eloquence, and they described the allegedly radical inhumanity and danger of the other side's views. But neither side made any proper effort to find the common ground that makes genuine argument among people of mutual respect possible and healing." *Ibidem*, p. 5.

29 INNERARITY, Daniel. *Una teoria de la democracia compleja:* gobernar en el siglo XXI. Barcelona: Galaxia Gutenberg, 2020, p. 324. Sobre como o marketing digital e *fake news* foram utilizados para manipular a opinião das pessoas na internet. Cf.: MELLO, Patrícia Campos. *A máquina do ódio*. São Paulo: Companhia das Letras, 2020. p. 151.

30 *Ibidem*, p. 330-331. Sobre como o marketing digital e fake news manipulando a opinião das pessoas na internet, cf. *Ibidem*, p. 151.

31 PRADO, Maria Ligia. *A formação das nações latino-americanas*. 3. ed. Campinas: EdUnicamp, 1987. p. 16.

32 "O poder central se partiu em pedaços e a revolução degenerou numa sangrenta rivalidade de caudilhos, era impossível determinar qualquer responsabilidade." MÁRQUEZ, Gabriel García. *Cem anos de solidão*. 27. ed. Rio de Janeiro: Record, 1967. p. 161.

33 *Ibidem*, p. 217.

DEMOCRACIA E COMPLEXIDADE

La principal amenaza de la democracia no es la violencia ni la corrupción o la ineficiencia, sino la simplicidad.

Daniel Innerarity, *Una teoria de la democracia compleja*[1]

Há, entre os inimigos da democracia, um que precisa ser destacado. Sem isso, não o percebemos, ficamos cegos à sua presença no debate público e na vida privada. Trata-se do seu antagonista mais mortífero e silencioso: a simplicidade. Por essa razão, dedicamos-lhe um item próprio, que se inicia com a emblemática epígrafe do ensaísta Daniel Innerarity.

Se agora nos lançamos ao desafio de escrever sobre democracia e complexidade, é porque fomos inspirados pela leitura da paradigmática obra desse filósofo espanhol, *Uma teoria da democracia complexa*. A chave de leitura necessária para entendermos a democracia e suas crises é a *apreensão da sua complexidade*. Afinal, como todo conceito político mais sofisticado, o regime democrático é, na maior parte das vezes, tratado de forma simplória (não complexa), como se as inúmeras transformações que marcam nossa época pudessem ser ignoradas, sem mais nem menos.[2]

Por consequência, "democracia", "Estado" e outros temas político-sociológicos são examinados, hoje em dia, sem uma necessária renovação conceitual, à luz de um mundo que já deixou de existir e jamais retornará. A maioria dos debates públicos é travada como se as categorias filosóficas dos séculos XIX e XX ainda fizessem sentido na segunda década do século XXI. Para combater esse anacronismo e entender a democracia contemporânea, examiná-la a partir de sua complexidade é premissa fundamental.

O primeiro passo é admitir que a democracia é, antes de tudo, *um fenômeno complexo, mas não complicado.*

Expliquemos. Um sistema é complicado quando tem muitos elementos e pouca estrutura, ou seja, poucos níveis de organização. Sua expressão desordenada nos confunde, e, muitas vezes, precisamos decifrá-la. Um quebra cabeça com milhares de pequenas peças é um sistema complicado, porém não é complexo. Cada um de seus elementos só existe em função dos demais, e só faz sentido à luz do todo. O "objeto visado", nesses jogos de encaixar, como diria Georges Perec,

> [...] não é uma soma de elementos que teríamos inicialmente de isolar e analisar, mas um conjunto, ou seja, uma forma, uma estrutura; o elemento não preexiste ao conjunto, nem é mais imediato nem mais antigo; não são os elementos que determinam o conjunto, mas o conjunto que determina os elementos; o conhecimento do todo e de suas leis, do conjunto e de sua estrutura, não é passível de ser deduzido do conhecimento separado das partes que o compõem; isso quer dizer que se pode observar uma peça de puzzle durante três dias e achar que se sabe tudo sobre sua configuração e cor, sem que com isso se tenha avançado um passo sequer [...].[3]

Em contrapartida, são exemplos de sistemas complexos: a linguagem, a sociedade e o nosso próprio cérebro. Neles, há múltiplos níveis de organização que atravessam sua estrutura. Cada uma de suas partes interage com as demais de forma densa, gerando vários resultados possíveis. Se a complicação é estática, a complexidade é dinâmica. Raras vezes os componentes de tais sistemas se comportarão da mesma forma. Isso faz com que tais organizações desenvolvam um potencial inimaginável de novos desdobramentos. Como bem nota Innerarity, "[...] em um sistema complexo [...], a interação entre seus componentes e entre o sistema e seu entorno são tais que o todo não pode ser entendido a partir da análise dos seus componentes".[4]

Talvez a ilustração mais didática para esse conceito seja de origem biológica. O código básico da vida humana consiste em mais ou menos 30.000 genes, número que, antes do sequenciamento do genoma, todos imaginavam ser maior. No entanto, a vida humana é complexa. Os elementos singulares do nosso DNA não poderiam ser mais simples. Aliás, nossa quantidade de genes supera só um pouco a dos organismos mais básicos. Nossa complexidade, portanto, só pode derivar da profunda interação dos nossos genes. Ainda que eles, tal como nós, as pessoas, se sejam identificados como unidades individuais, funcionam de tal forma que a interação entre eles leva uma complexidade quase ilimitada, muito além da nossa capacidade de previsão.[5] Por isso, a dificuldade de reproduzi-lo.

Isto é, a lógica de *produção* e de *reprodução* de sistemas complexos é, assim, muito menos apreensível, à primeira vista, do que a de sistemas meramente complicados.

Além disso, acrescentaríamos que é característica da complexidade a presença de estruturas que demandam acoplamento de estruturas cognitivas para desempenharem adequadamente suas funções.

Podemos ilustrar o quanto dito acima com outro exemplo clássico de sistema complexo: o Direito. Diferentemente da concepção sistemática que encontramos em Kelsen, por exemplo, na qual pensamos o Direito como um sistema orientado pela *unidade* – ou seja, certos elementos (normativos) derivados de uma norma fundamental que se relacionam de modo a formar um todo lógico, coerente e sem lacunas[6] – uma concepção luhmanniana de Direito considera-o como sistema a partir da *diferença*, vale dizer, como ensina Thomas Vesting, com esse raciocínio "[…]surge a demarcação contínua do sistema jurídico em relação a tudo que não é Direito."[7]

Numa tal concepção, o sistema jurídico é *autopoiético*, ou seja, produz e reproduz seus elementos próprios, a partir de um fechamento operacional que o diferencia de tudo aquilo o que *não é* direito (ambiente). Aqui, os atos de *comunicação* são primordiais, não considerados em si, mas tão somente quando atuam como mecanismos de produção ou reprodução das operações próprias do sistema jurídico.[8]

A comunicação, em Luhmann, não desempenha o papel a ela dado por Jürgen Habermas, por exemplo, para quem aquela é composta de atos orientados ao entendimento.[9] Aqui, a comunicação tem seu desfecho na *compreensão*, entendida como o acesso de um episódio de comunicação ao próximo.[10]

Como ressalta Vesting, "[...] todos os eventos não comunicativos pertencem ao ambiente do sistema jurídico".[11] Ou seja, tudo aquilo que não é comunicação que atue, no sentido de produzir e reproduzir as operações típicas do sistema jurídico, é ambiente, ou seja, é não-direito, o que inclui o próprio "ser humano",[12] muitas vezes deflagrador de atos de comunicação que constituirão o direito.

Esses *sistemas psíquicos* compõem um sistema autopoiético separado de maior relevância aos sistemas sociais e que, muito embora não jurídico, está a ele *acoplado*.[13] Diz-nos Luhmann que esses sistemas psíquicos são também operacionalmente fechados, já que utilizam a *consciência* somente no contexto de suas próprias operações. Noutro giro, quaisquer contatos com o ambiente são necessariamente mediados pelo *sistema nervoso*: "[...] isto é, precisam se valer de outros planos de realidade."[14]

Os sistemas psíquicos são não jurídicos porque sua influência não impede a constituição autônoma do sistema jurídico (como dos demais sistemas sociais) a partir de suas reproduções características: a partir de operações de *comunicação*, e não *processos* de consciência.[15]

Essa contribuição do sistema psíquico ao jurídico é exemplo daquilo que Luhmann denomina *interpenetração*, que ocorre quando "[...] ambos os sistemas se possibilitam reciprocamente".[16] Não se trata de uma via de mão única: numa *interpenetração*, ambos os sistemas reagem ao estímulo.

Tal exemplo serviu tão somente para que pudéssemos, com alguma esperança, aclarar o sentido de complexidade e de desenvolvimento de elementos em diversos níveis. Afinal, para movê-lo do lugar de inimigo da democracia, precisamos, primeiro, convencê-lo a abraçar a complexidade.

Retomando o mote central do ensaio, é fato que a realidade impõe cada vez mais velocidade, fragmentação e complexidade. Muitas vezes, diante desse novo quadro, as instituições e os indivíduos sequer se posicionam de modo a tentar lidar com o complexo, preferindo, em especial na dimensão política, apostar no binário, linear e simples. Nesse cenário, se a democracia não adquirir a dimensão necessária para lidar com a complexidade, ficará cada vez mais fragilizada, correndo o risco de ser *degenerada pela estupidez*.

Assistimos, hoje, à renovada ascensão da estupidez, cuja marca central é a exaltação do parvo, do truculento, da simplificação do pensamento, das receitas prontas de como fazer a vida "dar certo". Desistimos dos políticos e os trocamos pelos *coaches*.

Robert Musil, durante o início século passado, já havia enxergado na estupidez uma força autoritária, que empurrou os homens em direção às ideologias e ao esquecimento de si próprios. Por meio dela é que o "Nós" nazifascista subiu ao poder, domesticando os indivíduos e degenerando a nação, o Estado e as alianças político-ideológicas.[17]

Do mesmo modo, Camus se voltara contra ela. Os ataques à inteligência e à sua própria obra o fariam admitir, em 1945, numa de suas várias conferências, que "[...] basta nos esforçarmos para compreender algo sem preconceitos, basta falarmos em objetividade, para sermos acusados de dissimulação e vermos condenados todos os nossos desejos e aspirações."[18] Opondo-se a tal espírito obtuso, seus livros se unem na compaixão triste e sincera pelos homens e mulheres esmagados pelas abstrações, vítimas anônimas da marcha da história.

Se a ascensão dos estúpidos se opera no âmbito político de forma bastante problemática, dando sustento a novas autocracias e auxílio à degeneração de democracias consolidadas, no campo do pensamento e da intelectualidade, a estupidez

Assistimos, hoje, à renovada ascensão da estupidez, cuja marca central é a exaltação do parvo, do truculento, da simplificação do pensamento, das receitas prontas de como fazer a vida "dar certo". Desistimos dos políticos e os trocamos pelos *coaches*.

GEORGES ABBOUD
DEMOCRACIA PARA QUEM NÃO ACREDITA

age pela negação do complexo. E, em nosso entendimento, duas palavras são cruciais para definir a contemporaneidade pós-moderna: *fragmentação e complexidade.*

Assim, a estupidez atua basicamente por dois caminhos: no primeiro, ela se lança como força autoritária e negacionista, degeneradora das instituições; e, no segundo, promove a exultação da simplicidade, em desfavor da complexidade. No mundo pós-moderno, dar as costas à complexidade é um dos maiores equívocos que as instituições podem cometer.

Nosso breve livro não enfrentará a polêmica concernente ao fato de se vivenciamos uma pós-modernidade ou se estamos em alguma fase final do projeto inacabado da modernidade. Faremos uso da expressão "pós-modernidade" para designar o nosso tempo, marcado que é pelas profundas divergências, como a maior parte do século XX. Consideramos, assim, haver mudanças profundas na linguagem, na sociedade, no Estado e, consequentemente, no funcionamento das democracias, aptas a justificar o uso dessa palavra. Talvez fosse até mesmo mais adequado recorrer a um meio termo menos elegante, algo como *para além da modernidade.*

A sociedade pós-moderna (isto é, a sociedade contemporânea) se caracteriza pela fragmentariedade e pelo aumento vertiginoso de complexidade. Contém diversos desafios à regulação estatal, apresentando à democracia um cenário caótico para sua funcionalidade. Com efeito, os modelos tradicionais de regulamentação têm se mostrado incapazes de lidar com as questões mais recentes da pós-modernidade, o que ensejou a proposição de um novo arquétipo regulatório, que se coloca como alternativa às racionalidades tradicionalmente difundidas.[19]

Nesse cenário, é emblemática e provocadora a epígrafe escolhida da obra de Innerarity. Na sua visão – a qual corroboramos –, é a partir da consciência da complexidade que compreenderemos a pós-modernidade contemporânea e, em especial, as crises de insuficiência que têm sofrido o Estado, a Democracia e o Direito.

Assim, a estupidez atua basicamente por dois caminhos: no primeiro, ela se lança como força autoritária e negacionista, degeneradora das instituições; e, no segundo, promove a exultação da simplicidade, em desfavor da complexidade. No mundo pós-moderno, dar as costas à complexidade é um dos maiores equívocos que as instituições podem cometer.

GEORGES ABBOUD
DEMOCRACIA PARA QUEM NÃO ACREDITA

A pós-modernidade introduziu crises em várias instituições consagradas pelo tempo. Como se poderia imaginar, a democracia contemporânea, marcada por uma série de elementos voláteis e problemáticos, está sofrendo profundas transformações.

Atualmente, o que convencionamos chamar de período pós-moderno introduziu uma complexidade de magnitude inédita, graças aos múltiplos níveis de interação que a globalização, a expansão desenfreada do conhecimento e a diferenciação funcional têm trazido. Quanto maior a complexidade, mais difícil se torna a articulação e a organização do poder e do Estado nesses múltiplos níveis. Ou seja, ao mesmo tempo que a democracia precisa conseguir se articular em face da complexidade, a forma pela qual as decisões são tomadas não pode ser obscura, a fim de que a sociedade civil consiga continuar exercendo as funções de controle e vigilância que lhes são – ou deveriam ser – típicas.[20]

Enfrentando a complexidade, a democracia se assume, antes de tudo, como um crucial mecanismo de equilíbrio entre os dualismos simplistas efetividade *versus* legitimidade e conhecimento de especialistas *versus* opinião pública. Lidar com esses paradoxos demonstra o difícil equilibro a ser assegurado pela democracia, em face da complexidade crescente.[21]

Vários outros são os fatores a determinar o incremento de complexidade da sociedade. Innerarity enumera os principais: a) substituição de sociedade relativamente homogêneas por sociedades permeadas por pluralismo cultural e político; b) evolução de tecnologias pouco sofisticadas para tecnologias que têm produzido conexão por redes, com espaços descentralizados e autárquicos (tecnologia contribuindo para descentralização do poder); e c) alta evolução da comunidade científica e dos seus subsistemas, sem a correspondente renovação das categorias políticas aptas a lidar com a evolução.[22]

Perante o incremento da complexidade contemporânea, torna-se uma tarefa impossível explicar a democracia e a sociedade mediante uma narrativa unívoca (ou até mesmo uníssona). A complexidade descentralizou o poder e consolidou o pluralismo na sociedade, ao mesmo tempo em que a globalização instituiu múltiplos níveis de organização de poder.

Portanto, por detrás do pluralismo, dos múltiplos níveis de poder e da diferenciação funcional, anuncia-se *la fin de les grands récits* que, para Jean-François Lyotard, é a marca da *condição pós-moderna*. Para sermos mais precisos, a pós-modernidade é marcada, sobretudo, pela "desconfiança acerca das metanarrativas" (*on tient pour 'postmoderne' l'incrédulité à l'égard des métarécits*).[23]

Anuir com o fim das metanarrativas é aceitar a impossibilidade de haver a compreensão do contemporâneo por uma única perspectiva teórica ou ideológica. É enfrentar a realidade como ela é: complexa, fragmentada e heterárquica. Afinal, já bem nos alertava Ernildo Stein, em 1971, a consciência da história é fator distintivo da condição humana e nos permite aproximarmo-nos das tradições passadas sem preconceitos, de modo a reformular continuamente nossos horizontes futuros, "[...] através da compreensão dos limites de sua situação concreta que avança e muda com a história".[24]

Essa descrença ou "desencanto" (conforme Norbert Lechner) tem por objeto justamente os grandes discursos do século XIX, que ambicionavam explicar, sob um único fundamento, a condição histórica do homem ocidental, seja pela economia, pela sociedade, ou pela cultura. Como bem nota Silvano Santiago, no posfácio à tradução brasileira do ensaio de Lyotard,

> [...] os metarrelatos foram responsáveis pela constituição – nos tempos modernos – de grandes atores, grandes heróis, grandes perigos, grandes périplos e, principalmente, do grande objetivo sociopolítico e econômico, trazendo uma impossível mais almejada grandiosidade para um mundo que mais e mais e dava como burguês e capitalista, baixo e decadente.[25]

O fim da crença nas metanarrativas trouxe consigo o aumento formidável da complexidade interna da sociedade. Ela, aos poucos, está se livrando, como assinala Thomas Vesting, de qualquer finalidade prévia, prescrita por alguma noção vaga de natureza humana ou de vontade divina. As consequências desse "abandono dos ideais" são o fortalecimento dos próprios valores internos e a crítica cada vez mais frequente das hierarquias, que cedem lugar ao "autoestabelecimento de redes de comunicação autônomas e independentes."[26]

O incremento da complexidade, além de eliminar a crença de fundamentos unívocos e transcendentais da sociedade, impõe a transmutação das suas estruturas que, de autárquicas ou hierárquica, passam a ser cada vez mais heterárquicas. Ou seja, a sociedade e o Estado, hoje, cada vez menos, possuem uma organização e estrutura estáveis; progressivamente, a centralidade estatal é decisória e dividida por novas instâncias públicas e por núcleos privados. A ordem heterárquica é marcada pela perda da centralidade que é substituída por diversos níveis de tomada de poder públicos e privados.

Por consequência, compreender o fim das metanarrativas é condição necessária para entender que a realidade atual não pode ser explicada por interpretações simples, ou seja, uma leitura linear, binária e moralizante da democracia, que é em essência histórica e ficcional.[27] Aqui, a dimensão ficcional está diretamente relacionada com a percepção filosófica de Hans Vaihinger, examinada a seguir.

Sociedades complexas tendem a consolidar estruturas heterárquicas, por essa razão, a clássica figura da autoridade central tende a se tornar cada vez mais débil e menos eficaz para impor medidas autárquicas e centralizadas, aptas a influenciar diretamente a mudança da sociedade. Do mesmo modo, não se pode confiar em comportamentos individuais ou na capacidade de autocorreção do sistema para melhoria da sociedade e da democracia.[28]

Acreditar na autocorreção de determinados espaços sociais ou na possibilidade de engenharia política constante, a partir de medidas de uma autoridade central, para o tratamento dos problemas sociais contemporâneos é crer no simples e ignorar a complexidade do contemporâneo.

Daniel Innerarity defende que é crucial uma teoria complexa da democracia para podermos lidar com a própria noção de democracia. Essa teoria seria o marco conceitual mais adequado para tratar com os paradoxos que a todo momento demandam os regimes democráticos. O mais importante é não se perder de vista que a democracia não é incompatível com complexidade, pelo contrário. O dinamismo ínsito à democracia e sua capacidade de autotransformação fazem-na o melhor sistema de governo para tratar a complexidade.[29]

Mais precisamente, a democracia é o melhor regime para gerir incertezas. Uma das formas de enxergarmos a sociedade contemporânea é como sociedade do conhecimento e a democracia se apresenta como a melhor saída para lidar com o conhecimento e o desconhecimento. Por óbvio, a democracia não eliminará, mecanicamente, o desconhecimento, até porque diversas das incertezas contemporâneas sequer podem ser eliminadas. O que a democracia faz é transformar o desconhecimento e a incerteza em riscos calculáveis e possibilidades de aprendizado. Portanto, nas democracias contemporâneas, a sociedade deve desenvolver não apenas a aptidão para solucionar problemas cada vez mais complexos, mas também a capacidade para reagir de forma adequada em face do inesperado (desconhecido).[30]

A sociedade contemporânea vê-se, portanto, dividida em vários sistemas autônomos como o direito, a política, a economia, a ciência, os meios de comunicação de massa, etc. Segundo Vesting, esses sistemas primários são considerados operativamente fechados e, com a ajuda de códigos binários (por exemplo, legal/ilegal, poder/não poder), assumem o desempenho de funções específicas. "Nessas condições", argumenta o autor alemão,

[...] o direito e sua função social só podem ser produzidos e garantidos pelo sistema jurídico, o que não exclui, mas pressupõe que o sistema jurídico leve em conta o *input* preliminar de outros sistemas autônomos, como os pagamentos monetários da economia.[31]

Possivelmente, a visão sistêmica de Luhmann foi pioneira para demonstrar a necessidade de enfrentamento da complexidade nas democracias, na medida em que compreendia e enfatizava as estruturas heterárquicas em detrimento das autárquicas, impondo aos seus leitores uma renúncia a uma visão arrogante das concepções clássicas de governo e de poder, que constantemente ignoraram o aumento da complexidade social.[32]

Como visto acima, os sistemas complexos são dinâmicos, pluricontextuais e resistem a serem compreendidos e orientados a partir de um planejamento central e simplificado. A lente para a compreensão da democracia contemporânea deve entender que a dinamicidade atual nunca possibilitará que as informações, conhecimento e interesses sociais entrem em uma situação de perfeito equilíbrio, haja vista que, a todo momento, haverá sincronização e desalinhamento. A política atual, para estar apta a lidar com os desafios da democracia contemporânea, precisa adquirir uma visão *pós-newtoniana* para compreender que a todo momento um ato político pode gerar ou precisará lidar com dinâmicas imprevisíveis e movimentos de auto-organização. A lógica da causa e efeito do mundo *newtoniano* precisa ser substituída pela ação em contextos de interdependência, em que sentido e complexidade superam as relações lineares de causa de efeito.[33]

Soma-se também, ao fim das metanarrativas, a complexidade determinada como consequência inevitável a desconstrução da relação entre Estado e cidadão. O indivíduo não é mais definido, à moda do século XIX, somente em função da história e da tradição, mas como um dos novos focos emanadores da racionalidade pública, papel que antes cabia ao Poder Público, à exclusão dos demais. Como observa

Karl-Heinz Ladeur, a ideia do Estado como instrumento de autodeterminação democrática também é posta em questão.[34] Daí a necessidade de repensarmos democracia e todas as instâncias políticas (aqui, por instâncias políticas, podemos compreender a dimensão funcional dos três Poderes).

O indivíduo, na sociedade pós-moderna, é, portanto, obrigado a vislumbrá-la do ponto de vista dos outros, que são, na visão desencantada de mundo, desprovidos de qualquer caráter transcendental pré-determinado.[35] Esse outro contém um importante aspecto ficcional, que remonta à filosofia do *como se (Als ob)*, de Hans Vaihinger.[36]

Vaihinger explica, de saída, o conhecimento na base de sua utilidade biológica. Ele se forma no esforço de adaptação do indivíduo ao meio e é, por consequência, uma forma de autopreservação da espécie. Dessa feita, o conhecimento do mundo e do outro não pretende descobrir a realidade, mas sim – correspondendo à sua finalidade biológica – criar ficções para a compreensão e o domínio das situações problemáticas da vida.

As ficções de Vaihinger se estendem desde a teoria científica até a ética e a religião, e são justificadas por seu caráter de *como se*. Trata-se da expressão figurada que representa as construções do conhecimento. As ficções podem ser conscientes ou inconscientes. Num e noutro caso, são unidas por uma característica comum: sua aspiração à utilidade. Por isso, argumenta Vaihinger, devem ser admitidas não só as ficções da ciência, mas também as da religião, da moral e da economia, direito e a própria ideia de democracia.[37]

A ficção do outro – o outro *como se* – reflete na quebra da distinção entre o universal e o particular, que constitui, segundo Ladeur, o conceito pós-moderno de sujeito: o *subject* é caracterizado por sua participação na humanidade em geral. A perspectiva da vida em sociedade, a partir de uma ordem coletiva totalizante, torna-se impossível, o que faz com que ela haja várias perspectivas concorrentes, distribuídas e divididas entre os indivíduos. A fronteira estável entre o universal e o particular, tão cara ao século XIX, perde-se completamente. Agora, o universal e o particular coincidem, fazendo com que a sociedade se oriente para a descoberta do "eu comum no outro".[38]

A pós-modernidade corresponde, na perspectiva do sujeito, à assimilação da inexistência das metanarrativas. A contemporaneidade não aceita que a sociedade se funda em valores absolutos, homogêneos e transcendentais.

Do mesmo modo que inexiste fim da história, também não há fundamento metafísico isolado a justificar o Estado, a sociedade, a democracia e o direito. Outrossim, essa realidade fragmentada em diversos sistemas autônomos e funcionalmente diferenciados torna impossível uma compreensão verdadeiramente holística das diversas áreas do saber ou das diversas estruturas sociais. Enfim, a pós-modernidade escancara a impossibilidade de se pretender acessar a realidade por uma única perspectiva totalizante. Na realidade, a ficção é a única via "realmente" funcional para se compreender, por fragmentos, a realidade.

Neste item, almejamos descrever, em linhas muito gerais, a democracia no mundo pós-moderno e como os regimes democráticos estão fragilizados em face da complexidade contemporânea. Para a compreensão dessa perspectiva, é necessário enfrentarmos o seguinte questionamento: se a sociedade moderna perdeu seus fundamentos transcendentais, o que nos resta?

Segundo Ladeur, a democracia atual, pós-moderna, "[...] precisa de uma multiplicidade de pontos de vista, o que faz da deliberação um elemento importante do eu social."[39] Por essa razão, nas democracias contemporâneas, a primeira responsabilidade das instituições políticas é estarem preparadas para enfrentar a complexidade contemporânea.[40]

Saber lidar com a complexidade é crucial para os agentes políticos conseguirem transitar da hierarquia para heterarquia e da administração central para composição policêntrica. É desafio da teoria da democracia compreender as nuanças inerentes à complexidade da sociedade de conhecimento, que não pode mais ser explicada por lugares comuns ou fundamentos metafísicos. Quanto mais complexa for a sociedade, mais a política deixará de ocupar sozinha o cume hierárquico. O pico da administração das democracias contemporâneas tem seu espaço disputado entre a política, o sistema econômico e os meios de comunicação.[41]

A democracia atual, mesmo se ancorada nos elementos indicados anteriormente como constitutivos e essenciais, não pode ser mais entendida como um conjunto de regras e princípios codificados em textos legais. A democracia pós-moderna é, na verdade, construída numa concepção policontextural, que questiona a possibilidade de fundamentos hierárquicos dos sistemas de regulação social através de procedimentos democráticos e, em vez disso, opera com um modelo heterárquico da sobreposição mútua de diferentes sistemas funcionais decorrentes da quebra da ordem hierárquica pré-individual tradicional.[42]

A democracia policontextural é a arquitetura política necessária para o enfrentamento da complexidade. Ou seja, a democracia precisa estruturar uma capacidade cognitiva para organizar os diversos núcleos heterárquicos e produzir o conhecimento necessário para regular os desafios que cotidianamente lhe são apresentados

Isso porque a sociedade contemporânea possui características que exigem um modelo descentralizado, que seja altamente capaz de aprendizado e adaptação. Contudo, paradoxalmente, tem-se observado uma crescente tendência à materialização, um tipo de racionalidade que tem um alto *déficit* de flexibilidade e aprendizagem. Cuida-se de uma verdadeira crise que, desde 1997, Ladeur já acusava. O autor observava que, em alguns aspectos, os sistemas liberais vinham repetindo, irrefletidamente, os mesmos erros que conduziram o Socialismo à ruína:

Uma característica comum entre os sistemas liberais contemporâneos e o Socialismo parece ser a tendência de transferir problemas ao Estado quando a solução por meio de subsistemas descentralizados e diferenciados parece ser dolorosa. No meu entendimento, um dos problemas centrais dos sistemas políticos liberais consiste na crescente complexidade de tarefas que colocam em questão tradicionais conceitos do direito como um meio de restrição, como um limite. Ao mesmo tempo, instituições políticas falham em desenvolver uma adequada, suficientemente flexível, auto-estabilizante estrutura jurídica (*rule-structure*), que pudesse integrar a capacidade de auto-observação e auto-revisão, a qual deve incluir um leque de necessárias "stop-rules" que permitissem a especificação de tarefas e coordenação com outras instituições.[43]

Em vez de caminhar em direção à reflexão, à adaptabilidade e ao aprendizado, os Estados da pós-modernidade insistem em castrar, cada vez mais, os espaços flexíveis de auto-organização social. Nesse aspecto a debilidade regulatória do Estado gera uma ineficiência e um descrédito que fragilizam a própria democracia. Com isso, impedem a formação das regras sociais implícitas, ao tempo em que buscam substituí-las por novas formas de intervencionismo estatal.[44]

Para Ladeur, o papel do Estado pós-moderno deveria ser outro. Caberia à "[…] atuação estatal, primariamente, dirigir-se à formação de instituições, a qual procure uma relação cooperativa com a práxis normativa implícita, que é gerada sobre a rede de relações entre os indivíduos".[45] Dito de outro modo, a pós-modernidade "[…] deve desenvolver suas próprias instituições, que sejam adaptáveis aos rápidos processos de transformação e à autotranscedência da sociedade pós-moderna".[46]

Portanto, na pós-modernidade, Estado e democracia devem incorporar a razão procedural.

O Estado procedural é aquele que, de um lado, preserva e introduz elementos de auto-organização próprios do setor privado sem, contudo, abrir mão completamente da implementação ou estruturação (ainda que por via indireta) de interesses sociais. É um modelo em que o Estado, ciente de que não possui o conhecimento necessário para a tomada de decisão/regulação, cria formas de gerá-lo e revisá-lo no âmbito do direito regulatório estatal, emprestando o *know-how* produzido na sociedade.[47] Trata-se, enfim, de um paradigma de regulação *reflexiva, adaptável,* em que a observação e a incorporação de modelos de auto-organização da sociedade ganham preponderância.

Nesse ponto, é importante destacar que a necessidade de uso da reflexividade procedural pelo Estado não significa o abandono dos mecanismos já conhecidos de regulação. Pelo contrário, continuam existindo áreas tradicionais do conhecimento a exigir a interferência e a regulação historicamente empregada pelo Estado na segunda metade do século XX.

Para além de acumular conhecimento, busca-se um modo de funcionalizar a tomada de decisão diante da experiência.[48]

A partir da razão procedural, as atividades do Estado se reestruturam: cabe-lhe, sim, intervir, contudo, por força da dinâmica da auto-organização que prevalece, deverá fazê-lo de maneira seletiva e direcionada ao estímulo de processos de inovação e estabilização de expectativas de longo prazo. Nessa perspectiva, são criadas as condições para transição rumo a uma democracia policontextural que consiga lidar com a fragmentariedade e a heterarquia da pós-modernidade, consequentemente, a democracia aqui passa a poder lidar com a complexidade, porque adquire uma instância de aprendizado.

Para Ladeur, cumpre ao Estado pós-moderno contribuir para (i) que os processos de aprendizado da sociedade sejam conservados; (ii) acrescer a esses processos maior diversidade; ou para que (iii) mais inovações e novos modelos de geração e distribuição de conhecimento sejam propostos.[49]

Dito de outro modo, é possível afirmar que a democracia – que incorpora a razão procedural – é aquela que, diante das complexidades típicas da sociedade de redes, assume uma postura de humildade, reconhecendo o privilégio cognitivo dos atores privados para, então, estimulá-los na produção do conhecimento necessário à subsistência da comunidade. Nesse modelo democrático, o Estado que atua em parceria com as redes privadas, de modo a conformar um sistema *heterárquico* – porque a tomada de decisão é alocada em diversos polos –, *híbrido* – porque esses polos possuem naturezas diversas – e *cooperativo* – porque os centros decisórios dialogam/cooperam uns com os outros.

Daniel Innerarity desenvolve sua teoria objetivando evidenciar como a compreensão da complexidade pode ser um fator de democratização. Atualmente, a estrutura regulatória do Estado detém diversos mecanismos e procedimentos para fazer uso da inteligência difusa na sociedade, inteligência cada vez mais específica nas diversas áreas do saber. Lidar com essa fragmentada inteligência especializada é um desafio à democracia, porque decisões políticas, administrativas e jurídicas podem, cada vez menos, ser dadas de forma simplificada como ocorria no início nas antigas estruturas de poder. Quando decisões são tomadas por reis, nobreza, especialistas ou o eleitorado, era fácil haver erros porque a capacidade desses atores para tratar a informação era muito limitada. O desafio para a democracia se aperfeiçoar é conseguir introduzir a capacidade de vincular toda a riqueza de ideias, perspectivas, inovações e experiências difusas na sociedade (que não mais aceita a hierarquia e a centralidade do passado) no processo de tomada de decisões. No bojo das democracias, circula mais complexidade que em qualquer outra forma de organização da sociedade, justamente por ser o regime que melhor articula pluralismo social, ao mesmo tempo em que admite a noção de aprendizagem coletiva. Assim, para Daniel Innerarity, a democracia é o regime da complexidade por se tratar da forma de governo que cultiva o dissenso, protege a diversidade e a heterogeneidade, na qual a complexidade, em vez de ser reprimida, tem a sua circulação incentivada.[50]

O Estado e a democracia pós-modernos, na maior parte das vezes, têm se recusado a admitir e reconhecer os seus próprios limites, consequentemente, a crise se instaura nas democracias justamente porque o Poder Público se predispõe a se responsabilizar por todo e qualquer problema da sociedade. Ao agir assim, perpetua-se um ciclo vicioso em que a ineficiência do Estado em não conseguir lidar com a complexidade social faz com que cada vez mais pessoas passem a duvidar da eficiência e dos benefícios das democracias.

Dessa maneira, Daniel Innerarity ensina que a solução para a complexidade nunca é menos democracia, pelo contrário. Não devemos rejeitar as instituições democráticas criadas, tampouco a participação popular, de forma a delegarmos todas as decisões aos especialistas. Se fizéssemos isso, estaríamos apostando em menos democracia. Devemos apostar em mais democracia, com intuito de criar melhor interação e um exercício compartilhado das informações entre os diversos níveis democráticos para melhorarmos as práticas que nos auxiliam a combater as incertezas. Sem aprendermos a interagir os múltiplos níveis, não conseguimos lidar com complexidade. Por conseguinte, a complexidade não seria um impedimento para a democracia, mas como um convite para estruturarmos novos mecanismos de aprendizagem cooperativa entre os diversos atores sociais para melhor aquisição dessas propriedades cognitivas e cívicas que se desenvolvem nos múltiplos níveis da sociedade.[51]

Diante desse cenário, recolocamos a necessidade de examinarmos a noção de complexidade à luz da democracia.

O desafio da complexidade contemporânea deve servir como gatilho para reafirmamos nossa crença na própria ideia de democracia. Afinal, se a complexidade é o desafio e a aposta na simplicidade um grande risco, é na democracia, a partir de seu pluralismo e a convivência com heterarquias informacionais, que podemos criar os melhores procedimentos para tratarmos o alto volume de informações para a tomada das decisões públicas (políticas, jurídicas e técnicas).

Em suma, redobrar a aposta na democracia se justifica porque é o regime apto a conferir capacidade cognitiva para as estruturas do Estado, conferindo-lhe poder de aprendizagem para regulamentar e decidir temas cada vez mais complexos.

Por essas razões, a democracia não é apenas o menos ruim dos regimes políticos, como tradicionalmente se convencionou reiterar. Na realidade, a democracia é o regime mais aparelhado para combater a estupidez. Se é verdade que, ao longo do século passado, a democracia tem se legitimado com base na igualdade, liberdade e justiça, fato é que ela também se legitima, procedimentalmente, por se tratar do regime mais apto a lidar com a complexidade; o regime, no âmbito epistêmico, superior aos demais, especialmente por possibilitar melhores procedimentos para a tomada de decisões.[52]

Ao final, lamentamos decepcionar o leitor que aguardava uma solução linear e objetiva para os problemas contemporâneos da democracia. Nosso humilde ensaio já se contentaria em incutir a aversão à simplicidade e a aceitação do enfrentamento da complexidade. Identificar a necessidade de uma transição de democracia central para um modelo policontextual, que abrace a razão procedural para eliminar seu déficit cognitivo, é a premissa que almejamos incutir para que a democracia, enquanto empreendimento coletivo e social, possa vir a ser levada a sério. Não estranharíamos a sua desilusão, caro leitor.

Por óbvio, sabemos que se trata de um empreendimento audacioso que demandará a interação de diversos sistemas além de uma parceria estratégia de regulação entre o público e o privado.

Portanto, o desafio da pós-modernidade é compreender que, para os problemas complexos, a democracia não contém as respostas antes das perguntas. Contudo, ela é o espaço adequado para dissenso e pluralismo trafegarem na construção dessas respostas. Assim, se a complexidade nos impõe a reconfiguração de nossas democracias e nos impede de trabalhar com soluções binárias, ao menos diagnosticar e compreender como democracia e complexidade devem interagir nos auxilia a nos blindarmos das diversas matizes da simplicidade populista, de modo a estarmos protegidos do elogio do parvo que tem contaminado grande parcela da sociedade.

Portanto, o desafio da pós-modernidade é compreender que, para os problemas complexos, a democracia não contém as respostas antes das perguntas. Contudo, ela é o espaço adequado para dissenso e pluralismo trafegarem na construção dessas respostas. Assim, se a complexidade nos impõe a reconfiguração de nossas democracias e nos impede de trabalhar com soluções binárias, ao menos diagnosticar e compreender como democracia e complexidade devem interagir nos auxilia a nos blindarmos das diversas matizes da simplicidade populista, de modo a estarmos protegidos do elogio do parvo que tem contaminado grande parcela da sociedade.

REFERÊNCIAS

1 INNERARITY, Daniel. *Una teoria de la democracia compleja:* gobernar en el siglo XXI, Barcelona: Galaxia Gutenberg, 2020. p. 9.

2 *Ibidem*, p. 11.

3 PEREC, Georges. *A vida: modo de usar*. São Paulo: Companhia das Letras, 2009. p. 11-12.

4 INNERARITY, Daniel. *Una teoria de la democracia compleja:* gobernar en el siglo XXI, Barcelona: Galaxia Gutenberg, 2020. p. 76-78. Para maiores detalhes, ver: MITCHELL, Sandra D.. *Unsimple Truths:* Science, Complexity and Policy. Chicago: University of Chicago Press, 2009. p. 11 *et seq.*

5 INNERARITY, Daniel. *Una teoria de la democracia compleja:* gobernar en el siglo XXI. Barcelona: Galaxia Gutenberg, 2020. p. 77.

6 KELSEN, Hans. *Teoria geral do direito e do Estado*. Tradução de Luís Carlos Borges. 5. ed. São Paulo: Martins Fontes. p. 161.

7 VESTING, Thomas. *Teoria do direito:* uma introdução. Tradução de Gercélia B. de O. Mendes. São Paulo: Saraiva, 2015. p. 131.

8 *Ibidem*, p. 134-136.

9 HABERMAS, Jürgen. *Teoria do agir comunicativo:* racionalidade da ação e racionalidade social. Tradução de Paulo Astor Soethe. São Paulo: Martins Fontes, 2019. v. I. p. 481. No mesmo sentido: VESTING, Thomas. *Teoria do direito:* uma introdução. Tradução de Gercélia B. de O. Mendes. São Paulo: Saraiva, 2015. p. 137.

10 "Comunicação ocorre somente quando essa última diferença mencionada é observada, exigida, compreendida e usada como base para a escolha do comportamento subsequente. Nesse processo, o compreender inclui como normal mal-entendidos mais ou menos extensivos; mas se tratam, como veremos, de mal-entendidos controláveis e corrigíveis." LUHMANN, Niklas. *Sistemas sociais:* esboço de uma teoria geral. Tradução de Marco Antonio dos Santos Casanova *et al.* Petrópolis: Vozes, 2016. p. 163-168. Sobre o assunto, ver: VESTING, Thomas. *Teoria do direito*: uma introdução. Tradução de Gercélia B. de O. Mendes. São Paulo: Saraiva, 2015. p. 137-138.

11 VESTING, Thomas. *Teoria do direito*: uma introdução. Tradução de Gercélia B. de O. Mendes. São Paulo: Saraiva, 2015. p. 138.

12 É de bom tom salientar que Luhmann utilizada a expressão "ser humano" para a indicação dos componentes psíquico e orgânico que, em sua teoria, compõe sistemas diversos, até mesmo entre si. Ver: LUHMANN, Niklas. *Sistemas sociais*: esboço de uma teoria geral. Tradução de Marco Antonio dos Santos Casanova *et al.* Petrópolis: Vozes, 2016. p. 238.

13 Com Luhmann: "Partimos do pressuposto de que *sistemas sociais não são constituídos* nem por sistemas psíquicos nem muito menos por seres humanos de carne de osso. Sistemas psíquicos pertencem ao mundo circundante dos sistemas sociais. Eles são certamente uma parte desse mundo circundante que é particularmente relevante para a formação de sistemas sociais." *Ibidem*, p. 287. (grifo meu)

14 *Ibidem*, p. 295.

15 *Ibidem*, p. 287.

16 LUHMANN, Niklas. *Sistemas sociais*: esboço de uma teoria geral. Tradução de Marco Antonio dos Santos Casanova *et al.* Petrópolis: Vozes, 2016. p. 241

17 MUSIL, Robert. *Sobre a estupidez*. Belo Horizonte: Âyiné, 2016. p. 29-30.

18 CAMUS, Albert. Defesa de la inteligencia. *In*: CAMUS, Albert. *Crónicas (1944-1948)*. Madrid: Alianza Editorial, 2002. p. 71.

19 "The most comprehensive efforts to develop a new evolutionary approach to law are found in the work of Philippe Nonet and Philip Selznick (1978) in the United States, and Jürgen Habermas (1981) and Niklas Luhmann (1970a) in Germany. These three neo-evolutionary accounts seek to indentify different 'types' of law, show the progression from one type to another, and explain the processes of transition. While there are substantial differences among them, these theories are concerned with a common problem: the crisis of formal rationality. They treat formal rationality as the dominant feature of modern law (at least until recent times), assert that phenomena like the 'rematerialization of law' are a manifestation of the crises, and seek to explain the situation". TEUBNER, Gunther. Substantive and reflexive elements in modern law. *Law & Society Review*, v. 17, n. 2, 1983, p. 242.

20 INNERARITY, Daniel. *Una teoria de la democracia compleja:* gobernar en el siglo XXI. Barcelona: Galaxia Gutenberg, 2020. p. 48-49.

21 *Ibidem*, p. 54.

22 *Ibidem*, p. 11-12.

23 LYOTARD, Jean-François. *La condition postmoderne:* rapport sur le savoir. Paris: Les Éditions de Minuit, 1979. p. 7.

24 STEIN, Ernildo. *História e ideologia*. 3. ed. Porto Alegre: Movimento, 1999. p. 36.

25 SANTIAGO, Silvano. Posfácio: a explosiva exteriorização do saber. *In*: LYOTARD, Jean-François. *A condição pós-moderna*. Rio de Janeiro: José Olympo, 2009. p. 127

26 VESTING, Thomas. The Network Economy as a Challenge to Create New Public Law (Beyond the State). *In:* LADEUR, Karl-Heinz (Org.). *Public Governance in the Age of Globalization*. Londres: Routledge, 2017. p. 256-257.

27 INNERARITY, Daniel. *Una teoria de la democracia compleja:* gobernar en el siglo XXI. Barcelona: Galaxia Gutenberg, 2020. p. 13.

28 *Ibidem*, p. 17.

29 *Ibidem*, p. 18-19.

30 *Ibidem*, p. 61-62.

31 VESTING, Thomas. The Network Economy as a Challenge to Create New Public Law (Beyond the State). *In:* LADEUR, Karl-Heinz (Org.). *Public Governance in the Age of Globalization*. Londres: Routledge, 2017. p. 256-257.

32 INNERARITY, Daniel. *Una teoria de la democracia compleja:* gobernar en el siglo XXI. Barcelona: Galaxia Gutenberg, 2020. p. 47.

33 *Ibidem*, p. 65-67.

34 LADEUR, Karl-Heinz. Globalization and Public Governance – A Contradiction? *In:* LADEUR, Karl-Heinz (Org.). *Public Governance in the Age of Globalization*. Londres: Routledge, 2017. p. 4

35 LADEUR, Karl-Heinz. Globalization and the Conversion of Democracy to Polycentric Networks: Can Democracy Survive the end of the Nation State? *In:* LADEUR, Karl-Heinz (Org.). *Public Governance in the Age of Globalization*. Londres: Routledge, 2017. p. 101.

36 VAIHINGER, Hans. *The Philosophy of "as if"*: a System of the Theoretical, Practical and Religious Fictions of Mankind. 2. ed. Londres: Kegan Paul, Trench, Trubner & Co., Ltd, 1935.

37 VAIHINGER, Hans. MORA, José Ferrater. *Dicionário de filosofia*. 2. ed. São Paulo: Loyola, 2001. v. IV. p. 26-95.

38 LADEUR, Karl-Heinz. Globalization and the Conversion of Democracy to Polycentric Networks: Can Democracy Survive the End of the Nation State? *In:* LADEUR, Karl-Heinz (Org.). *Public Governance in the age of Globalization*. Londres: Routledge, 2017. p. 102-103.

39 LADEUR, Karl-Heinz. Globalization and the Conversion of Democracy to Polycentric Networks: Can Democracy Survive the End of the Nation State? *In:* LADEUR, Karl-Heinz (Org.). *Public Governance in the Age of Globalization*. Londres: Routledge, 2017. p. 103

40 INNERARITY, Daniel. *Una teoria de la democracia compleja:* gobernar en el siglo XXI. Barcelona: Galaxia Gutenberg, 2020. p. 69.

41 *Ibidem*, p. 72-73.

42 LADEUR, Karl-Heinz. Globalization and the Conversion of Democracy to Polycentric Networks: Can Democracy Survive the End of the Nation State? *In:* LADEUR, Karl-Heinz (Org.). *Public Governance in the Age of Globalization*. Londres: Routledge, 2017. p. 204

43 "A common characteristic of contemporary liberal systems and Socialism seems to consist in the tendency to shift problems to the State when the solution within decentralized differentiated subsystems seems to be painful. To my mind, one of the central problems of the liberal political system consists in the growing complexity of tasks which call into question traditional concepts of law as a constraint, as a limit. At the same time, political institutions fail to develop a suitable, sufficiently flexible, self-stabilizing rule-structure, which might integrate a capacity of self-observation and self-revision, which must include a set of necessary stop-rules that permit specification of tasks and coordination with other institutions". LADEUR, Karl-Heinz. Post-Modern Constituional Theory: a Prospect for the Self-Organising Society. *The Modern Law Review*, v. 60, n. 5, set. 1997. p. 619.

44 LADEUR, Karl-Heinz. Der Staat gegen die Gesellschaft: Zur Verteidigung der Rationalität der "Privatrechtsgesellschaft". Hamburgo: Mohr Siebeck Tübingen, 2006. p. 2.

45 *Ibidem*, p. 1.

46 "Diese muß ihre eigenen Institutionen entwickeln, die an die schnellen Transformationsprozesse und die Selbsttranszendierung der posmodernen Gesellschaft angepaß sind". *Ibidem*, p. 4-5.

47 LADEUR, Karl-Heinz. *Der Staat gegen die Gesellschaft:* Zur Verteidigung der Rationalität der "Privatrechtsgesellschaft". Hamburgo: Mohr Siebeck Tübingen. 2006.

48 LADEUR, Karl-Heinz. Post-Modern Constituional Theory: a Prospect for the Self-Organising Society. *The Modern Law Review*, v. 60, n. 5, set. 1997, p. 620.

49 LADEUR, Karl-Heinz. *Der Staat gegen die Gesellschaft:* Zur Verteidigung der Rationalität der "Privatrechtsgesellschaft". Hamburgo: Mohr Siebeck Tübingen, 2006. p. 306-307.

50 INNERARITY, Daniel. *Una teoria de la democracia compleja*: gobernar en el siglo XXI. Barcelona: Galaxia Gutenberg, 2020. p. 94.

51 *Ibidem*, p. 230-231.

52 *Ibidem*, p. 316-317.

Quando uma opinião leva a absurdos, é certamente falsa; mas não se pode afirmar que uma opinião seja falsa porque suas consequências são perigosas.

David Hume. An Enquiry concerning Human Understanding[1]

A epígrafe escolhida já nos indica o quão espinhoso é o assunto referente à conceituação e controle de *fake news*. As notícias fraudulentas, como a maior parte dos problemas contemporâneos, não comportam uma solução linear e binária para sua resolução. Diariamente, nós, como também os leitores descrentes na democracia, lidam (compartilham, produzem ou desmentem) *fake news*. Ainda assim, podem ter dificuldade para identificá-las e, mais ainda, combatê-las. Isso porque próprio conceito de *fake news*, em diversas hipóteses, é nebuloso e pode encerrar múltiplas dificuldades de harmonização com a própria ideia de liberdade de expressão. Afinal, deveríamos nos ter liberdade de repassar amplamente uma informação fraudulenta? Poderíamos, em nome da liberdade de expressão, atacar o regime democrático? A resposta não se explica em uma linha. Sentimos muito.

Entretanto, o fato de um problema ser complexo não significa que devamos desistir dele. Com maior razão, não podemos nos acomodar perante o problema das *fake news*. Em parcela significativa das hipóteses, é perfeitamente distinguível a diferença entre o que é fato e o que é opinião, consequentemente, o que é uma ação fraudulenta na distorção de um fato. Um exemplo atual disso é considerar que a pandemia de coronavírus é uma invenção da mídia ou que as vacinas produzidas para enfrentá-la causam mutações genéticas nas pessoas.

Ao tratarmos da democracia e sua complexidade em ensaio antecedente, destacamos o quão complicado tem sido para o Estado e sua estrutura compreenderem e lidarem com o aumento do conhecimento e a profusão e fragmentariedade das informações.

Referida disseminação de informação, tristemente, tem propiciado cada vez maior desinformação, fazendo-se uso da tecnologia para replicação de notícias fraudulentas (*fake news*).[2] Desse modo, o crescimento do debate em torno das *fake news* e seu impacto nas estruturas das democracias modernas é, atualmente, um fenômeno global, que tem repercutido não somente nas diversas esferas da ciência, mas também nas instituições governamentais e civis.[3]

Uma das dificuldades centrais em lidar com o assunto decorre especialmente da escolha do acesso metodológico ao tema em questão, que, por vezes, acaba por tornar nebulosa tanto a percepção do problema em si, quanto a resposta sobre uma possível via de solução.

É claro que, em nenhuma democracia do mundo, é tarefa simplória definir o que é *fake news*. Mas também é verdade que, numerosas vezes, defrontamo-nos com *fake news* evidentes. A distinção sobre o que é fato, opinião e prova, diversas vezes, é obscura e demanda uma complexidade a que os debates travados no âmbito das plataformas sociais têm aversão. Temas complexos demandam uma compreensão cognitiva muito além de um *post* ou *tweet*.

Desse modo, busca-se, a pretexto da dificuldade de se enfrentar o que seria *fake news*, deturpar o conceito de liberdade de expressão para legitimação de ataques contra instituições democráticas e discursos de ódio. Sobre esse desafio, Daniel Innerarity afirma que, apesar da falta de objetividade em se precisar o que seriam *fake news*, essa dificuldade não pode ser subterfúgio para não construirmos linhas de demarcação entre o que é um fato objetivo, uma opinião e uma interpretação, muito menos uma desculpa para autorizarmos que pessoas manipulem os fatos. Para salvamos a democracia, é fundamental mantermos vivas e operando as categorias de verdade e falsidade, do contrário, ficaríamos à mercê de oportunistas.[45] Acrescentaríamos: também à mercê de populistas, mercadores da fé e vendedores da simplificação como lente para enxergar o mundo, uma espécie de *"coachização"* degenerativa.

As *fake news* são uma das mazelas que aumentaram exponencialmente na pós-modernidade e têm se situado cada vez mais como um dos adversários mais perigosos para as democracias, tanto assim é que, na versão moderna dos golpes de Estado, os quais acontecem por dentro (promovidos por meio da corrosão interna das instituições), as *fake news* têm sido poderosos instrumentos de ditadores.[6]

Fake news constituem propagação de fatos falsos ou distorcidos de modo fraudulento.[7] Obviamente, notícias fraudulentas não são invenção da pós-modernidade do século XXI. Ocorre que sua profusão recrudesceu, na medida em que a partir das plataformas sociais, cada indivíduo é centro produtor de informações, inclusive fraudulentas. Esse novo cenário, disruptivo e dificilmente controlável, agravou o problema das *fake news* colocando a própria democracia em risco em relação a elas.

É importante registrar, desde o início deste ensaio, que as plataformas digitais e a Internet avolumaram o problema das *fake news*, não apenas em função da facilidade de troca de dados e transmissão das notícias fraudulentas. O sucesso das *fake news,* na visão de Daniel Innerarity, deve-se ao fato de o campo virtual ser um espaço ideal para diversos tipos de fanatismo de grupos demasiadamente homogêneos, impedindo a necessária dissonância cognitiva para o real esclarecimento de temas relevantes. Quando usamos as plataformas para buscarmos estar certos, ou quando pretendemos que alguém quase igual a nós confirme que estamos certos, acabamos estreitando por completo nosso campo epistêmico, que é a antessala para decisões ruins.[8]

Daniel Innerarity ensina ser imprescindível a necessidade de interação com outras formas de pensamento para uma melhora qualitativa de nossas decisões. Ao interagirmos com pessoas que pensam igual a nós, sem nos expormos a pontos de vista divergentes, ficamos vulneráveis à radicalização. Exatamente essa aproximação entre iguais que a Internet e as plataformas sociais têm tido grande participação, de modo a, cada vez mais, criar espaço sectários de ideologias uniformes. Se, de fato, as novas tecnologias podem ampliar o horizonte de informação, elas têm servido mais para construção de câmaras de eco (*echo chambers*) que nos impede de refletir e mudar nossas convicções.[9]

As democracias apresentam vantagens para lidarmos com as *echo chambers* fomentadoras de *fake news* na medida em que regimes democráticos organizam mais adequadamente seus processos de deliberação e governo, permitindo que haja dissenso e contraposição de ideias. Assim, a democracia é mais apta a propiciar boas decisões. Uma boa decisão não é um entendimento calcado numa verdade metafísica e abstrata; na realidade, o que caracteriza uma boa decisão na democracia é assegurar que ela é originária de bons procedimentos. A dimensão procedimental, e não a verdade, é que origina o fundamento adequado das boas decisões democráticas.[10]

A questão atinente às *fake news* configura emblemático exemplo da necessidade de formação de novos mecanismos de regulação e controle, exigindo da democracia uma ainda maior estruturação de procedimentos para tratamento e controle das informações que circulam no mundo digital. Logo, não seria nenhum exagero afirmar que *fake news* constituem uma espécie de quebra de *accountability* na formação e circulação das informações agravadas pelas novas tecnologias das plataformas e aplicativos.[11]

Richard Collins, comentando o debate que se deu no Reino Unido, em 2006, sobre a *accountability* da BBC, chama a atenção para duas concepções distintas, porém complementares, dessa exigência democrática. A primeira delas, de autoria da

Baronesa Mary Warnock, sustenta que a *accountability* seria composta por dois elementos: o dever de dar conhecimento ou informação (*duty to give an account*) e o poder de impor uma sanção (*right to hold in account*).[12] Já a segunda, idealizada pelo estudioso Albert Hirschman, equaciona a *accountability* ao exercício alternativo de três opções fundamentais: a de *abandonar* o veículo de informações (seja por deixar de pagar preço ou de deixar de votar); a de se fazer *escutar* (por meio do voto ou de reclamações diretas); ou a de demonstrar a *lealdade*. O abandono é exercido pelo preço e pela política.[13]

O que se percebeu no Reino Unido, a partir dessas duas visões, é que a garantia da *accountability* se vê, inúmeras vezes, ameaçada pela tensão que existe entre o mercado e o Estado, em relação à mídia. Percebe-se o mesmo problema no combate às *fake news*. A partir do momento em que a circulação de notícias deixa de ser monopólio do Estado e as várias empresas de telecomunicação – surgidas para explorar essa nova fatia de mercado – encontram seu sustento nas assinaturas daqueles interessados nos seus serviços, as pessoas então se dividem entre *consumidores* e *administrados*. Os primeiros se veem à mercê dos interesses do mercado; os segundos, indefesos diante da opacidade da Administração Pública. Embora os consumidores pareçam poder exercer de maneira mais direta o direito de exigir contas das suas emissoras, o produto por eles consumido sempre se voltará ao que for mais lucrativo. Ao passo que, se os administrados podem votar, não podem jamais ter acesso ao que motiva as comunicações do Estado. O que Collins sugere, para resolver essa encruzilhada dolorosa, é um terceiro modelo. O *cidadão* é o meio termo entre o mercado e o Estado, e deverá exigir, tanto de um, quanto do outro, a transparência da qual ele tanto necessita para *decidir* o próprio destino.[14]

No âmbito das redes computacionais e plataformas digitais, o conceito de *accountability* deve ser repensado, se levado em consideração as peculiaridades da gramática do mundo digital, que é não organizacional. Assim, um importante desenvolvimento do conceito de *accountability* seria acoplá-lo ao conceito de autorregulação regulada, em que procedimentos sejam criados para compensar a incerteza e gerar conhecimento sobre a persecução de certos objetivos e interesses públicos estabelecidos.[15]

As democracias não podem ficar paralisadas perante os ataques das *fake news*. O mérito da atividade política é hoje ter a capacidade de enfrentar a diversidade de opiniões e interesses e, a partir disso, construir uma imagem coerente da realidade.[16]

Doravante, passamos a demonstrar a referida necessidade de conformar os instrumentos da democracia para lidar com as particularidades introduzidas pelas plataformas digitais.

Segundo Bender e Wellbery, a âncora epistêmica da pós-modernidade se assenta naquilo que poderia ser chamado de nova retoricidade (*new rhetoricality*). Em contraposição à antiga gramática do mundo real, a gramática do mundo virtual representa um desafio para a intervenção estatal.[17]

Lawrence Lessig ensina que o primeiro passo a tomar no estudo da relação da sociedade pós-moderna com o mundo digital é entendê-lo como um espaço, um *locus* de natureza completamente peculiar. O *ciberespaço* é moldado, por inteiro, pelo seu Código.

De fato, a natureza da Internet não decorre de Deus (por exemplo), ou de qualquer outro conjunto externo de leis inexoráveis, como as regras do mercado, os usos e costumes, as próprias leis naturais, ou até o próprio direito. Ela deriva sempre do desenho que se quer dar ao *ciberespaço*, por meio do seu Código. As Internets seriam tantas quantos fossem os seus codificadores, e o mundo virtual assumiria por base qualquer sistema de controle sobre a conduta humana que se lhe quiséssemos impor.[18]

A partir desse *insight*, é possível opor o mundo real ao *ciberespaço*, a gramática real à digital. No primeiro, segundo Lessig, existem, além do direito, do mercado e dos costumes, leis verdadeiramente universais, cuja existência e conteúdo não dependem do homem, as quais, imutáveis, mantêm coesa toda a trama da realidade como é a lei da gravitação universal. Já no segundo, as leis que limitam as possibilidades de ação dos usuários da Internet são produto direto da mente humana (ou Código) e, por isso mesmo, podem ser modificadas a qualquer momento. A Internet não tem e nunca poderá ter "essência", compreendida aqui como uma isomorfia em relação ao mundo natural.

Para Lessig, a tradição constitucional é aquela que limita o poder governamental, nessa perspectiva, os próprios direitos fundamentais, teriam a função precípua de limitar o poder estatal para dar mais espaço de liberdade para a sociedade privada. Entretanto, as maiores ameaças às liberdades fundamentais no mundo digital atual não advêm necessariamente e exclusivamente do Estado. Pelo contrário. Com o crescimento e a transformação de empresas em plataformas digitais, sejam plataformas industriais, de propaganda e redes sociais, de produtos, de aluguel etc., muda a maneira como as firmas modernas operam e como elas interagem com o resto da economia. O chamado "capitalismo das plataformas"[19] chama a atenção justamente para o aspecto de que a nova lógica dos "ganhadores" do mundo digital, como Google, Facebook, Amazon, Microsoft, Siemens, GE, Uber, Airbnb, entre outros, agem para oferecer *software* ou *hardware*, no qual outras firmas podem então interagir e criar produtos para a economia.[20]

Tendo esse desenvolvimento como pano de fundo do mundo digital atual, percebese que o problema do constitucionalismo tradicional em limitar a ação estatal passa, no capitalismo de plataformas, a ser o de concretizar *standards* de direitos fundamentais dentro dessas esferas privadas, nas quais não mais a relação tradicional Estado/sujeito se coloca em primeiro plano, mas a relação privado/privado.[21]

Nesse cenário, Teubner, por exemplo, enxerga um longo processo de transformação do Estado e da sociedade sinalizando para uma nova forma de um policorporativismo, em que a posição hierárquica do Estado é colocada em xeque pelo crescente número de organizações sociais intermediárias.[22] Karl Heinz Ladeur foca, por sua vez, na passagem de uma sociedade na qual o conhecimento social era centrado em organizações para uma sociedade que passa a gerar o seu conhecimento social através de redes.[23] Em resposta a essa dinâmica da sociedade das organizações, o direito, Estado e a democracia também tiveram de se adaptar à nova epistemologia social, em especial aos perigos advindos dela. Cada vez mais se abriu espaço para organizações gerirem âmbitos até então privativos do Estado, criando novas chances, mas também gerando novos riscos sociais. Até mesmo o Estado ganha outro nome e outra responsabilidade: o Estado se torna um Estado garantidor (*Gewährleistungsstaat*) e não mais um Estado provedor.[24]

Portanto, as inovações tecnológicas trazidas pela Internet impactaram profundamente na funcionalidade do Estado e da democracia, forçando ambos a assimilarem o novo modelo do código digital a ser oposto ao mundo tradicional. Relembrando que o mundo digital opera por uma linguagem autônoma e não tem instituições que lhe são inatas, pelo contrário, a cada momento o mundo digital dará origem a novos institutos. Mesmo a criptografia, por exemplo, não é algo inato ao mundo digital que hoje conhecemos. A criptografia é produto de decisões, conscientemente tomadas, as quais modificaram o código em alguma medida, nesse ou naquele sentido.

Nessa perspectiva, haveria duas grandes maneiras de regular a Internet, cada qual com efeitos mais ou menos imediatos sobre essa realidade específica. A primeira e mais direta consistiria em alterar sua arquitetura, ou seja, modificar o seu Código. Fazê-lo equivaleria a, em termos palpáveis, reconfigurar, num estalar de dedos, a realidade física ou a natureza da própria Internet, tornando possível o que antes era impossível, e vice-versa, sem a exigência de qualquer outra etapa prévia ou intermediária. A segunda – e mais indireta – seria a aprovação de leis pela estrutura estatal, as quais, para ser implementadas de maneira eficaz, levariam, por consequência inevitável, a mudanças no Código.[25]

O caráter infinitamente maleável da Internet faz com que qualquer tentativa de controle governamental, expressa na forma antiquada das leis do Estado, tenha de ser assimilada pelo Código para poder cumprir sua finalidade.[26] Antes da ordem ou do sistema jurídicos, há toda uma arquitetura de controle,[27] que a eles prefere em hierarquia, poder e eficácia. Nesse ponto, fica evidente a dificuldade de a democracia estruturar meios eficazes para lidar e operacionalizar a questão concernente às *fake news* e o *click ativismo*, termo cunhado por Daniel Innerarity.[28]

O autor destaca que as novas formas de organização têm impactado diretamente em novos modos de realização da militância, merecendo destaque o que ele convencionou chamar de *click ativismo* como forma de exercer juízo político-social a partir das plataformas e sem haver qualquer controle sobre essa manifestação, como anteriormente ocorria por meio dos partidos políticos.[29]

Se, por um lado, o *click ativismo* pode ser algo positivo por supostamente possibilitar uma maior liberdade na militância e prestigiar a autonomia das pessoas, por outro lado, o que se tem visto é uma degeneração da opinião pública em razão de *fake news* e da impossibilidade crescente para o cidadão e as instituições de processarem o número, complexidade e a quantidade de informações. Temas complexos e contemporâneos, como substituição de trabalho humano por robôs, aquecimento climático, previdência demandam uma opinião pública qualificada para serem adequadamente debatidos. Contudo, esses temas são cada vez mais complexos para serem compreendidos e debatidos pela sociedade o que resulta em raiva e medo em grande parte das pessoas, insuflando assim, círculo vicioso de *fake news*. Ocorre que não há democracia sem uma opinião pública que efetue real controle sobre o poder mediante críticas e exigências. Para que esse controle ocorra, é necessário que a opinião pública compreenda corretamente os processos políticos. O problema é que a complexidade dos temas e da própria política tem dificultado a formação de uma opinião pública apta a exercer esse mister, tornando a democracia ainda mais frágil em relação às *fake news*.[30]

Essa é uma das diversas razões pelas quais a democracia precisa compreender e interagir com o mundo digital para não cair numa obsolescência total perante esses novos desafios, em especial o de como lidar com notícias fraudulentas.

Se não compreendermos o *ciberespaço* – como *locus* em que toda a realidade é passível de ser desenhada por alteração do Código –, jamais poderemos desenvolver mecanismos mais dinâmicos e flexíveis, tão necessários para a absorção dessa complexidade.

Como bem nota o *legal scholar* britânico Andrew D. Murray, o *ciberespaço* criou demandas sociais específicas, que reclamam um esforço de regulamentação por parte do Estado. A Internet não é simplesmente uma inovação tecnológica que tornou mais simples e rápidas as interações humanas. Ela mesma é o centro de um sem-número de novas comunidades sociais, que jamais existiriam de outra maneira.[31]

Sem nenhum exagero, a Internet possibilitou a ascensão de novos padrões de comunicação e circulação de informações, de modo a promover profunda reconfiguração da esfera pública.

Presentemente, experenciamos a era das redes, um *modus* social que tem como predecessora a sociedade das organizações e, mais remotamente, a sociedade dos indivíduos.

Nesse contexto, Karl-Heinz Ladeur ensina que a sociedade das organizações se caracteriza pelo fato de que o conhecimento social é produzido e reproduzido por grupos representativos e entidades organizacionais.[32] Conforme o autor:

> Uma grande parte do conhecimento social não é mais distribuída entre os indivíduos na sociedade; em vez disso, é reproduzido e recodificado por meio de enquadramento interno e interorganizacional e estandardização (padronização).[33]

"As organizações [...]", afirma Ladeur, e "[...] não mais apenas os indivíduos, como na 'sociedade dos indivíduos', agem em redes permanentemente abertas de produção de conhecimento, que se autotransformam dentro (inter) e entre organizações".[34]

A sociedade de organizações é, então, protagonizada pelos partidos, sindicatos, universidades, grandes corporações econômicas e meios de comunicação institucionalizados, que substituem (ainda que parcialmente) os indivíduos enquanto polos de produção de conhecimento. Cuida-se de uma nova forma de policorporativismo, em que a supremacia hierárquica do Estado é posta em dúvida pelo crescente número de organizações sociais intermediárias.[35] Ao fim, o debate travado com o Estado acerca de interesses públicos comuns passa a ser provocado e conduzido também pelas entidades organizacionais em questão.

Destaca-se, outrossim, a transformação do fenômeno da padronização do conhecimento e das relações. A padronização transcende o domínio geral e estável de práticas sobre as quais outrora recaía, para incorporar um elemento proativo mais prospectivo que abrange a harmonização de interesses conflitantes. O acontecimento em questão atinge, sobretudo, os processos de barganha coletiva (*collective bargaining*) existentes no meio industrial: dessarte, padronizam-se, por exemplo, o trabalho, os métodos de pagamento e os programas de treinamento para ocupação dos cargos, dando ensejo a um conjunto de elementos estandardizados que podem se tornar objeto de estabilização normativa.[36]

Os textos constitucionais, conforme observa Ladeur, não absorveram a sociedade das organizações. A sua regulamentação foi relegada à legislação infraconstitucional e ao Poder Judiciário, o que auxilia a compreender um aspecto particular da evolução do Estado de Bem-estar Social, que conduziu à crescente especialização e diferenciação do sistema legal que não pode ser facilmente interpretada a partir das formas constitucionais básicas – essas serviam melhor à intitulada sociedade dos indivíduos.[37]

A distribuição do processo de geração de informação entre as mais variadas organizações se relaciona diretamente ao *status* jurídico multifacetado que o indivíduo incorpora na sociedade moderna. O jurisdicionado é, ao mesmo tempo, trabalhador, consumidor, destinatário das informações produzidas pela imprensa e beneficiário dos diversos serviços sociais providos pelo Estado. É como se, perante cada polo organizacional atuante na sociedade regulamentada por uma legislação igualmente fragmentada, o indivíduo fosse sujeito de uma (ou várias) condição(ões) jurídica(s) distinta(s): perante a cadeia de fornecimento de produtos ou serviços, é consumidor; perante o Estado, é administrado; perante as empresas, é trabalhador.[38]

Conforme se sabe, desde a modernidade, a sociedade passa por um processo de partição: para cada multiplicação e fragmentação de individualidades, corresponde igual multiplicação e fragmentação de discurso social. Trata-se de um processo que perdurou na sociedade das organizações, é verdade, mas que se agrava sensivelmente na contemporânea era das redes, dadas as peculiaridades que a cercam.

Muito embora a sociedade de organizações já esteja, em certa medida, marcada pela pluralidade e pela descentralização, é a sociedade das redes que içará a fragmentariedade ao próximo nível.

A sociedade das redes gravita em torno da economia de plataformas digitais (daí preferirmos chamá-la de sociedade de plataformas). Com efeito, notamos que, na pós-modernidade, prepondera o crescimento e a transformação de empresas em plataformas digitais, o que revoluciona o modo como as companhias operam e interagem com os demais atores econômicos e reguladores.

A compreensão da sociedade e do capitalismo das plataformas é condição central para entendermos o porquê de o modelo de regulação tradicional ser ineficiente para o tratamento dos problemas oriundos do paradigma das plataformas, em especial, a questão referente às *fake news*.

A produção de conhecimento é transferida às redes, às empresas diluídas, que operam de modo flexível e heterárquico, e não permitem mais uma representação estável ou uma coordenação via organizações.[39] Essa característica evidencia, ao mesmo tempo, a possibilidade de novas combinações surgirem, mas conforme uma lógica diversa daquela do passado.

A complexidade é crescente porque, além de existirem múltiplos níveis de comando, a própria compreensão do que é o centro de comando fica diluída. Por outro lado, a experimentação assume papel protagonista, ao tempo que a estabilidade da ordem coletiva liberal passa a depender do aproveitamento produtivo do conhecimento, engendrado e compartilhado entre os particulares.[40] Nesse ponto, fica claro o quão complicado vai se tornando para o Estado a regulamentação desses temas e a assimilação de todo esse conhecimento gerado.

Na sociedade das plataformas, há crescimento exponencial da informação produzida pelos próprios particulares e em muitos setores retirando o protagonismo dos agentes públicos na produção da regulamentação e do conhecimento.

A produção difusa da informação, antes concentrada nas organizações midiáticas – isto é, a imprensa escrita, a televisão e o rádio – é marca registrada da sociedade de plataformas. O mundo ficcional engendrado pelos sites e aplicativos que operam na rede mundial de computadores – a Internet – possibilitou ao indivíduo se tornar um (re)produtor em potencial de informação. Dito de outro modo, os jurisdicionados se tornam unidades (re)produtoras das informações de que antes eram apenas destinatários.

Atualmente, sem *fake news*, já seria bastante complicado apreender e lidar com o acúmulo existente de informações, sendo cada vez mais difícil uma visão holística sobre diversos tipos de assunto. Assim, se as novas tecnologias têm um efeito democratizador na distribuição das informações elas não têm sido suficientes para superar o atual cenário de uma *desinformada sociedade das informações.*[41]

Do mesmo modo, para superar os perigos produzidos pelas *fake news*, o desafio posto às democracias é mais uma vez lidar com a complexidade mediante uma redução qualitativa da capacidade de transformar os dados em informação real e conhecimento. A produção de informações é um processo de adição e não narrativo. Logo, sem interpretação, as informações não adquirem relevância suficiente para auxiliarem na solução dos problemas e deixam se servir como norte da ação política, porque dificilmente conseguiríamos discernir o que é ou não importante.[42]

Conforme a narrativa de Karl-Heinz Ladeur, a sociedade das redes é o terceiro estágio da remodelação da sociedade de indivíduos, emergente do processo de transformação para as "hierarquias planas" (*flat hierarchies*) e auto-organizações heterárquicas que processam informação de uma nova maneira.

> O conhecimento tecnológico, em particular, não é mais concentrado numa comunidade estável de especialistas; é distribuído em 'comunidades epistêmicas' orientadas para projetos que combinam a produção de conhecimento geral e específico em formas híbridas de comunicação; os exemplos principais são a biotecnologia e a tecnologia da computação, tanto como base da produção de novos programas de informação, quanto como recurso organizacional em outros campos de produção.[43]

As transformações havidas são impulsionadas por uma nova tecnologia da informação e dos modos de comunicação, que transcendem, sem maiores dificuldades, as fronteiras bem estabelecidas entre organizações e departamentos organizacionais, permitindo, por exemplo, formas híbridas de cooperação entre indivíduos, mesmo que, num dado aspecto, continuem a concorrer fortemente uns com os outros.[44]

Porquanto também, nas *project-related networks*, o setor privado é o controlador dos processos de conhecimento, a relação com os atores privados assume uma orientação progressivamente baseada em projetos. Contudo, é necessário advertir que, quando Ladeur emprega o termo "projeto", não se refere a um processo orientado a determinados objetivos (*goal-oriented process*), mas a um "[...] mapeamento complexo de diferentes empreendimentos cooperativos que supostamente geram, primeiro, um domínio de ação a partir do qual comportamentos e estratégias específicas podem emergir de forma evolutiva".[45]

A sociedade de redes acresce aos projetos mais camadas de complexidade, na medida em que eles precisam gerar e experimentar mais possibilidades.

Está aí constituída a base para as novas formas de cooperação entre concorrentes, que firmam entre si verdadeiras *joint ventures*, cujo escopo é compartilhar conhecimento que, *a posteriori*, poderá ser utilizado de diferentes formas para a competição. A esse respeito:

> Na sociedade das redes intra e interorganizacionais [...] também a concorrência e a cooperação não mais se excluem mutuamente (por exemplo, *joint venture* de empresas concorrentes para o desenvolvimento de produtos). Para isso concorre o fato de que conhecimento geral (de "manual") e conhecimento tecnológico não mais são separados, mas conectados entre si.[46]

Cuida-se de inovação que gera não apenas novas possibilidades, como também novos riscos, dado que essas parcerias e grupos que se formam para a busca de conhecimento – conhecidos como *knowledge clusters* – não são passíveis de observação e avaliação externa. Dito de outro modo, a informação produzida por esses grupos não pode ser fiscalizada ou

A sociedade de redes acresce aos projetos mais camadas de complexidade, na medida em que eles precisam gerar e experimentar mais possibilidades.

GEORGES ABBOUD
DEMOCRACIA PARA QUEM NÃO ACREDITA

avaliada antecipadamente por um dado expectador. O único controle possível é aquele realizado internamente.[47]

A sociedade das redes prescinde cada vez mais de um conhecimento *experimental*, produzido, na prática, pelos atores privados. "A ascensão desse tipo de conhecimento", leciona Ladeur, "[...] é inevitável, porque a sociedade experimenta-se com o novo e se projeta, cada vez mais, para além da própria experiência".[48] Isto é, a experiência com o novo abre os horizontes e permite à sociedade evoluir para melhor responder aos fatos dinâmicos que cotidianamente se colocam.

É crescente a limitação do poder de agir e de regulamentação dos Estados. A globalização tem operado de modo a retirar a capacidade de governo dos Estados, deixando-os cada vez mais sujeitos à dependência internacional e constrições de ordem global. Assim, Estados têm perdido sua capacidade regulatória em face de poderosas redes transnacionais de fluxo de informações.[49]

Obviamente, os Estados continuam sendo atores fundamentais da governança global, contudo, não estão sozinhos. Eles dividem espaço com instituições globais, corporações transnacionais, ONGs, movimentos sociais etc. Esses novos agentes de âmbito nacional retiram parcela do poder de regulação dos Estados que passam a estar inseridos em redes e organizações transnacionais precisando lidar com complexo tecido de regulações. Assim, os Estados têm cada vez tido menor capacidade de regulação e controle das grandes empresas, dos fundos soberanos e dos agentes que operam em escala global. Portanto, a capacidade de ação coletiva, a eficácia das políticas públicas, tem cada vez menor impacto.[50]

O Estado, na sua forma tradicional, apostou no conhecimento científico, superestimando suas capacidades. Contudo, a sociedade, marcada pela complexidade e pela incerteza (como é o caso da sociedade de plataformas), deve, preferencialmente, desenvolver formas práticas de atuação (que melhor respondem à incerteza em si); o Estado não pode organizá-la unicamente à base do conhecimento científico. Por isso se diz que estratégias de cooperação devem ser empregadas com a sociedade, em que o conhecimento científico especializado seja validado apenas se conseguir se adaptar às possibilidades e obrigações de auto-organização social,[51] ou seja, apenas se *experimentado*.

De tudo o que dissemos, é possível notar que, na sociedade de plataformas, houve uma alteração da infraestrutura cognitiva, que a torna ainda mais fragmentária.

Falta à sociedade das redes um projeto de controle que a integre/unifique, o qual não pode ser construído conforme as racionalidades prevalentes na sociedade dos indivíduos ou na sociedade das organizações. Muito pelo contrário: é necessário estruturá-lo de acordo com "[...] uma racionalidade procedural [...] que estabelece suas metas de maneira estratégica e reflexiva à base da informação que é gerada em um procedimento experimental".[52]

Em resumo, a complexidade gerada pela crescente fragmentação própria da sociedade das redes só pode ser enfrentada ou potencialmente resolvida por meio de uma nova racionalidade, heterárquica e experimental, que deverá antecipar as possibilidades de falha e o surgimento de consequências nefastas, sempre se arranjando e rearranjando, conforme o aprendizado que obtém da prática.

Essa nova racionalidade – justamente por ser experimental –, ao ser judicializada, impõe modalidades mais flexíveis de tratamento que a imutabilidade decisória tradicional. Do contrário, dois problemas podem surgir: i) fechamento cognitivo da decisão para o novo conhecimento gerado; e ii) impossibilidade de adaptação e ajustes do que foi decidido em face das consequências práticas geradas.

É importante notar que, na pós-modernidade, o capital progressivamente se torna um "armazenador de conhecimento", a ser, ulteriormente, combinado/trocado nas redes sociais. O capital acumula o trabalho realizado ao longo do

Em resumo, a complexidade gerada pela crescente fragmentação própria da sociedade das redes só pode ser enfrentada ou potencialmente resolvida por meio de uma nova racionalidade, heterárquica e experimental, que deverá antecipar as possibilidades de falha e o surgimento de consequências nefastas, sempre se arranjando e rearranjando, conforme o aprendizado que obtém da prática.

tempo, que, assim como o conhecimento produzido nas redes, pode, *a posteriori*, ser reunido e integrado às redes de relações de trabalho comum. Dessarte, o capital consubstancia uma "memória coletiva" compartilhada, que potencializa a possibilidade de aprendizado do indivíduo. Dada a existência da memória coletiva em questão, reduz-se a responsabilidade que cada um teria na produção do conhecimento. Por sua vez, a produção de conhecimento se torna mais eficiente, à medida em que todos aproveitam dos progressos realizados, uns pelos outros, e podem, a partir daí, buscar melhorias:

> O capital torna-se, assim, uma parte do arquivo da base de dados material, sem o qual a reprodução do conhecimento de uma sociedade não é possível. Uma grande parte do nosso conhecimento disponível depende não apenas de outros, mas pode apenas ser gerado e aproveitado em sistemas sociais transsubjetivos.[53]

A sociedade de redes exige que esses espaços de produção de conhecimento sejam estimulados e que, inclusive, cooperem com o Estado. Mais precisamente, esses espaços precisam ser organizados de modo a produzirem o conhecimento necessário para o Estado lidar com a crescente complexidade; por conseguinte, o Direito e a democracia precisam fomentar e estarem abertos a eles para enfrentar a indecidibilidade de temas complexos e que demandam essa nova forma de regulamentação do Estado.

Conforme apresentado no ensaio sobre complexidade, para o enfrentamento de temas complexos, como é o das *fake news*, é necessário que o Estado e a democracia adquiram dimensões cognitivas mediante aperfeiçoamento de procedimentos. Daniel Innerarity destaca que a falta de competência política não é oriunda de uma decisão individual ou apenas de como temos votado. Para lidarmos com a complexidade, as soluções precisam ser institucionais e procedimentais para possibilitar ao sistema político meios de atual de forma inteligente.[54]

O que não pode haver é eliminação da liberdade de expressão a pretexto de combatermos *fake news*, daí o amadurecimento para distinguirmos opinião de fato. A democracia é, antes de tudo, um regime de opinião e não um regime para se alcançar a verdade. Por isso, ela precisa proteger direitos e assegurar pluralismo e, ao combater *fake news*, é impossível, para a democracia, prometer uma objetividade total, afinal, o mundo é um conjunto de opiniões geralmente com pouco fundamento. Novamente, não se trata de afirmar que o problema das *fake news* seja irremediável, mas que o combate à falsidade numa democracia somente pode ser feito se for garantido o pluralismo. A batalha contra *fake news* deve ser limitada a estabelecermos uma regulação atual, eficaz e garantidora dos direitos fundamentais.[55]

Fake news são, antes de tudo, armas de extremistas de diversos matizes ideológicos, consequentemente, não podemos usar de radicalismo para combater esse mal. Eliminar as *fake news*, em uma democracia, deve ter o ideal de assegurar pluralismo e a manifestação de regulares dissonâncias cognitivas. Do mesmo modo, não podemos ser sufragados por um nicho niilista da pós-modernidade e passarmos a crer que tudo é pós-verdade e a diferenciação funcional entre falso e verdadeiro deixou de existir. Ainda há verdade, caro leitor. Nossa busca por ela não se encerra aqui.

Portanto, o combate e o tratamento às *fake news* demanda ações coordenadas e complexas da democracia. Nos limites do presente ensaio indicamos dois pontos cruciais para que democracias possam enfrentar as notícias fraudulentas: 1) reconhecimento da perda de poder regulatório que o Estado e a democracia atualmente possuem; 2) diante da constatação 1 compreender como opera a rede de informações nas plataformas de modo a criar novos espaços regulatórios de caráter híbrido entre publico e privado sempre a fomentar pluralismo e o dissenso cognitivo.

F*ake news* são, antes de tudo, armas de extremistas de diversos matizes ideológicos, consequentemente, não podemos usar de radicalismo para combater esse mal. Eliminar as *fake news,* em uma democracia, deve ter o ideal de assegurar pluralismo e a manifestação de regulares dissonâncias cognitivas. Do mesmo modo, não podemos ser sufragados por um nicho niilista da pós-modernidade e passarmos a crer que tudo é pós-verdade e a diferenciação funcional entre falso e verdadeiro deixou de existir. Ainda há verdade, caro leitor. Nossa busca por ela não se encerra aqui.

GEORGES ABBOUD
DEMOCRACIA PARA QUEM NÃO ACREDITA

REFERÊNCIAS

1 "When any opinion leads to absurdities, it is certainly false; but it is not certain that an opinion is false, because it is of dangerous consequence". HUME, David. *An Enquiry concerning Human Understanding*, Oxônia: Oxford University Press, 2007. p. 70.

2 Ver: ABBOUD, Georges; NERY JUNIOR, Nelson; CAMPOS, Ricardo (Org.). *Fake News e Regulação*. 2. ed. São Paulo: Revista dos Tribunais; Thomson Reuters, 2020; MELLO, Patrícia Campos. *A máquina do ódio*. São Paulo: Companhia das Letras, 2020.

3 Ver publicação representativa da Science sobre o tema, BENCKLER, Yochai; SUNSTEIN, Cass *et al*. The Science of Fake News *Science*, 2018, v. 359, n. 6380, p. 1094-1096; WARDLE, C.; DERAKHSHAN, H., Information Disorder: Towards an Interdisciplinary Framework for Research and Policy Making. *Council of Europe Policy Report DGI* 2017, v. 9; ROSTALSKI, Frauke, *fake news* und die "Lügenpresse" – ein (neuer) Fall für das Straf und Ordnungswidrigkeitenrecht?, *RW Rechtswissenschaft*, v. 8; 2017, S. 436-461. Ver: ABBOUD, Georges; Campos, Ricardo. A autorregulação regulada como modelo do Direito Proceduralizado: regulação das redes sociais e proceduralização. *In*: ABBOUD, Georges, NERY JUNIOR, Nelson; CAMPOS, Ricardo (Org.). *Fake News e Regulação*. 2. ed. São Paulo: Revista dos Tribunais; Thomson Reuters, 2020; Patrícia Campos Mello. *A máquina do ódio*. São Paulo: Companhia das Letras, 2020. p. 122.

4 INNERARITY, Daniel. *Una teoria de la democracia compleja*: gobernar en el siglo XXI. Barcelona: Galaxia Gutenberg, 2020. p. 336.

5 Acerca da necessidade de o veículo registrar com clareza o que é opinião e o que é fato. Cf.: MELLO, Patrícia Campos. *A máquina do ódio*. São Paulo: Companhia das Letras, 2020. p. 224.

6 *Ibidem*, p. 23.

7 Para diversos exemplos de *fake news* já utilizados no Brasil conferir: MELLO, Patrícia Campos. *A máquina do ódio*. São Paulo: Companhia das Letras, 2020. p. 37.

8 INNERARITY, Daniel. *Una teoria de la democracia compleja:* gobernar en el siglo XXI. Barcelona: Galaxia Gutenberg, 2020. p. 319.

9 *Ibidem*, p. 324. Sobre como o marketing digital e *fake news* foram utilizados para manipular a opinião das pessoas na internet, ver: MELLO, Patrícia Campos. *A máquina do ódio*. São Paulo: Companhia das Letras, 2020. p. 151.

10 INNERARITY, Daniel. *Una teoria de la democracia compleja:* gobernar en el siglo XXI. Barcelona: Galaxia Gutenberg, 2020. p. 330-331. Sobre como o marketing digital e *fake news* manipulando a opinião das pessoas na internet, ver: MELLO, Patrícia Campos. *A máquina do ódio*. São Paulo: Companhia das Letras, 2020. p. 151.

11 Prova disso é que autocratas atacam a mídia tradicional para destruir ferramentas privadas de estabelecimento de *accountability,* ver: MELLO, Patricia Campos. *A máquina do ódio*. São Paulo: Companhia das Letras, 2020. p. 186.

12 COLLINS, Richard, Accountability, Citizenship and Public Media. *In*: Monroe E. Price; Sefaan G. Verhulst; Libby Morgan (Orgs.). *Routledge Handbook of Media Law*. Nova York: Routledge, 2013. p. 219-233.

13 *Idem*.

14 *Idem*.

15 AUGSBERG, Ino, Informationsverwaltung. *Zur kognitiven Dimension der rechtlichen Steuerung von Verwaltungsentscheidungen*, Mohr Siebeck, Tübingen 2014. p. 244 *et seq*.

16 INNERARITY, Daniel. *Una teoria de la democracia compleja:* gobernar en el siglo XXI. Barcelona: Galaxia Gutenberg, 2020. p. 217.

17 BENDER, John e WELLBERY, David. Rhetoricality: on the modernist return of rhetoric. *The Ends of Rhetoric:* History, Theory, Practice. Standford University Press: Standford, 1990. p. 3-42.

18 LESSIG, *Lawrence. Code:* version 2.0. Nova York: Basic Books, 2006. p. 38.

19 SRNICEK, Nick. *Platform Capitalism*. Cambridge: Polity Press Cambridge, 2017.

20 ABBOUD, Georges; CAMPOS, Ricardo. A autorregulação regulada como modelo do Direito Proceduralizado: regulação das redes sociais e proceduralização. *In*: ABBOUD, Georges; NERY JUNIOR,

Nelson; CAMPOS, Ricardo (Org.). *Fake News e Regulação*. 2. ed. São Paulo: Revista dos Tribunais; Thomson Reuters, 2020. p. 126-129.

21 Para uma versão mais detalhada de um constitucionalismo moderno que enfrenta essa temática ver: TEUBNER, Gunther, *Fragmentos constitucionais*: constitucionalismo social na Globalização. São Paulo: Saraiva, 2016. p. 237 *et seq.*

22 ABBOUD, Georges; CAMPOS, Ricardo. A autorregulação regulada como modelo do Direito Proceduralizado: regulação das redes sociais e proceduralização. *In*: ABBOUD, Georges; NERY JUNIOR, Nelson; CAMPOS, Ricardo (Org.). *Fake News e Regulação*. 2. ed. São Paulo: Revista dos Tribunais; Thomson Reuters, 2020. p. 131; TEUBNER, Gunther. Polykorporativismus: Der Staat als "Netzwerk" öffentlicher und privater Kollektivakteure. *In*: NIESEN, Peter; BRUNKHORST, Hauke. (Orgs.). *Das Recht der Republik:* Festschrift Ingeborg Maus, Frankfurt 1999. p. 346-372.

23 ABBOUD, Georges; CAMPOS, Ricardo. A autorregulação regulada como modelo do Direito Proceduralizado: regulação das redes sociais e proceduralização. *In*: ABBOUD, Georges; NERY JUNIOR, Nelson; CAMPOS, Ricardo (Org.). *Fake News e Regulação*. 2. ed. São Paulo: Revista dos Tribunais; Thomson Reuters, 2020. p. 131-132.Ver de forma geral: LADEUR, KarlHeinz. *Das Recht der Netzwerkgesellschaft*. Mohr Siebeck: Tübingen, 2013.

24 ABBOUD, Georges; CAMPOS, Ricardo. A autorregulação regulada como modelo do Direito Proceduralizado: regulação das redes sociais e proceduralização. *In*: ABBOUD, Georges; NERY JUNIOR, Nelson e CAMPOS, Ricardo (Org.). *Fake News e Regulação*. 2. ed. São Paulo: Revista dos Tribunais; Thomson Reuters, 2020. p. 132; GRANDE, Edgar. Entlastung des Staates durch Liberalisierung und Privatisierung? *In*: Voigt (Org.). *Abschied vom Staat – Rückkehr zum Staat?* 1993. p. 388 *et seq.* SCHUPPERT, Gunnar Folke. *Verwaltungswissenschaft.* [S.l]: Nomos, 2000, p. 383; KNAUFF Matthias. *Der Gewährleistungsstaat:* Reform der Daseinsvorsorge, 2004. VOßKUHLE, Andreas; Der "Dienstleistungsstaat": Über Nutzen und Gefahren von Staatsbildern, *Der Staat,* 40, 2001, p. 495 *et. seq.*

25 LESSIG, Lawrence. The Law of the Horse: What Cyber Law Might Teach. *Harvard Law Review*, n. 113, v. 501, 1999.

26 *Ibidem*, p. 84.

27 LESSIG, Lawrence. *Code*: version 2.0. Nova York: Basic Books, 2006. p. 38 *et seq.*

28 Cf. INNERARITY, Daniel. *Una teoria de la democracia compleja*: gobernar en el siglo XXI. Barcelona: Galaxia Gutenberg, 2020

29 INNERARITY, Daniel. *Una teoria de la democracia compleja:* gobernar en el siglo XXI. Barcelona: Galaxia Gutenberg, 2020. p. 196.

30 *Ibidem*, p. 210.

31 MURRAY, Andrew D. *The regulation of cyberspace:* control in the on-line environment. Nova York: Routledge-Cavendish, 2007. p. 17.

32 No original: "The societal knowledge base is increasingly processed and channeled by representative groups, organizations and a homogenizing technical infrastructure which goes beyond the open processes of self-coordination among individuals and small organizations, as used to be the case in the liberal order. However, the link-age of normativity and facts is reproduced in a more reflexive form and on a higher level than before". Cf.: LADEUR, Karl-Heinz. Constitutionalism and the State of the 'Society of Networks': the design of a new 'control project' for a fragmented legal system. *Transnational Legal Theory*, v. 2, n. 4, 2011. p. 466. (tradução minha)

33 No original: "A large proportion of societal knowledge is no longer distributed among the individuals in society; rather it is reproduced and re-coded through internal and interorganizational framing and standardization". *Ibidem*. p. 468. (tradução minha)

34 No original: "Organisationen, nicht mehr nur die Individuen wie in der "Gesellschaft der Individuen", agieren in dauerhaft offenen, sich selbsta transformierenden Netzwerken der Wissenserzeugung innerhalb von und zwischen Organisationen". LADEUR, Karl-Heinz. *Der Staat gegen die Gesellschaft:* Zur Verteidigung der Rationalität der "Privatrechtsgesellschaft". Hamburgo: Mohr Siebeck Tübingen, 2006. p. 296-297. (tradução minha)

35 No original: TEUBNER, Gunther. Polykorporativismus: Der Staat als "Netzwerk" *öffentlicher* und privater Kollektivarteure. *In:* NIESEN, Peter; BRUNKHORST, Hauke (Orgs.). *Das Recht der Republik:* Festschrift Ingeborg Maus. Frankfurt, 1999. p. 346-372. (tradução minha)

36 No original: LADEUR, Karl-Heinz. Constitutionalism and the State of the 'Society of Networks': the design of a new 'control project' for a fragmented legal system. *Transnational Legal Theory*, v. 2, n. 4, 2011. p. 466. (tradução minha)

37 *Ibidem*, p. 468.

38 No original: "There are new participatory rights in planning processes; the status of the individual is fragmented into those, for example, of dependent worker, consumer, the recipient of media information or social insurance. This, according to my model, is due to the corresponding fragmentation of the knowledge base of society, which is much more differentiated than it was in the past". LADEUR, Karl-Heinz. Constitutionalism and the State of the 'Society of Networks': the design of a new 'control project' for a fragmented legal system. *Transnational Legal Theory*, v. 2, n. 4, 2011. p. 468. (tradução minha)

39 No original: "Die neuen inter und intraorganisationalen Netzwerke, die 'distribuierten Unternehmen', sind eher flexible und heterarchisch angelegt und lassen eine sabile Vertretung und Koordination durch representative Organisationen nicht mehr zu". *Ibidem*, p. 304. (tradução minha)

40 *Ibidem*, p. 305.

41 INNERARITY, Daniel. *Una teoria de la democracia compleja:* gobernar en el siglo XXI. Barcelona: Galaxia Gutenberg, 2020. p. 221.

42 *Ibidem*, p. 223.

43 No original: "Technological knowledge, in particular, is no longer concentrated in stable expert communities; it is distributed in overlapping project-oriented 'epistemic communities' which combine general and specific knowledge production in hybrid forms of communication; the primary examples are biotechnology, and computer technology both as a basis of production of new information programmes and as an organizational resource in other fields of production". LADEUR, Karl-Heinz. Constitutionalism and the State of the 'Society of Networks': the design of a new 'control project' for a fragmented legal system. *Transnational Legal Theory*, v. 2, n. 4, 2011. p. 469.

44 *Ibidem*, p. 469.

45 No original: "[…] a complex 'mapping' of different cooperative ventures which are supposed to generate a domain of action first from which specific actions and strategies might emerge in an evolutionary way". *Ibidem*, p. 470. (tradução minha)

46 No original: "In der Gesellschaft der intra-und interorganisationalen Netzwerke überlappen sich diese Stufen. Das führt dazu, daß auch Wettbewerb und Kooperation einander nicht mehr ausschließen (z.B. joint venture konkurrierender Unternehmen für Produktenwicklung); dazu trägt auch die Tatsache bei, daß allgemeines ("Lehrbuch") Wissen und technologisches Wissen nicht mehr getrennt sondern miteinander verschleift sind". LADEUR, Karl-Heinz. *Der Staat gegen die Gesellschaft:* Zur Verteidigung der Rationalität der "Privatrechtsgesellschaft". Hamburgo: Mohr Siebeck Tübingen, 2006. p. 299. (tradução minha)

47 No original: "[...] a complex 'mapping' of different cooperative ventures which are supposed to generate a domain of action first from which specific actions and strategies might emerge in an evolutionary way". LADEUR, Karl-Heinz. Constitutionalism and the State of the 'Society of Networks': the design of a new 'control project' for a fragmented legal system. *Transnational Legal Theory*, v. 2, n. 4, 2011. p. 470. (tradução minha)

48 No original: "Der Aufstieg dieses neuen Wissenstypus ist unvermeidlich, weil die Gesellschaft mit dem Neuen experimentiert und sich mehr und mehr jenseits der Erfahrung selbst enwirft". LADEUR, Karl-Heinz. Constitutionalism and the State of the 'Society of Networks': the design of a new 'control project' for a fragmented legal system. *Transnational Legal Theory*, v. 2, n. 4, 2011. p. 301. (tradução minha)

49 INNERARITY, Daniel. *Una teoria de la democracia compleja*: gobernar en el siglo XXI. Barcelona: Galaxia Gutenberg, 2020. p. 379.

50 *Ibidem*, p. 381.

51 LADEUR, Karl-Heinz. *Der Staat gegen die Gesellschaft:* Zur Verteidigung der Rationalität der "Privatrechtsgesellschaft". Hamburgo: Mohr Siebeck *Tübingen, 2006.* p. 301-302.

52 LADEUR, Karl-Heinz. Constitutionalism and the State of the 'Society of Networks': the design of a new 'control project' for a fragmented legal system. *Transnational Legal Theory*, v. 2, n. 4, 2011. p. 472.

53 No original: "Das Kapital wird damit zu einem Teil der 'Achieve', der 'materiellen Datenträgen', ohne die die Reproduktion des Wissens einer Gesellschaft nicht möglich ist". Cf.: LADEUR, Karl-Heinz. *Der Staat gegen die Gesellschaft:* Zur Verteidigung der Rationalität der "Privatrechtsgesellschaft". Hamburgo: Mohr Siebeck Tübingen, 2006. p. 300. (tradução minha)

54 INNERARITY, Daniel. *Una teoria de la democracia compleja*: gobernar en el siglo XXI. Barcelona: Galaxia Gutenberg, 2020. p. 229.

55 *Ibidem*, p. 338-341.

DEMOCRACIA E CRISE:
EVANGELHO DA VIOLÊNCIA

11

Bem pobres são aqueles que têm necessidade de mitos!

Albert Camus, *Núpcias, o verão*[1]

Com a leitura do presente ensaio,[2] o prezado leitor encontra-se no fim de uma jornada não tão longa, na qual procuramos discorrer sobre alguns dos aspectos mais urgentes das democracias constitucionais contemporâneas. Talvez essa coletânea de ensaios tenha sido mais uma *pregação a convertidos* do que qualquer outra coisa, seria, afinal, bastante irrazoável pensar que um não-democrata – ou pior: um *democrata-em-seus-próprios-termos* – se desse ao trabalho de nos acompanhar por estas linhas.

De todo modo, mantemos nossa ingenuidade *panglossiana:*[3] acreditamos na redenção democrática. Confiamos ser crível resgatarmos para a cividade democráticas algumas mentes naufragadas e descrentes da democracia.

Contudo, cremos ter de desapontar o leitor afoito por um desfecho sensacionalista e no qual nos propuséssemos a tratar de temas como a falta de compaixão dos cidadãos, da incompetência governamental (ainda que essa pudesse ser o exemplo *par excellence* deste derradeiro ensaio), das polêmicas em *reality shows* ou da assim chamada – e exaustivamente repetida – *necropolítica*.[4] Nossa tarefa aqui será tanto mais singela quanto importante. Falaremos de um tema pouco glamouroso, mas urgente: a *estupidez*.

Talvez nesse ponto tenhamos perdido a atenção do leitor ou, ao menos, tê-lo confundido. Como a *estupidez* pode ser tema de um ensaio? O leitor, é claro, está ciente do que seja a estupidez. É provável que conviva com ela diariamente e a observe tomar as formas mais diversas. Mas a *estupidez* em si? A *estupidez* abstratamente considerada?

PARA QUEM NÃO ACREDITA

Cremos não haver exagero na afirmação de que atualmente a estupidez é a maior ameaça ao nosso processo civilizatório, não só por sua gravidade, mas principalmente pela alta quantidade de submetidos que ela alcança.

Conforme já dissemos, muito se escreveu, desde o início da pandemia de Covid-19, sobre Albert Camus, *A peste* e a crise gerada pelo coronavírus. Com insistência excessiva, novas análises e interpretações ganharam a Internet, diferindo pouquíssimo no que interessa. Sim, é verdade: cada época tem suas fatalidades próprias. Algumas das nossas são as bibliotecas de textos idênticos, os compêndios de impressões repetidas e a multiplicação infinita desses registros inúteis e reiterada convicção de que apenas textos simplórios e curtos poderão gerar alguma comunicação.

Assim, não queremos oferecer mais um ensaio que trace um paralelo entre a interminável pandemia e o flagelo de Orã. Para nós, o maior *absurdo* que desde o início acompanha a pandemia não foi a Covid-19 em si, mas a estupidez, a idiotice triunfal que se impôs pelo número, mês após mês, desde o início da pandemia.

E não há nada de novo no *novo normal*: Robert Musil, no século passado, já havia enxergado na estupidez uma força autoritária, que empurrou os homens em direção às ideologias e ao esquecimento de si próprios. Por meio dela é que o "Nós" nazifascista subiu ao poder, domesticando os indivíduos e degenerando a nação, o Estado e as alianças político-ideológicas.[5]

Segundo o diagnóstico de Musil, a estupidez "[…] não é uma doença mental, porém a doença mais perigosa da mente, perigosa para a própria vida. Decerto cada um de nós deveria rastreá-la dentro de si mesmo e não somente reconhecê-la em suas irrupções históricas".[6]

Vem também a nosso socorro a análise precisa do grande sociólogo Karl Mannheim, que, em seus *ensaios de guerra*, diagnosticou aquilo que denominou "estratégia nazista de grupo". Segundo Mannheim, Hitler instintivamente sabia que seria muito mais difícil abordar o indivíduo enquanto tal; sê-lo ia muito mais fácil através dos laços de grupo que o indivíduo compartilha. Nas palavras de Mannheim, Hitler sabia que "[...] um homem sem seus vínculos de grupo é algo como um caranguejo sem sua concha."[7]

A estratégia *hitlerista* era então dividida em duas etapas: a primeira – chamada por Mannheim de *desorganização sistemática da sociedade* – consistiu em dissolver grupos tradicionais de uma sociedade civilizada, para, em seguida, reconstruir a partir dos despojos grupos de configurações completamente diferentes.[8]

O regime nazista adaptava a técnica de dissolução ao grupo específico a ser dissolvido, é claro. Um exemplo claro que nos dá Mannheim é a *desmoralização interna*. Hitler evitava ao máximo o uso da violência; preferia encontrar nos grupos alguns "traidores" (*Quislings*) que passariam a operar desde dentro, angariando desajustados e "fracassados" para o lado do novo regime.

A partir daí era possível a criação de tensões internas nos grupos cuja dissolução se pretendia: criavam-se boatos, notícias falsas, medo etc. Assim que os indivíduos se desagregassem de seus grupos originários, não poderiam mais oferecer resistência: ocasião em que se dava o xeque mate. A ovelha desgarrada não tem mais o suporte de amor, carinho e compreensão fornecidas pelos laços de grupo, e passa agora a se comportar como uma "[...] criança que se perdeu ou perdeu alguma pessoa querida, e, consequentemente, se sente inseguro, pronto a se agarrar a qualquer um."[9]

Nesse ponto, o indivíduo que perdeu os laços estrategicamente dissolvidos começa a duvidar de tudo ao seu redor, e sabe que só existem duas alternativas: martirizar-se ou se juntar a um novo grupo que, acrescentamos, seja composto de indivíduos tais quais, prontos para acreditar cegamente em qualquer coisa que preencha essa necessidade premente de pertencimento.

Aqui, caro leitor, vale a pena a reflexão sobre grupos de WhatsApp ou outras formas de (des)informação veiculadas por câmaras de eco em que apenas iguais, cada vez mais radicais, manifestam-se. Será que a estupidez – travestida de extremismo – não tem feito você desacreditar a democracia em troca de soluções simplórias e mágicas? Essa descrença tem algum fundo minimamente racional ou é a materialização do seu mais profundo ressentimento?

Dissolvidos os grupos que protegiam o nazismo de abordar o indivíduo em sua fragilidade, chegou a hora de formar novos grupos. Para tanto, o regime nazista dispunha, segundo nos diz Mannheim, de duas estratégias: a primeira é a utilização de uma disciplina militar alimentada por ódio e medo, aplicada a todos os campos, do trabalho à opinião pública. Não estamos aqui, por óbvio, defendendo que o *medo* não possa ser, em algum grau e se bem utilizado, elemento de mobilização em *favor* da democracia. Aliás, algum grau de sua utilização pode promover disciplina social e até, como já vem sendo dito, motivar a dinâmica política.[10]

Prosseguindo, a primeira técnica mencionada acima, contudo, não era suficiente *per se*. O regime precisou criar líderes que portassem – e perpetuassem – uma "atitude adolescente", algo que é, como nos diz Karl Manheim, próprio do Estado Nazista em si.

Nas escolas nazistas, onde as lideranças eram forjadas, tudo era feito para criar uma "estranha combinação de emotivismo infantil e submissão cega": "É primariamente a esse tipo de audiência com um desenvolvimento emocional artificialmente retardado que as gritarias histéricas a Hitler apela. Quando Churchill diz: "[…] eu não tenho nada a oferecer que não sangue, lágrimas, trabalho e suor" ele apela a uma nação de adultos."[11]

A lógica *schmittiana* do político como categoria descrita pelo código "amigo/inimigo" parece particularmente ajustada a esse tipo de atitude (a)política adolescente. As questões de Estado e as grandes questões políticas não são divididas com a população de forma madura, mas contam antes com o apoio de um grupo que, no nível emocional, dialógico e argumentativo, é absolutamente infantil.

Mais uma vez, caro leitor descrente da democracia, o mundo adulto demanda uma complexidade que raramente se conforma à estupidez binária e supostamente infantilizada. No adulto, não deveriam ter toleradas tendências maniqueístas. O maniqueísmo é compreensível na infância, na medida em que é parte da formação do indivíduo. Ocorre que, com o passar dos anos, o binarismo maniqueísta é algo absolutamente anacrônico. O mundo real, diferentemente de *Nárnia*, não se divide entre bem e mal. Por essa razão, sugerimos a compreensão de uma máxima contemporânea: *quanto maior o problema, mais complexidade ele demanda para sua solução.*

Não há, portanto, soluções simples para os complexos problemas da sociedade. As soluções não cabem num *tweet, post* ou meme. Compreender isso, ao final da nossa jornada, é o primeiro passo para uma conversão em direção à crença na democracia. Além do mais, essa é a condição *sine qua non* para um autoesclarecimento, no sentido de enxergar os mecanismos digitais e analógicos de cooptação que a *estupidez* utiliza.

Nesse sentido, qualquer semelhança com a estupidez que vive entre nós reina, não é, infelizmente, coincidência. Vê-se com incansável frequência um agrupamento de "desajustados", absolutamente deslocados da sociedade em suas convicções que, em rebanho, apelam para uma ignorância de todos que não pertençam ao grupo. Afinal, certas verdades, para eles, são tão autoevidentes que apenas uma conspiração mundial, em sentido contrário e politicamente orientada, poderia cegar a imensa maioria da população – mas não a eles, iluminados das verdades inauditas.

As teorias da conspiração talvez sejam o ápice do narcisismo contemporâneo, dado que o crente conspiratório, mesmo sendo, em regra, um adepto da estupidez, acredita ter alcançado um desvelamento do óbvio cotidiano que apenas ele, em detrimento do resto do mundo, visualizou. Alguns diriam que poderia ser alienação ou mecanismo de fuga, entretanto, arriscamos considerar que seja mais narcisismo mesmo. Uma versão em que a *estupidez* explica a realidade, pouco importando o tamanho da simplificação a ser feita para tal finalidade.

E nem se trata de particularidade da "direita", ainda que os grupos com maior concentração da substância nociva "estupidez" se rotulem como sendo a ela pertencentes. A esquerda desorientada de há muito desenvolveu também uma legião de adolescentes emocionalmente infantilizados, além de ansiosos por um projeto pronto de mundo implementado por um líder popular.

No nível político, observamos isso a partir daquilo que os politólogos vêm nos alertando: o recente ciclo político brasileiro, iniciado em 1994 com a permanência bipartidária PT/PSDB, foi rompido pelas últimas eleições e os partidos, que até então apenas disputavam a coalizão, agora devem se reorientar em torno da nova situação, e não há solução de realinhamento visível no horizonte.[12]

O populismo, ao dispensar a intermediação dos partidos políticos e abordar o indivíduo diretamente, facilita não só que "desajustados" se identifiquem como tais e, portanto, queiram se desgarrar de seus grupos atuais para se juntar a novos, como também há "desorganização sistemática" (conforme Mannheim) em geral e realinhamento de grupos em torno de projetos de poder.

William Davies bem captou essa essência ao nos falar da *política como vírus* e da crescente preocupação de políticos com os sentimentos das massas e da susceptibilidade humana de "contaminação emocional".[13]

Não compartilhamos da visão do autor a respeito das potencialidades positivas do populismo que, apesar de nos causar medo sob a forma de uma multidão violenta, pode servir de novo apelo e vitalidade à democracia, superando as possibilidades do modelo parlamentar e de partidos ao reconectar a política às necessidades humanas e trazer à tona "sentimentos compartilhados." Ainda assim, entendemos válido o diagnóstico de que o populismo (de direita ou esquerda) rompe com o *status quo* ao canalizar para o processo político uma ampla gama de sentimentos.[14]

Prossigamos em nosso estudo da estupidez. A inteligência foi estrondosamente interrompida em 2020. Em seu lugar, ouvimos, lemos e assistimos ao que há de mais obscurantista e reacionário nas ideologias contemporâneas, que flertam com a autocracia, com teocracia e coroam a ode ao absurdo com pitadas de exortação à tortura e torturadores.

De fato, não se trata de uma proposta de equiparação dos nossos tempos à ideologia nazifascista, até porque a estupidez tem diversas matizes e intensidades. Ao mesmo tempo, estamos longe de fazermos qualquer afirmação de que não existam elementos degenerados do nazifascismo na estupidez contemporânea. Infelizmente, há muito mais do que nosso processo civilizatório poderia estimar para o século XXI. Corroborando Camus, ainda "[...] estamos num tempo em que os homens, empurrados por medíocres e ferozes ideologias, se habituaram a ter vergonha de tudo."[15]

Contra o império da estupidez, Camus tornou-se escritor de estilo firme, simples e altamente autêntico. Ele não nos socorre com um sistema filosófico analítico, mas nos oferece a exposição de uma certa sensibilidade e a defesa de uma maneira de ser: o retrato do *absurdo* e o convite à *revolta*, mediante a inevitável imposição da liberdade, a escolha.

É ainda Camus quem nos ajuda como chave de leitura para entendimento desse ignóbil contemporâneo a partir da compreensão do absurdo e da revolta, trazidos por nós como elementos para o tratamento da estupidez. O presente texto, como os demais deste livro, tem cariz ensaístico e não pretende realizar exame aprofundado da obra de Camus. Pelo contrário, faremos uma livre associação de dois dos conceitos cruciais da filosofia *camusiana* para uma retrospectiva hermenêutica sobre o que foi o busílis de 2020: a ascensão da estupidez.

Os ataques à inteligência e à sua própria obra o fariam admitir, em 1945, numa de suas conferências, que "[...] basta nos esforçarmos para compreender algo sem preconceitos, basta falarmos em objetividade, para sermos acusados de dissimulação e vermos condenados todos os nossos desejos e aspirações."[16] Opondo-se a tal espírito obtuso, seus livros se unem na compaixão triste e sincera pelos homens e mulheres esmagados, vítimas anônimas da marcha da história.

Assim, os esforços artísticos de Camus, nos romances e mesmo nas obras mais "filosóficas", como o *Homem revoltado* e *O mito de Sísifo*, concentram-se em descrever, com traços cada vez mais precisos, o *absurdo* da vida, a estranheza que sentimos diante das convenções e das leis quando, privados da ilusão de que tudo isso faz sentido, parecemos um ator fora do cenário, um estrangeiro.[17]

"Os deuses condenaram Sísifo a empurrar incessantemente uma rocha até o alto de uma montanha, de onde tornava a cair por seu próprio peso. Pensaram, com certa razão, que não há castigo mais terrível que o trabalho inútil e sem esperança."[18] Esse mito é uma imagem sempre atual da vida humana. Se chegarmos, à força do trabalho, a suspender o rochedo até o topo, então uma doença, uma guerra, uma pandemia, fá-lo-á rolar de novo e, de qualquer modo, tudo acabará com a morte, a queda final.

Camus é um pensador que faz o tratamento existencial do problema do absurdo.[19] Isso se dá porque a constatação do absurdo é condição para que o homem comece a viver, no sentido existencial.[20] Camus indica, como um dos primeiros absurdos, a figura do Deus Criador, afinal, como poderia haver tanta injustiça, miséria e desigualdade em todas as estruturas da sociedade perante um olhar divino de perfeição, bondade e justiça? Diante disso, o homem, ao constatar esse absurdo, compreende ser sua existência composta por uma série de contrastes e, para sobreviver nessa existência de abandono, somente resta a ele a lucidez, apenas alcançável para o sujeito apto a enxergar a condição do absurdo em si mesma.[21] Independentemente da intensidade da relação do indivíduo com Deus, fato é que, desde o início da pandemia, o sentimento de abandono foi uma constante quando também a solidão ganhou novas acepções diariamente.

Assim, tomar consciência do caráter insensato dessa agitação, da inutilidade de tantos sofrimentos, é descobrir o absurdo da condição humana. O universo não foi feito para responder aos nossos desejos, nem para recompensar nossos esforços. O divórcio entre o homem e sua vida faz com que, por um segundo, não entendamos mais o mundo. Ele nos escapa "[...] porque volta a ser ele mesmo. Aqueles cenários disfarçados pelo hábito voltam a ser o que são. Afastam-se de nós."[22] Só nos resta uma coisa apenas, "essa densidade e essa estranheza do mundo, isto é o absurdo."[23]

A lição de Camus nos parece extremamente atual, posto que o sujeito que não se absurda com as contradições do cotidiano dificilmente enxerga a estupidez contemporânea que nos tem governado. Mais: insiste em, não vendo, negar sua existência, como é natural de quem só entende o conhecimento pelo viés empírico individual.

Camus tentou o quanto pode retratar as existências marcadas por essa "sensibilidade",[24][25] sem a qual nós não podemos sequer começar a viver.[26] Nas palavras de Vicente Barreto: "[...] quando o homem aceita o absurdo de tudo aquilo que o cerca deve viver esta situação conscientemente. Trata-se de encontrar uma saída para o dilema em que se encontra: de um lado a existência na vida, da beleza, da felicidade, da verdade por outro, a precariedade de cada um desses estados.[27]

A constatação do absurdo nos impõe, de acordo com esses termos, o único dilema filosófico que importa: vale a pena viver? "Só existe um problema filosófico realmente sério: o suicídio."[28][29] Como, sendo honestos, sem trapacear, podemos continuar a viver depois de haver reconhecido que a vida não presta para nada?[30]

Perante o absurdo, dois caminhos radicais se apresentam: o primeiro é o suicídio e, o segundo é a revolta. O homem revoltado é aquele que enfrenta o seu próprio absurdo, que se recusa a ser o que é.[31]

A revolta nasce contra o aspecto terrível e impenetrável da vida humana. Contudo, é preciso ter cuidado: "[...] toda vez que ela deifica a recusa total daquilo que existe, o não absoluto, ela mata. Toda vez que ela aceita cegamente aquilo que existe, criando o sim absoluto, ela mata."[32]

O raciocínio mostra que a rebelião verdadeira tem em conta uma natureza humana que é preciso respeitar, uma fraternidade terrestre a ser defendida e um limite – o da dignidade humana – que não pode ser ultrapassado.

Em uma rápida retrospectiva, poucos anos foram tão emblematicamente absurdos e revoltantes como os anos em que transitou a pandemia. No auge da inovação tecnológica, vivenciamos um paradoxo no qual grande parcela das redes sociais e da tecnologia estão a serviço do que há de mais irracional, obscuro e estúpido na sociedade.

Ao longo da crise pandêmica, em vez de se agarrar a marcos civilizatórios e à ciência, grande parte de nossa esfera pública – já que as redes sociais são uma dimensão da esfera pública contemporânea – foi dominada por discursos extremistas e negacionistas de toda ordem. Conquistas que, na perspectiva constitucional, considerávamos consolidadas, passaram a ser questionadas, em especial, a laicidade do Estado, a tortura como algo objetivamente repreensível e abjeto, sem falar nas tresloucadas manifestações pelo fechamento do Legislativo e da Jurisdição Constitucional (STF).

Essa deterioração dos marcos civilizatórios foram uma das razões pelas quais nos animamos a elaborar este livro em benefício da democracia na tentativa de conversão dos descrentes.

O medo e o ódio, as vezes engendrados de modo tão canhestro, tornaram-se os motes da ação social e das pressões políticas. A crença na ciência como orientadora da ação em termos de saúde pública é substituída por pânico[33] e teorias da conspiração.

A estupidez parece ser alimentada por uma incrível necessidade de acreditar. Trazemos um exemplo que nos é dado por William Davies: a posse de Donald Trump como Presidente dos EUA foi marcada por uma disputa acerca da real quantidade de pessoas presentes no evento. O *Nova York Times* estimou que a posse de Trump teve cerca de apenas um terço do público presente na posse de Barack Obama, em 2009, e as imagens disponibilizadas pela mídia que mostravam grandes áreas desocupadas perto do *National Mall* pareciam de fato confirmar esse menor comparecimento popular ao evento.

Em uma coletiva de imprensa, contudo, o assessor de imprensa da Casa Branca, Sean Spicer, acusou a mídia de tentar minimizar o "enorme apoio" recebido por Trump, e que a multidão que compareceu ao evento teria sido a maior já registrada em qualquer posse presidencial. Não fosse o suficiente, o conselheiro de Trump, Kellyane Conway, negou que Spicer tenha mentido; o assessor de imprensa teria tão somente oferecido "fatos alternativos". Em outra conferência, conta-nos Davies, Spicer disse que "[...] as vezes podemos discordar a respeito dos fatos." A conclusão do autor é precisa: no período de setenta e duas horas desde a posse de Trump, "[...] parece que a Casa Branca havia suspendido critérios básicos de verdade."[34] Trazendo a análise de Davies para o contexto de nosso ensaio, parece-nos que a suspensão de critérios de verdade é dos mais frequentes sintomas da estupidez.

A própria noção de fato alternativo é mecanismo da estupidez para metamorfosear narrativas via *fake news*. Se a sociedade não conseguir demonstrar a diferença entre fato e opinião e a veracidade dos fatos, estaremos em real dificuldade na manutenção da saúde da democracia.

Já Adorno e Horkheimer nos alertaram sobre a gênese da burrice. Trata-se de uma *cicatriz*, e designa um "[...] lugar em que o jogo dos músculos foi, em vez de favorecido, inibido no momento do despertar".[35] O anti-intelectual é, na imensa maioria das vezes, um sujeito contra fático; não reconhece uma realidade contrária às suas fantasias e cronicamente repete os mesmos brados alucinados e conspiratórios, pouco importando a realidade que se lhe apresenta: "[...]em parte obedece a uma compulsão desesperada, por exemplo, quando o leão em sua jaula não para de ir e vir, e o neurótico repete a reação de defesa, que já se mostrara inútil".[36]

O combo obscurantista (polarização + teorias conspiratórias + *fake news*) rendeu ainda mais frutos no Brasil: durante a pandemia, registrou-se o crescente descrédito da ciência dentre aqueles que a desconhecem, a consolidação da religião como máquina de produção de votos e, como se não bastasse a estupidez das bolhas algorítmicas, colonizando e aparelhando as estruturas do Estado, trouxemos para o Brasil, de forma trágica, a degenerada visão de mundo contrária à vacinação.

Contemporaneamente, vivenciamos a era da inteligência interrompida. A crescente movimentação contra a ideia de vacinação é o exemplo acabado de como o reino da estupidez ampliou rapidamente seus territórios. A estupidez e o absurdo desconhecem fronteiras intransponíveis, a ponto de o STF precisar decidir que pais não podem optar em deixar de vacinar seus filhos com fundamento em "convicções filosóficas, religiosas, morais e existenciais", tal como no caso no qual pais *veganos* adotavam postura contrária à vacinação, por considerá-la uma forma de "adoecimento artificial".[37]

Além disso, a Suprema Corte decidiu que o Brasil não poderia deixar sua população à mercê do coronavírus sendo necessário haver um plano de vacinação nacional, calendarizado e de sujeição obrigatória, sob pena de imposição de medidas restritivas.[38]

Sim. Em 2020, a Corte máxima do país precisou decidir que pais não podem usar a justiça para deixar de proteger uma criança pelo uso de vacinas, e que o Estado não pode negligenciar e abandonar seu povo, deixando-o vulnerável ao vírus.

Aliás, nem mesmo questões meramente logísticas de distribuição das vacinas puderam ser equacionadas sem que passássemos por um pouco de absurdo. Ultrapassada (será?) a fase de negação da eficácia das vacinas, comprá-las e distribuí-las foi relegada a um momento não individualizado no tempo e designadas tão somente por letras do alfabeto. Certas coisas na política, infelizmente, precisam de mais do que isso.

De fato, uma parcela da sociedade que não acredita em vacinas é quase um dever de conformação aceitar que essa mesma parcela não acredita na democracia. Aliás, não teríamos nenhuma surpresa se houvesse a sobreposição entre os dois grupos. Afinal, os descrentes na vacina e os descrentes na democracia se encontram na idolatria da estupidez.

O ano de 2020 comprovou que, no Brasil, o absurdo, além de ter pitadas de exagero cômico, é judicializável e, politicamente equacionável pelo recurso ao alfabeto. O emotivismo adolescente de Mannheim parece ceder seu lugar à alfabetização de seguidores em idade escolar.

Em face desse estúpido absurdo, Camus nos apresenta a revolta, que "[...] nasce do espetáculo da insensatez, perante uma condição injusta e incompreensível".[39]

Ao contrário do que parece estar acontecendo, o ano de 2020 não deveria ter se encerrado com a sensação de torpor e a insensibilidade em face da contagem de mortos. 2020 – o ano da absurda estupidez – deveria ter findado como o ano da revolta. Não a revolta como combustível de movimentos revolucionários. Mas a revolta existencial de Camus, que é a faísca para o surgimento da consciência. Somente o sujeito que se revolta com o absurdo do cotidiano a adquire.[40] Assim, "[...] aos olhos do revoltado, o que falta à dor neste mundo como aos instantes de felicidade, é um princípio de explicação".[41]

Entretanto, o sentimento de torpor, infelizmente, superou 2020 e ainda não alcançamos a revolta que deveria ajudar a encerrar esse ciclo de crise. Frise-se a revolta que destacamos não seria revolucionária. Do contrário, teríamos dificuldade de nos distinguir de algumas mentes naufragadas.

Nossa revolta deveria ter sido o sentimento de preservação das nossas conquistas civilizatórias, perante a estupidez humana. Em nossa humildade epistêmica, se a revolta de Camus nos auxiliasse a proteger alguns marcos civilizatórios, em especial o Estado laico, a rejeição da tortura e o discurso científico para questões científicas, já teríamos consolidado uma vitória contra o extremismo e a estupidez. O sentimento de revolta de que tanto nos falou Camus é condição de *ser* do próprio homem, por isso, "[...] a sua revolta deve respeitar o limite que nela própria descobre, limite em que os homens, unindo-se, começam a verdadeiramente a ser".[42]

A revolta nesse sentido é protetiva e criadora. É o sentimento apto a ser o *common ground* para unir diferentes visões de mundo, que podem discordar sobre muita coisa, mas encontram um consenso na proteção de marcos civilizatórios. Justamente por acreditar nesse *common ground*, dedicamos todas as páginas deste livro ao leitor que não acredita na democracia.

É, enfim, o paradoxal movimento da revolta como busca da tolerância. Afinal, os paradoxos, tanto quanto os lugares comuns, são aspectos incontornáveis da condição humana. Na República, já se levantava que "[...] ambição daquilo que a democracia assinala como o bem supremo [liberdade] [...]" poderia ser "a causa da sua dissolução".[43]

Karl Popper já havia nos ensinado, décadas antes, que se agirmos com tolerância ilimitada com os intolerantes, não estaremos preparados para proteger uma sociedade tolerante dos ataques da intolerância, com o que a própria tolerância desaparecerá.[44] Façamos uso da advertência de Popper: reivindiquemos, em nome da tolerância, o direito de não tolerar a intolerância.[45]

Enxergar o absurdo do contemporâneo e a ascensão do reino da estupidez não significa defender uma visão niilista e precária da realidade. Enxergar o absurdo é condição para formação de consciência e a construção de um sentimento de revolta para defendermos nossos marcos civilizatórios. Voltemo-nos contra o obscurantismo e o negacionismo que não surgiram com a crise atual, mas nela conseguiram se livrar de qualquer tipo de constrangimento institucional e moral, abrigando-se confortavelmente entre os brasileiros.

A estupidez do presente, que se iniciou de forma cômica e caricata com o *terraplanismo*, culminou numa degenerada e egoísta visão de mundo contra ciência e antivacina. O absurdo da estupidez é sua possibilidade de agir continuamente no plano simbólico, por meio de da ideia de que discursos extremistas e reacionários seriam sustentados na liberdade de expressão e da crença que a recusa em se sujeitar à vacinação se embasaria na liberdade individual. É como se a estupidez atual tivesse consolidado uma forma de Iluminismo degenerado.

Nesse cenário, o risco é que nos entorpeçamos diante dos extremismos e do obscurantismo, como parece ter sido nossa reação ao número de mortos. Por essa razão, o contemporâneo deve ser visto como a era do absurdo, afinal: "[...] absurdo da condição humana não pode ser um fim mas somente um começo".[46]

Portanto, que o absurdo e a revolta nos possibilitem compreender o futuro como período de defesa de todos os nossos marcos civilizatórios consolidados pelo constitucionalismo democrático. Sem o despertar desse sentimento de revolta, corremos o risco de sermos sufocados pela estupidez, afinal, como ensina Musil, ela, diferentemente da sabedoria, não tem nenhum mistério: basta que não façamos nada para que ela ascenda. Assim, caro leitor, a inércia, o torpor, a passividade em face da desinformação são ingredientes suficientes para a imersão na estupidez. Essa é a razão da sua pulsante força destrutiva. Bastante que não reflitamos para sermos sufragados pela *estupidez*.

Por fim, apresentamos breve justificativa do título deste ensaio. Na Bíblia cristã, os Evangelhos contam a vida de Jesus Cristo: a intervenção do divino na história para a redenção dos pecados da humanidade.

A estupidez proporciona uma outra forma de lida com o mundo, que historiadores no futuro poderão muito bem, valendo-se da expressão de Mannheim, chamar de Evangelho da Violência (*gospel of violence*). Violência contra a razão, a ciência, a civilidade, a democracia: um golpe na humanidade.

Enxergar o absurdo do contemporâneo e a ascensão do reino da estupidez não significa defender uma visão niilista e precária da realidade. Enxergar o absurdo é condição para formação de consciência e a construção de um sentimento de revolta para defendermos nossos marcos civilizatórios. Voltemo-nos contra o obscurantismo e o negacionismo que não surgiram com a crise atual, mas nela conseguiram se livrar de qualquer tipo de constrangimento institucional e moral, abrigando-se confortavelmente entre os brasileiros.

GEORGES ABBOUD
DEMOCRACIA PARA QUEM NÃO ACREDITA

REFERÊNCIAS

1. CAMUS, Albert. *Núpcias, o verão*. Rio de Janeiro: Nova Fronteira, 1979. p. 12.

2. O presente artigo é a versão ampliada de outro por nós publicado anteriormente. Ver: ABBOUD, Georges. 2021 e a revolta como resposta à estupidez mítica. Estado da Arte, 12 jan. 2021. Disponível em: https://estadodaarte.estadao.com.br/2021-revolta-abboud/. Acesso em: 13 maio 2021.

3. Referência ao Dr. Pangloss de Voltaire caracterizado por sua exacerbada ingenuidade.

4. Sobre o assunto, ver: MBEMBE, Achille. *Necropolitics*. Tradução de Steven Corcoran. Condado de Durham: Duke University Press, 2019.

5. MUSIL, Robert. *Sobre a estupidez*. Belo Horizonte: Âyiné, 2016. p. 29-30.

6. *Ibidem*, p. 55.

7. No original: "He knows that a man without group ties is like a crab without its shell". Cf.: MANNHEIM, Karl. *Diagnosis of our time*: wartime essas of a sociologist. Londres: Kegan Paul. p. 95. (tradução minha)

8. MANNHEIM, Karl. *Diagnosis of our Time:* Wartime Essas of a Sociologist. Londres: Kegan Paul. p. 95-96.

9. *Ibidem*, p. 96-97.

10. DEGERMAN, Dan; FLINDERS, Matthew; JOHNSON, Matthew Thomas. In Defence of fear: COVID-19, Crises and Democracy. *Critical Review of International Social and Political Philosophy*, 2020.

11. No original: "It is mainly to these audiences with na artificially retarded emotional development that Hitler's hysterical screamings appeal. When Churchill says: "I have nothing to offer but

blood, tears, toil and sweat," he appeals to nations of adults."
Cf.: MANNHEIM, Karl. *Diagnosis of our Time:* Wartime Essas of a
Sociologist. Londres: Kegan Paul. p. 97-98. (tradução minha)

12 Ver: ABRANCHES, Sergio. Polarização radicalizada e ruptura eleitoral. *In:* ABRANCHES, Sergio. *Democracia em risco? 22 ensaios sobre
o Brasil hoje.* São Paulo: Companhia das Letras, 2019. p. 11-35 e
ABRANCHES, Sérgio. Terceira República no Brasil (1988-): República
democrática. *In:* SCHWARCZ, Lilia Moritz; STARLING, Heloisa M.
(Orgs). *Dicionário da República:* 51 textos críticos. Companhia das
Letras, 2019. p. 399-407.

13 DAVIES, William. *Nervous states:* Democracy and the Decline of
Reason. Nova York: Norton & Company, 2019. p. 12-16.

14 *Ibidem,* p. 16-17.

15 CAMUS, Albert. El testigo de la libertad. *In:* CAMUS, Albert. *Crónicas
(1944-1948).* Madrid: Alianza Editorial, 2002. p. 145

16 *Ibidem,* p. 71.

17 CAMUS, Albert. *O mito de Sísifo.* 12. ed. Rio de Janeiro: Record,
2018. p. 20.

18 *Ibidem,* p. 137.

19 BARRETO, Vicente. *Camus:* vida e obra. 2. ed. São Paulo: Paz e Terra,
p. 46.

20 *Ibidem,* p. 18.

21 *Ibidem,* p. 14 e 34.

22 *Ibidem,* 29.

23 *Ibidem,* 29.

24 *Ibidem,* p. 15.

25 *Ibidem,* p. 46.

26 *Ibidem,* p. 18.

27 *Ibidem,* p. 42.

28 CAMUS, Albert. *O mito de Sísifo.* 12. ed. Rio de Janeiro: Record,
2018. p. 17.

29 BARRETO, Vicente. *Camus:* vida e obra. 2. ed. São Paulo: Paz. p. 47.

30 Tão importante era retratar esse estado de coisas nos contos e romances, que Camus, prefaciando as Máximas de Chamfort – escritor fiel ao detalhe e atento ao particular –, afirmaria que os "(n)ossos
maiores moralistas não são os fazedores de máximas; são os roman-
cistas." Ver: CAMUS, Albert. Introdução às Maximes de Chamfort.

In: CAMUS, Albert. *A inteligência e o cadafalso*. 4. ed. Rio de Janeiro: Record, 2018. p. 32.

31 BARRETO, Vicente. *Camus*: vida e obra. 2. ed. São Paulo. p. 53.

32 CAMUS, Albert. *O homem revoltado*. 11. ed. Rio de Janeiro: Record, 2017. p. 138.

33 DEGERMAN, Dan; FLINDERS, Matthew; JOHNSON, Matthew Thomas. In Defence of Fear: COVID-19, Crises and Democracy. *Critical Review of International Social and Political Philosophy*, 2020. p. 5-7.

34 DAVIES, William. *Nervous States*: Democracy and the Decline of Reason. Nova York: Norton & Company, 2019. p. 3.

35 ADORNO, Theodor W.; HORKHEIMER, Max. *Dialética do esclarecimento:* fragmentos filosóficos. Tradução de Guido Antonio de Almeida, Rio de Janeiro: Zahar, 1985. p. 210-211.

36 *Ibidem*, p. 211.

37 Ver julgado do STF ARE 1.267.879.

38 Ver julgados do STF ADINs 6.586 e 6.587.

39 CAMUS, Albert. *O homem revoltado*: Lisboa: Editora Livros do Brasil Lisboa, 1951. p. 20.

40 *Ibidem*, p. 27.

41 *Ibidem*, p. 141.

42 *Ibidem*, p. 37.

43 PLATÃO. A República. 9. ed. CIDADE: Fundação Calouste Gulbenkian, ano. p. 392-394. Ver ainda: POPPER, Karl. *The Open Society and its Enemies*: the Spell of Plato. Londres: George Routledge & Sons, 1945. v. I. p. 109.

44 *Ibidem*, p. 226.

45 *Ibidem*, p. 226.

46 BARRETO, Vicente. *Camus*: vida e obra. 2. ed. São Paulo: Paz e Terra. p. 65.

EPÍLOGO

Todo o mundo moderno se divide entre Progressistas e Conservadores. O papel dos Progressistas é cometer erros continuamente. O papel dos Conservadores é evitar que os erros sejam corrigidos.

Gilbert Keith Chesterton, *Ilustrated*

Ao longo dos ensaios que compõem esta obra, apresentamos diversas conclusões sobre os múltiplos aspectos da democracia atual. Por óbvio, ao fim de nossa jornada, não conseguimos e nem pretendemos oferecer ao público leitor uma saída para resolver as fragilidades do modelo democrático brasileiro. A verdade é que não há fuga possível, apenas o enfrentamento da realidade. Não à toa, o poema que abre nossa obra, da genial poeta Wisława Szymborska, recorda-nos que o existir politicamente antecede e supera todos os nossos anseios e desejos. Estar no mundo, enfim, é estar politicamente. E, cremos, estar politicamente numa democracia é nossa melhor opção.

Entretanto, cremos também ter cumprido a tarefa de evidenciar diversos argumentos favoráveis à luta constante pela proteção da democracia. Do mesmo modo, oferecemos fortes razões para nela crer, na tentativa da conversão civilizatória dos descrentes. Contudo, não apresentamos uma solução mágica ou uma fórmula para que se alcance o sucesso democrático. Do mesmo modo, nos recusamos a agir como mercadores da fé democrática, dispostos a vender *souvenirs* àqueles que não acreditam. Até porque tal postura seria completamente contraditória com tudo que defendemos em nossos ensaios.

Em nossa visão, a democracia é, antes de tudo, um fenômeno complexo, atravessado por múltiplos níveis de racionalidade. É polifônica e, consequentemente, qualquer tentativa de melhoria passa pela premissa de não aceitarmos soluções simplistas ou respostas binárias.

Aliás, a simplicidade e o binarismo são sérios riscos à democracia, porque são catalisadores de diversas vertentes ideológicas do ciclo vicioso do populismo que nasce e degenera as democracias. A seguir, esboçamos as fases desse círculo populista.

No começo, a sociedade deixa de enxergar e de sentir os ganhos advindos da democracia, seja porque seus integrantes já nasceram em ambiente democrático e consideram esses benefícios um dado natural, ou porque os ganhos não são imediatos, e somente observáveis a longo prazo.

A primeira "hipótese" desse cenário se assemelha, em muito, à atual descrença nas vacinas. Estamos vendo, dia após dia, o que ocorre quando as doenças mais diversas, que em outros momentos foram calamidades públicas (varicela, influenza, poliomielites, hepatite B, febre amarela etc.), são controladas por vacinas. Cria-se uma sociedade saudável que, como subproduto, ao privar-nos da convivência com a morte e o sofrimento, gera descrentes na inoculação.

Num cenário populista, grande parte da sociedade começa a se preocupar com os seus problemas imediatos: emprego, renda, saúde etc. No Brasil, país que não conheceu nenhuma estrutura de Welfare State, obviamente há graves problemas estruturais na rede de proteção de diversos direitos. Os problemas sociais, econômicos e regulatórios do Brasil são extremamente complexos. Contudo, a paciência ou o esclarecimento para com a complexidade nem sempre estão presentes. Inquietos e precipitados, muitos ficam à mercê do discurso populista e começam a duvidar da democracia.

Discursos do tipo "[…] como toda a estrutura pública brasileira está degenerada e não pode apresentar soluções para seus problemas, é necessário surgir alguém de fora (*outsider*) livre dos grilhões das estruturas estatais para romper esse ciclo" surgem com inquietante facilidade. Eis o mote da eleição do populista. Elege-se na política alguém que antagoniza – quando não demoniza – a própria política.

Ocorre que os problemas estruturalmente complexos não se tornam simples porque o simplório ascendeu ao poder. Assim, depois de sua eleição, novos problemas surgem e os que já existiam se agravam. O que faz o populista eleito? Segue o mote do simplismo, sempre apostando contra a complexidade. O populista passa a afirmar que aquela estrutura – da qual ele é *outsider* – o impede de solucionar os problemas. Daí começa a radicalizar contra instituições e demais Poderes.

Pronto. Nesse cenário está instalado o discurso simplório e populista: uma fórmula que se repete, com nuanças, em diversos populismos ao longo da história e ao redor do mundo. Ocorre que, no Brasil, há uma resposta simplória constante e historicamente usada pelo populismo legislativo e executivo: *a necessidade de uma nova Constituinte*.

Apesar de a Constituição de 1988 não ter atingido seu ideal, essa retórica por uma nova Constituinte advém de uma lamentável inconsciência. Parece-nos que a Constituição Federal só vale quando nos interessa e que, se há algo de errado na nossa democracia, ela é sempre uma das culpadas.

Parcelas da sociedade e da política que propõem nova Constituinte atuam como a cidade da *maldita Geni*. Cínicos e estratégicos, fazem uso da Constituição quando ameaçados pelo *zepelim* da desordem e da desfaçatez. Dessa forma, invoca-se a Constituição para criticar decisões de aliados políticos ou para exercer sua liberdade de expressão, ainda que de forma abusiva. Em seguida, quando não interessa, a Constituição passa a ser atacada como o empecilho para o Brasil dar certo.

A partir desse pensamento simplório, foram criados diversos equívocos sobre nossa Constituição. Um deles é a constante afirmação de que ela engessaria a sociedade impedindo mudanças.

O mais curioso é que a Constituição já foi alterada mais de uma centena de vezes. Portanto, de maneira objetiva, a Constituição brasileira tem sido modificada sempre que o ambiente político e social assim o justifica. Aliás, sua alta capacidade de adaptação é, sem qualquer dúvida, uma das responsáveis pela nossa incrível resiliência constitucional.

É verdade que há pontos que a Constituição não permite a mudança. São eles, basicamente: direitos Fundamentais (em especial, vida, liberdade, dignidade, propriedade); a forma federativa do Estado, que implica uma distribuição específica e detalhada de competências; o voto secreto, universal e periódico; e a separação dos poderes (CF 60 § 4.º). São as ditas *cláusulas pétreas*, o *núcleo duro da Constituição*.

Assim, não passa de uma ideia parva atribuir à Constituição de 1988 o atraso civilizacional do Brasil. Em nenhuma hipótese razoável, a impossibilidade de restringir direitos básicos ou de eliminar o segredo do voto seriam meros obstáculos ao nosso progresso como país. Respondendo ao grito angustiado dos liberais de *mídias sociais*, é óbvio que, do ponto de vista econômico, pode haver mais progresso com menos democracia, a questão é que esse dilema, se levado a sério, destrói o mínimo de processo civilizatório que conseguimos criar.

Talvez aqueles que mais se queixam da rigidez da nossa Constituição sejam simplesmente indivíduos frustrados com o fato de, por qualquer razão – principalmente inaptidão e desarticulação política –, não conseguirem alterá-la, a ponto de fazê-la a sua imagem e semelhança. Não é só Narciso que acha feio tudo que não é espelho...

Provavelmente, a vontade de mudar a Constituição seja menos uma preocupação nacional e mais uma ideia de poder, afinal, as discordâncias em relação à Constituição são apontadas como defeitos. Contudo, o que para uns seja defeito, na realidade, talvez seja componente democrático da formação de um documento pluralista e heterogêneo. Por essa razão, acreditamos que fazer os descrentes terem fé na Constituição é um passo crucial para que eles passem a acreditar na própria democracia.

Retomando a epígrafe desse epílogo, Chesterton e sua pontaria infalível nos iluminam o espetáculo patético da polarização, que hoje em dia é encenado nas redes sociais.

A Constituição Federal – não obstante ser garantidora de direitos e profundamente democrática – leva pancadas da direita e da esquerda. Isso quando os seguimentos mais exagerados do espectro político não propõem, num acesso de confiança messiânica, a realização pura e simples de uma nova Assembleia Constituinte.

Esses seguimentos, caricatos de tão estúpidos, cada qual a seu modo, querem uma nova Constituição, contudo, carecem de legitimidade e sequer nos oferecem garantias de que o novo documento fundamental, que "resolveria todos os problemas do Brasil contemporâneo", manteria importantes conquistas democráticas, tais como a separação dos poderes, igualdade, dignidade humana e os direitos fundamentais já consagrados na nossa ordem jurídica.

Aliás, qualquer analista sério veria que é justamente o núcleo mais essencial de nossa Constituição o mais atacado pelo discurso populista. Afinal, os direitos sociais "aumentariam" o custo Brasil, o Supremo Tribunal Federal disporia de poderes demais para mediar disputas políticas entre Legislativo e Executivo... Não só inexiste garantia de manutenção do núcleo que torna nossa Constituição uma das mais avançadas do mundo em termos de direitos fundamentais, como também é provável que esse mesmo núcleo fosse o primeiro despojo da nova Constituição.

Na realidade, as visões extremistas, da esquerda e da direita, pensam e sugerem a nova Constituição como a materialização total das suas aspirações sociais e políticas. Ou seja, a Constituição ideal, para cada uma delas, excluí o adversário político, elimina o dissenso e abole o caráter essencialmente dialético do processo democrático. Nada menos democrático que isso. Portanto, um paradoxo sem resolução.

Digamos com todas as letras: *pretender uma Constituição perfeita, que nos agrade em tudo, é pretender uma Constituição que elimine a diferença e o embate político. A Constituição perfeita não é uma utopia ingênua, mas sim um totalitarismo ideológico.* Por isso, leitores, repensem o compromisso com a Constituição vigente, apesar de todas as discordâncias que possam ter em relação a ela.

É claro que essas visões políticas, extremas e contrárias ao texto constitucional, em momento algum se debruçam sobre os limites desse *novo poder constituinte*. Mais precisamente, não nos esclarecem a nós, cidadãos, se existiria alguma chance de os direitos hoje consagrados não serem suprimidos, ou se haveria alguma garantia de pluralidade político-ideológica na composição dessa Assembleia Constituinte.

Aqui é evidente o risco para a democracia conviver com esse tipo de pensamento. Uma nova Constituinte, dentro de uma democracia constitucional, é, antes de tudo, um movimento disruptivo, uma quebra da legalidade, ou seja, um Golpe de Estado na sua forma mais tradicional.

A etiqueta pode ser elegante e cheia de sofisticação, mas qualquer proposta de nova Constituinte, em verdade, é uma ofensiva contra a democracia constitucional. Afinal, perante essa ruptura, nenhuma garantia é dada, porque não há garantias em face de um poder constituinte originário. Essa premissa, por mais óbvia que seja, é ignorada com frequência pelos adeptos dessa solução miraculosa. Nem mesmo prognósticos sobre o que seria melhorado com uma nova constituição são oferecidos. Em defesa da nova constituinte, usam-se os chavões de sempre: "a Constituição é de esquerda"; "a Constituição é de direita"; "a Constituição não pode durar para sempre, aprisionando as gerações futuras".

Os entusiastas desse milagre esquecem ou ignoram por completo o alerta de Edmund Burke: *a mera maioria temporária dos homens não tem o direito de destruir toda a Constituição por um capricho.*[1]

É verdade. Neste epílogo, estamos abusando da linguagem jurídica em nosso texto. Na realidade, nem todo leitor gostaria de ser convencido das razões jurídico-políticas pelas quais uma nova Constituinte seria um Golpe de Estado. Aliás, o leitor que não acredita na democracia, com maior razão ainda, não concordará com essa caracterização.

Contudo, do prólogo até o epílogo, não desistimos do nosso interlocutor. Vamos continuar a argumentar, apresentando mais algumas razões que justificam a defesa da Constituição brasileira e, consequentemente, da democracia constitucional que nela está assentada.

Poderíamos mencionar o fato de a Constituição possuir um texto generoso, acolhedor à dignidade humana; promover o pluralismo; de assegurar diversos direitos e garantias fundamentais e de nos permitir exercer em sua plenitude a liberdade de expressão.

Ainda aqui, se não comovemos nem um pouco nosso leitor descrente na democracia, indagamos: sem Constituição Federal, o que temos em termos de progresso civilizatório? Um passado idílico, existente exclusivamente em mentes reacionárias, dos períodos da ditadura, no qual as coisas funcionavam?

Talvez nosso leitor diga que o passado de ditadura e exceção era melhor, ou que precisamos de militares para colocar *a casa em ordem*. Estaremos perante uma mente naufraga-

É verdade. Neste epílogo, estamos abusando da linguagem jurídica em nosso texto. Na realidade, nem todo leitor gostaria de ser convencido das razões jurídico-políticas pelas quais uma nova Constituinte seria um Golpe de Estado. Aliás, o leitor que não acredita na democracia, com maior razão ainda, não concordará com essa caracterização.

Contudo, do prólogo até o epílogo, não desistimos do nosso interlocutor. Vamos continuar a argumentar, apresentando mais algumas razões que justificam a defesa da Constituição brasileira e, consequentemente, da democracia constitucional que nela está assentada.

da, e que talvez não consigamos mais resgatar. Contudo, se chegamos até aqui, não desistiremos sem antes lançar outro questionamento: se, mesmo com uma Constituição estabelecendo claramente esses direitos e garantias, eles são cotidianamente vilipendiados, sem ela, perdemos o próprio fundamento legal que nos permite afirmar que eles têm sido violados. Há alguma justificativa plausível para arriscarmos esse retrocesso?

Em democracias precárias, como a brasileira, uma das nossas certezas é que caminhar fora da Constituição é sempre um atalho para a barbárie.

Possivelmente, na ainda frágil democracia brasileira, não consolidamos a ideia de que todos devem prestar continência à Constituição, em especial as Forças Armadas e as *vivandeiras* sempre prontas para bulir com tudo que pareça ou seja autocrático.

Jürgen Habermas ensinava que o nacionalismo seria o mal do século, porque caracterizaria o estopim dos diversos conflitos entre países europeus, inclusive as duas Guerras Mundiais. Nesse contexto, na opinião de Habermas, o nacionalismo deveria ser substituído por um sentimento de patriotismo constitucional. Isso porque o nacionalismo é ínsito a uma ideia de homogeneidade étnica e cultural. O constitucionalismo, por sua vez, instituiu-se como instrumento racionalizador de poder, de feição liberal, aberto ao multiculturalismo. Desse modo, o sentimento constitucional seria fundamental para assegurar que, numa sociedade multicultural, fosse possível estabelecer bases democráticas com o intuito de assegurar a cidadania democrática para as pessoas, contemplando não apenas direitos liberais e políticos, mas também sociais e culturais.[2]

Obviamente, não acreditamos que as Constituições serão eternas. O modelo de Constituição que hoje conhecemos está fortemente atrelado à ideia de Estado Nação. Na medida em que passa a haver integração transnacional, as Constituições m democracias precárias, como a brasileira, uma das nossas certezas é que caminhar fora da Constituição é sempre um atalho para a barbárie.

GEORGES ABBOUD
DEMOCRACIA PARA QUEM NÃO ACREDITA

atuais precisam, obrigatoriamente, abrir-se e dialogar umas com as outras, sendo a Europa o modelo paradigmático dessa mudança.

Da mesma forma, a Constituição Federal não é a panaceia para solução de todos os males do Brasil. As condições para o exercício da cidadania e para viver dignamente demandam uma atuação coordenada da autonomia privada e pública. Mais precisamente, essas condições apenas se concretizam se a autonomia pública pressupor a privada e vice-versa.[3]

Conforme expusemos ao longo dos ensaios desta obra, o *common ground* é mais do que argumento teórico: ele é elemento estruturante das democracias. Por maiores que sejam as discordâncias, não é crível que discordemos de tudo o tempo todo.

Ainda não desistimos e, se o público leitor permitir, faremos mais edições deste livro tentando demonstrar que há determinados marcos civilizatórios e democráticos acerca dos quais ideologias opostas concordem em respeitar. Ou seja, conforme já afirmamos ao longo da obra, deve haver conquistas do processo civilizatório que se tornaram elementos integrantes dessa base comum de debate como, por exemplo: *crianças não devem ser torturadas, não pode haver discriminação entre homem e mulher, Constituições democráticas devem ser respeitadas por particulares e Poder Público, meio ambiente deve ser preservado, necessidade de laicidade do Estado etc.*

Reiteramos nosso apelo aos descrentes na democracia para que comecem a mudar sua visão de incredulidade, aceitando o pacto constitucional. Mais precisamente, vamos divergir a partir da e não em relação à Constituição. Ao menos devemos concordar que ela nos fornece marcos civilizatórios cruciais para ser constitutiva de nosso *common ground*.

> Premissas essas que, nada obstante a ideologia de cada um, deveriam ser respeitadas: **1.** separação de poderes; **2.** sufrágio universal; **3.** pluralismo político e ideológico; **4.** consagração dos princípios constitucionais, notadamente legalidade, dignidade humana, devido processo legal e isonomia; **5.** positivação normativa dos direitos fundamentais e a vinculação substancial da sociedade e dos três Poderes em relação a eles; **6.** dever de fundamentação e prestação de contas (*accountability*) dos atos do Poder Público; **7.** instrumentos postos ao cidadão para correção das omissões legislativas; **8.** instância contramajoritária de controle dos atos dos Poderes, em regra, exercida pela a própria jurisdição constitucional; **9.** respeito ao pluralismo cultural, social e político e **10.** proteção das minorias.

Novamente, o respeito à Constituição não é exigido porque ela seja perfeita ou imaculada, mas porque ela ainda é – assim esperamos – um importante marco no processo civilizatório brasileiro. Se, ao final dos ensaios, conseguirmos ter convencido algum leitor *against democracy* sobre esse ponto, a obra já terá superado nossas modestas expectativas.

Fazemos esse esforço, para sermos honestos, com certa tristeza. O Brasil é essa terra paradoxal, em que o óbvio passa por não dito, e o absurdo é o esperado. Assistimos em silêncio a essa loucura, não por resignação, mas por comodismo, preguiça.

Não temos senso prático. A defesa da atual Constituição, e consequentemente da democracia, se faz necessária, porque uma nova Constituinte seria golpe fatal para a democracia constitucional brasileira. Em face do ambiente de polarização extrema e virulenta dos tempos correntes, recrudescida pelas plataformas sociais e aliada à glorificação do populismo mais parvo, os rompantes autocráticos que as seguirão, com toda a certeza, são um convite para a crise total e permanente da nação. Não há saída fácil. Não há um botão de arrumar o Brasil. Não há salvador messiânico para salvar a nação. Não há mito vivo. Não há ideologia política democrática que seja moralmente superior a outra ideologia política democrática. Não há solução binária, tampouco saída simples.

Não temos senso prático. A defesa da atual Constituição, e consequentemente da democracia, se faz necessária, porque uma nova Constituinte seria golpe fatal para a democracia constitucional brasileira. Em face do ambiente de polarização extrema e virulenta dos tempos correntes, recrudescida pelas plataformas sociais e aliada à glorificação do populismo mais parvo, os rompantes autocráticos que as seguirão, com toda a certeza, são um convite para a crise total e permanente da nação. Não há saída fácil. Não há um botão de arrumar o Brasil. Não há salvador messiânico para salvar a nação. Não há mito vivo. Não há ideologia política democrática que seja moralmente superior a outra ideologia política democrática. Não há solução binária, tampouco saída simples.

GEORGES ABBOUD
DEMOCRACIA PARA QUEM NÃO ACREDITA

Querido leitor, crente ou não crente na democracia, vamos juntos, na dissonância cognitiva, reconhecer a complexidade. Sem reconhecermos a complexidade, nunca poderemos enfrentá-la. Necessitamos debater. Precisamos fugir das câmaras de eco. Precisamos recuperar as noções de falsidade e verdade. Devemos assimilar cognitivamente o fluxo de informações constante na democracia. Tentemos desempenhar essa tarefa. Buscamos – com muita ironia ao longo do caminho, é verdade – dialogar com a divergência. Apesar de sabermos a dimensão utópica da nossa vontade de convencer as mentes mais autocráticas a migrarem para a defesa da democracia, temos uma fagulha de esperança.

A complexidade não deveria nos trazer pessimismo. Este livro não é pessimista. Tivemos a ousadia otimista de escrevermos um livro *autofágico*. Ou seja, quanto mais certo der o livro menos edições ele terá, porque terá diminuído a parcela de pessoas que não acredita na democracia.

Encerramos com alusão à peça de Robert Bolton, *O homem que não vendeu a sua alma* (*A Man for All Seasons*), que serviu de base para o clássico filme estrelado por Paul Scofield. A determinada altura, Thomas More é surpreendido em sua casa, durante o jantar, por um conhecido que, a mando de Thomas Cromwell, o visitara para flagrar sua recusa em aceitar o casamento de Henrique VIII e Ana Bolena. More, um dos santos mais mundanos da Igreja Católica, logo percebe a trapaça e, com vigorosa calma britânica, convida seu hóspede inesperado a se retirar.

O espião aquiesce afobado, causando comoção entre os familiares de More. Seu genro, de temperamento ardente, recomenda prendê-lo, antes que possa retornar ao rei e ao seu principal chanceler. More se recusa. O coitado não violou nenhuma lei com essa visita. O marido da sua filha se revolta e afirma, com todas as letras, que More seria capaz de dar até ao Diabo a cortesia da lei. More provoca-o, dizendo que o jovem não hesitaria em acabar com todas as leis da Inglaterra para ir atrás do Diabo. Mas, isso seria arriscado demais. Isso porque, nesse mundo sem lei, de cara a cara com o Diabo, *"crês realmente que poderias resistir com bravura aos ventos que se levantariam contra ti?"*

Caro leitor que não acredita na democracia, é exatamente para isso que serve a Constituição. Para vivermos na tranquilidade das instituições e não nos ventos personalistas de ocasião. De fato, desde já concordamos com sua objeção, a *Constituição Federal não resolve todos os problemas democráticos*. Tampouco acreditamos que o fantasioso nos salva, sejam mitos, reis, deuses, reis-deuses. Sequer o diabo de More. Contudo, esperamos ter conseguido apresentar boas razões para que você consiga acreditar que a Constituição que temos hoje *é a melhor solução para a democracia em seu pior momento.*

REFERÊNCIAS

1   Russel Kirk. *Edmund Burke:* redescobrindo um Gênio. São Paulo: É-Realizações, 2016. p. 316.

2   Jürgen Habermas. *Realizações e limites do Estado nacional europeu. In:* BALAKRISHNAN, Gopal (Org.). *Um mapa da questão nacional.* Rio de Janeiro: Contraponto, 2000. p. 305-306.

3   *Ibidem*, p. 307.

- editoraletramento
- editoraletramento
- grupoletramento

- editoraletramento.com.br
- company/grupoeditorialletramento
- contato@editoraletramento.com.br

- casadodireito.com
- casadodireitoed
- casadodireito